徐霞客遊記

(明)徐霞客 著
钱小北 注释

江苏凤凰文艺出版社
JIANGSU PHOENIX LITERATURE AND ART PUBLISHING, LTD

目录

游天台山日记

天台山，又称“台山”，在今浙江天台县北，有华顶、赤城、琼台等名景，其中以石梁飞瀑最为著名。天台山为佛教天台宗的发祥地，有隋朝创建的国清寺。台州府省称“台郡”，即今浙江临海市。

万历四十一年（1613），徐霞客到浙江旅游，先游洛伽山（普陀山），惜未见游记。之后循海南行，第一次游览天台山和雁宕山，同行者有僧人莲舟。《游天台山日记》就是他这次游天台山留下来的游记。次年（1632），他又再次游览并另作一记。

徐霞客于三月的最末一天自宁海县城起行，四月初一进入天台县境，四月初九离开天台山。他登华顶峰，观石梁飞瀑，欣赏断桥三曲瀑布及珠帘水，游寒岩、明岩、鸣玉涧，眺览琼台、双阙，登赤城，沿途到天封、万年、国清诸寺。对华顶峰景色以及草木异状亦有一定描绘，而对断桥、珠帘之水的描写尤为细致，对水石交映、潭深水急之势颇有重笔，对明岩石洞之阔大、洞外石壁高耸之奇也写得气势非凡。这篇游记清丽感人，直如把我们带进了天台胜景。文中指出：“岭角山花盛开，顶上反不吐色，盖为高寒所勒耳。”这是徐霞客早年地理考察的重要结论，他已经注意到地形、气候和植物生长的关系。

该记基本上反映了天台山的全貌，语言简练朴素，可观此游记的基本风格。

癸丑之三月晦[①]　自宁海出西门[②]。云散日朗，人意山光，俱有喜态。三十里，至梁隍山[③]。闻此於菟[④]即老虎夹道，月伤数十人，遂止宿。

【注释】

①癸丑，明万历四十一年，即1613年。晦，每月最末一天。万历四十一年三月三十日，即公元1613年5月19日。

②“自宁海”句，徐霞客自家至宁海的路线，游记中未有记录。陈函辉《徐霞客墓志铭》中载徐霞客自述：“而余南渡大士落迦山，还过此中，陟华顶万八千丈之巅，东看大、小龙湫，以及石门、仙都，是在癸丑。”可见其在1613年游天台前，曾经绍兴府、宁波府游落迦山。落迦山，又称“洛伽山”，因《华严经》有善财参观音于普陀洛伽之说而得名。普陀山又称“小白华”“梅岭”，为浙江舟山群岛中的一岛，是徐霞客游踪最东处。该山为我国佛教四大名山之一，也是旅游避暑胜地。

③梁隍山，即“梁皇”，在宁海县西南境的公路边。

④於菟（wū tú），是一古词，早在《左传·宣公四年》中记载：“楚人谓乳谷，谓虎於菟。”《辞海》中云：“於菟，虎的别称。”此处应为此意。

【译文】

癸丑年三月三十日　从宁海县城西门出城。天空阴云尽散，阳光明朗，人之心情、山中景物，似都有喜意。走过三十里路，到达梁隍山。听闻此地猛虎夹道，一个月间就伤害数十名行人，于是，停宿于旅舍。

四月初一日　早雨。行十五里，路有岐，马首西向台山，天色渐霁。又十里，抵松门岭，山峻路滑，舍骑步行。自奉化[①]来，虽越岭数重，皆循山麓；至此迂回临陟，俱在山脊。而雨后新霁晴，泉声山色，往复创变，翠丛中山鹃映发，令人攀历忘苦。又十五里，饭于筋竹庵。山顶随处种麦。从筋竹岭南行，则向国清[②]大路。适有国清僧云峰同饭，言此抵石梁，山险路长，行李不便，不若以轻装往，而重担向国清相待。余然[③]之，令担夫随云峰往国清，余与莲舟上人[④]就石梁道。行五里，过筋竹岭[⑤]。岭旁多短松，老干屈曲，根叶苍秀，俱吾阊门[⑥]盆中物也。又三十余里，抵弥陀庵。上下高岭，深山荒寂，恐藏虎，故草木俱焚去。泉轰风动，路绝旅人。庵在万山坳[⑦]中，路荒且长，适当其半，可饭可宿。

【注释】

①奉化，明代时为县，隶属宁波府，即今浙江奉化市。

②国清，即国清寺，在天台县城北3.5公里处的天台山麓。寺周五峰环立，古迹甚多，有隋塔、隋梅、唐代天文学家一行墓、寒拾亭、丰干桥等。

③然，同意。

④莲舟，江阴迎福寺僧人。上人，对僧人的尊称。佛家把人分为四种，即粗人、浊人、中间人、上人。他们认为内有德智、外有胜行的人，为在上之人，故称“上人”。

⑤筋竹岭，即今金岭，在宁海、天台两县界上。

⑥阊门是苏州城八门之一，位于城西北，通往虎丘方向。

⑦坳（ào），低洼处。

【译文】

四月初一日　早上一直在下雨。前行十五里，路旁有岔道，勒马从西面向天台山进发，天色逐渐转晴。又走了十里，抵达松门岭，因山高路滑，只好弃马步行前进。从奉化来的道路，虽然经过数重山岭，都是顺着山麓；到这里后，无论迂回、曲折或临水、登高，都在大山脊上面。雨后新晴，秀美的山色中叮咚的流泉声随处可闻，新景观不时显现，绿树丛中怒放的红杜鹃相互辉映，令人忘却了攀登跋涉的辛苦。又前行十五里，在筋竹庵里用饭休息。山顶上到处都种着麦子。从筋竹岭向南走，就是通往国清寺的大路。恰好有国清寺僧人云峰同桌吃饭，他说：从这条路到石梁，山险岭峻，路途漫长，不方便携带行李，不如轻装前往，让担夫将重的行李担去国清寺等候。我赞同他的建议，让担夫挑着行李随云峰先去国清寺，我则与莲舟上人一起从石梁道上走。走了五里路，翻越过筋竹岭。山岭近旁很多又老又矮的松树，变形的树干弯弯曲曲，树根松叶仓翠俊秀，好像苏州城内人家栽种的盆景般。又走了三十多里，才抵达弥陀庵。在高峻的山岭里行走，很是荒凉寂静（害怕猛虎躲藏草木中伤人，所以路边的草木都被放火烧掉了）。泉水轰鸣，劲风动地，山路上没有其他旅人，显得荒凉而漫长。弥陀庵坐落在万山坳中，恰巧正当中途，行人可在此用饭或住宿。

初二日　饭后，雨始止。遂越潦[①]攀岭，溪石渐幽。二十里，暮抵天封寺[②]。卧念晨上峰顶，以朗霁为缘，盖连日晚霁，并无晓晴。及五更梦中，闻明星满天，喜不成寐。

【注释】

①潦（lǎo），雨水或路上的积水。

②天封寺，今仍称“天封”，在天台县东北境。

【译文】

初二日　吃完饭后，雨才停止。于是越过路上的积水，攀登山岭，溪流、山岩越发显得清澈、幽静。走过二十里路，傍晚时抵达天封寺。睡卧床上，还惦念着明晨登攀游峰顶的事，若有缘分则雨停天晴，因为连日来都是晚上雨后转晴，没有一天是天亮时晴朗的。五更时从梦中醒来，听仆人说，满天都是明亮的星星，欢喜得无法再入睡。

初三日　晨起，果日光烨烨[1]，决策向顶。上数里，至华顶庵；又三里，将近顶，为太白堂，俱无可观。闻堂左下有黄经洞，乃从小径。二里，俯见一突石，颇觉秀蔚。至则一发僧结庵于前，恐风自洞来，以石甃[2]塞其门，大为叹惋。复上至太白[3]，循路登绝顶[4]。荒草靡靡，山高风冽，草上结霜高寸许，而四山回映，琪花玉树，玲珑弥望。岭角山花盛开，顶上反不吐色，盖为高寒所勒[5]耳。

【注释】

①烨烨（yè），原指火焰很盛，此处指日炽。

②甃（zhòu），砌。

③太白，即太白堂，相传为李白读书处。

④绝顶，即华顶峰，在天台县东北境，为天台山绝顶，海拔1098米。峰下有善兴寺，即华顶寺。

⑤勒，限制。

【译文】

初三日　清晨起床，果然见阳光炽烈，决定向山顶前进。向上攀爬数里，到达华顶庵；再走三里，离峰顶愈近，到达太白堂，沿途都没有值得观赏的景物。听说太白堂左下方有黄经洞可游览，于是从小路走。二里路后，俯身看见一块突出的大石头，觉得很是秀美华丽。临近一看，是一位发僧在此建庵，担心洞里吹出的山风大，就用石头砌塞洞门，我不禁大为感叹惋惜。于是重新往上走，到达太白堂，顺着山路登上天台山绝顶华顶峰。峰顶上，荒草被劲风吹得低伏，峰高而寒风凛冽，草上结的霜约有一寸多厚，而回顾四周的山峦，上面满是美丽的鲜花与碧玉般的绿树，远远望去觉得玲珑明晰。山脚下山花盛开，峰顶上反而不开花，大概是高处寒冷所致。

仍下华顶庵，过池边小桥，越三岭。溪回山合，木石森丽，一转一奇，殊慊[①]所望。二十里，过上方广，至石梁，礼佛昙花亭，不暇细观飞瀑。下至下方广，仰视石梁飞瀑，忽在天际。闻断桥、珠帘尤胜，僧言饭后行犹及往返，遂由仙筏桥向山后。越一岭，沿涧八九里，水瀑从石门泻下，旋转三曲。上层为断桥，两石斜合，水碎迸石间，汇转入潭；中层两石对峙如门，水为门束，势甚怒；下层潭口颇阔，泻处如阈[②]，水从坳中斜下。三级俱高数丈，各极神奇，但循级而下，宛转处为曲所遮，不能一望尽收。又里许，为珠帘水，水倾下处甚平阔，其势散缓，滔滔汩汩。余赤足跳草莽中，揉木缘崖[③]，莲舟不能从。暝色[④]四下，始返。停足仙筏桥，观石梁卧虹，飞瀑喷雪，几不欲卧。

【注释】

①慊（qiè），满足。

②阈（yù），门槛。

③揉木缘崖，意指攀住树枝爬上高岩。

④暝色，夜色。

【译文】

沿着旧路下山到华顶庵，经过池边的小桥，翻越三座山岭。溪水潆回，山峦层叠，树木丛生，岩石绮丽，每转一个地方就发现一处奇景，极大地满足了我们的观赏愿望。走了二十里，经过上方广，到达石梁，在昙花亭礼佛，已无暇仔细观赏石梁飞瀑的奇景。往下走到下方广，仰视石梁飞瀑，忽然觉得它像是从天际倾泻下来一般。听说断桥、珠帘景色尤佳，僧人说吃过饭再去还来得及往返，于是由仙筏桥去往山后。翻过一座山岭，顺着溪涧走八九里，就见流水形成瀑布从石门飞泻而下，回旋流转，经过三道溪湾。最上面的一层是断桥，有两块巨石斜倚结联，溪水在两石之间迸流，浪花飞溅，汇合后流转入潭；中间，两巨石相对峙有如窄门，溪水为窄门所约束，流势很汹涌；最下面一层，潭口很宽阔，但溪水倾泻处如同受到门槛阻隔，只能从低洼处斜涌而下。瀑布三层流转每层都高达数丈，各层景观都很神奇，但溪流顺台阶下流，转弯处被溪湾所遮掩，不能一览无余。又走了一里多，就到了珠帘水，溪水倾泻而下处很是平坦宽阔，水流因此而缓和散漫，汩汩流水漫溢潭内。我光着脚跳进草莽之中，攀缘树木，沿着山崖前行，莲舟上人无从跟随。日落时分，方才返回。在仙筏桥上停下脚步，在朦胧的夜色中观赏如彩虹般的天然石桥，瀑布飞溅的水花有如喷雪一般的奇妙景观，让人流连忘返。

初四日　天山一碧如黛。不暇晨餐，即循仙筏上昙花亭，石梁①即在亭外。梁阔尺余，长三丈，架两山坳间。两飞瀑从亭左来，至桥乃合流下坠，雷轰河隤②，百丈不止。余从梁上行，下瞰深潭，毛骨俱悚。梁尽，即为大石所隔，不能达前山，乃还。过昙花，入上方广寺。循寺前溪，复至隔山大石上，坐观石梁。为下寺僧促饭，乃去。饭后，十五里，抵万年寺，登藏经阁。阁两重，有南北经两藏。寺前后多古杉，悉三人围，鹤巢于上，传声嘹呖③，亦山中一清响也。是日，余欲向桐柏宫，觅琼台、双阙，路多迷津，遂谋向国清。国清去万年四十里，中过龙王堂④。每下一岭，余谓已在平地，及下数重，势犹未止，始悟华顶之高，去天非远！日暮，入国清，与云峰相见，如遇故知，与商探奇次第。云峰言：“名胜无如两岩，虽远，可以骑行。先两岩而后步至桃源，抵桐柏，则翠壁、赤城，可一览收矣。”

【注释】

①石梁，即石桥，在中方广。山腰有衔接两山的天然石桥，长约七米，中央隆起如龟背，狭窄处仅约半尺。水有两处源头，

东为金溪，西为大兴坑溪，合流后自梁底向下飞坠。

②隤（tuí），原意为垮塌，此处指河水奔流迅猛。

③嘹呖（liáo lì），形容声音响亮而清远。

④龙王堂，今作“龙皇堂”，在天台县北境。

【译文】

初四日　碧蓝的天空万里无云，广袤的群山一片墨绿。我们顾不上吃早餐，就沿着仙筏桥登上昙花亭，石桥就在昙花亭外。石桥宽一尺多，长达三丈，架在两个山坳之间。两股飞瀑从亭左边流来，至桥边汇合成一股急流向下飞坠，瀑布高达百丈以上，响声有如雷声轰鸣、河堤坍塌。我从石桥上走时，向下俯视深潭，不禁毛骨悚然。走过石桥，就被前面的大石所阻隔，不能由此去前山，于是按原路返回。经过昙花亭，进入上方广寺。顺着寺前的溪水，再爬上阻隔前山的大石，坐着观赏石桥。直到下方广寺的僧人催促去用饭，才起身离开。吃过饭后，走十五里路，抵达万年寺，登上藏经阁。藏经阁有两层，存有南北佛经两藏。万年寺寺前寺后有很多古老的杉树，树干都有三人合围般粗，鹤群在树上筑巢，传来的鹤鸣声响亮而清远，也是深山中的一种清雅的响声。这天，我原想去桐柏宫，寻觅琼台、双阙胜景，因路途中迷道甚多，于是改变计划去国清寺。国清寺离万年寺有四十里路，途中经过龙王堂。每走下一座山岭，我都以为已走到平地上，等到接连走下好几重山岭，下坡的态势还远没有停止，这才领悟到华顶峰之高，似乎离天已经不远了！傍晚时分，才进入国清寺，与云峰和尚相见，就像遇见久别的知己，于是和他商量游览探奇的先后顺序。云峰和尚说：“风景名胜没有比得过寒岩、明岩两处的，虽然路程远一些，但可以骑马去。先游览两岩，然后步行到桃源洞，桐柏宫，那么翠壁、赤城栖霞两处胜景，也可以一饱眼福了。”

初五日　有雨色，不顾，取寒、明两岩道，由寺向西门觅骑。骑至，雨亦至。五十里至步头，雨止，骑去。二里，入山，峰萦水映，木秀石奇，意甚乐之。一溪[①]从东阳来，势甚急，大若曹娥[②]。四顾无筏，负奴背而涉。深过于膝，移渡一涧，几一时。三里，至明岩。明岩为寒山、拾得隐身地[③]，两山回曲，《志》[④]所谓八寸关也。入关，则四围峭壁如城。最后，洞深数丈，广容数百人。洞外，左有两岩，皆在半壁；右有石笋突耸，上齐石壁，相去一线，青松紫蕊，蓊苁[⑤]于上，恰与左岩相对，可称奇绝。出八寸关，复上一岩，亦左向。来时仰望如一隙，及登其上，明敞容数百人。岩中一井，曰仙人井，浅而不可竭。岩外一特石，高数丈，上岐立如两人，僧指为寒山、拾得云。入寺。饭后云阴溃散，新月在天，人在回崖顶上，对之清光溢壁。

【注释】

①一溪，即始丰溪，今名同。东阳，明代时为县，隶属金华府，即今浙江东阳市。

②曹娥，即曹娥江，源自天台山北麓，往北流经新昌、嵊县、上虞，入杭州湾。

③寒山、拾得，均为唐代僧人。后人常以二人并称，尊为“和合二仙”。寒山曾隐居天台山寒岩，往还于天台山国清寺，与拾得关系友好。其人善作诗，有《寒山子集》二卷。拾得原是孤儿，由国清寺僧丰干收养为僧，故名“拾得”。拾得亦能诗，有《丰干拾得诗》一卷。

④《志》，指《大明一统志》。

⑤蓊苁（wěng cōng），草木茂盛的样子。

【译文】

初五日　虽有下雨的迹象，也顾不得了，踏上去往寒岩、明岩的道路，由国清寺去西门寻找坐骑。坐骑来到，雨也开始下了。走了五十里后到达步头，雨停了，打发走坐骑。步行二里后进入山中，山峰倒映在潆绕流动的溪水之中，树木秀丽，岩石奇异，心情大快。一条溪水自东阳流来，水势很湍急，流量大小与曹娥江相似。环顾四周看没有竹筏可以渡人，只好由仆人背着涉水过溪。溪水深过膝盖，渡过一道溪涧，花费近一个时辰。又走三里路，到达明岩。明岩是寒山、拾得两位高僧的隐居之地，两座山迂回曲折，也就是《大明一统志》所记述的八寸关。进入八寸关，见四围的陡峭石壁有如城墙。最后面有一山洞，深达数丈，宽处能容纳数百人。山洞外面，左边有两座石岩，都悬在半壁间；右边有石笋高耸，最高处与石壁等高，相距仅有一线，石笋顶上青松和紫色的花蕊生长茂盛，恰好与左边的两座石岩相对峙，可以称得上是奇绝景观了。走出八寸关，再登上一座石岩，也是方向朝左。来的时候，仰望就像相隔一线缝隙，待攀登到石岩顶上，才知道它很宽敞，可容纳数百人。石岩中间有一口井，叫仙人井，井虽浅，却不会枯竭。石岩外又有一块奇石，高达数丈，上部分开成两部分，就像两个站立的人，当地和尚指点我们说那是寒山、拾得的化身。回到寺里。晚饭后，阴云散尽，一弯新月挂在碧空，人站在回崖顶上，对着满天月色，连岩壁上也洒满明亮的月光。

初六日　凌晨出寺，六七里至寒岩。石壁直上如劈，仰视空中，洞穴甚多。岩半有一洞，阔八十步，深百余步，平展明朗。循岩右行，从石隘仰登。岩坳有两石对耸，下分上连，为鹊桥，亦可与方广石梁争奇，但少飞瀑直下耳。还饭僧舍，觅筏渡一溪。循溪行山下，一带峭壁巉[1]崖，草木盘垂其上，内多海棠、紫荆，映荫溪色。香风来处，玉兰芳草，处处不绝。已至一山嘴，石壁直竖涧底，涧深流驶，旁无余地。壁上凿孔以行，孔中仅容半趾[2]，逼身而过，神魄为动。自寒岩十五里至步头，从小路向桃源。桃源在护国寺旁，寺已废，土人茫无知者。随云峰莽行曲路中，日已堕，竟无宿处，乃复问至坪头潭[3]。潭去步头仅二十里，今从小路，反迂回三十余里宿，信桃源误人也！

【注释】

①巉（chán），山势高险的样子。

②趾，脚。

③坪头潭，即今平镇，在天台县西境，始丰溪北岸。

【译文】

初六日　凌晨从寺里出发，走了六七里后到达寒岩。石壁笔直向上有如刀劈一般，仰视空中，发现有很多洞穴。岩壁半中腰有一洞穴，宽八十步，深一百多步，洞内平坦而明亮。顺着石岩右边走，从岩石的狭窄小道向上攀登。山岩的低洼处有两块岩石相对耸立，下部分开而上部相连，即是所谓的鹊桥，此处可与上方广寺的石桥争奇，只是少了飞溅的瀑布直泻罢了。返回僧人的住处用饭，而后找到竹筏可渡溪流。顺着溪流行至山下。这一带都是峭壁巉崖，荒草盘结岩壁上，里面有很多海棠、紫荆，浓荫倒映溪中，景色更加优美。香风飘来的地方，长满了玉兰花和芬芳的香草，各处都有，绵绵不绝。已走到一山嘴处，岩壁笔直插到涧底，涧水深而湍急，四旁没有可行走的多余地方。岩壁上凿有石孔用来通行，石孔中仅仅能容下半只脚，身体贴着岩壁而过，让人不禁神魄撼动。从寒岩走出十五里到达步头，抄小路再去桃源洞。桃源洞在护国寺旁，而寺内的庙宇已成废墟，问当地人为何如此，他们都茫然无知。跟随云峰和尚在草木丛生的弯曲山路上行走，太阳已经落山，竟然没找到住宿的地方，于是再问路，终于到达坪头潭。从坪头潭到步头仅有二十里路，现在从小路走，反而迂回三十多里，才得以住宿下来，确实是流连桃源洞误人呀！

初七日　自坪头潭行曲路中三十余里，渡溪入山。又四五里，山口渐夹，有馆曰桃花坞。循深潭而行，潭水澄碧，飞泉自上来注，为鸣玉涧。涧随山转，人随涧行。两旁山皆石骨，攒峦夹翠，涉目成赏，大抵胜在寒、明两岩间。涧穷路绝，一瀑从山坳泻下，势甚纵横。出饭馆中，循坞[1]东南行，越两岭，寻所谓“琼台”“双阙”[2]，竟无知者。去数里，访知在山顶。与云峰循路攀缘，始达其巅。下视峭削环转，一如桃源，而翠壁万丈过之。峰头中断，即为双阙；双阙所夹而环者，即为琼台。台三面绝壁，后转即连双阙。余在对阙，日暮不及复登，然胜已一目尽矣。遂下山，从赤城后还国清，凡三十里。

【注释】

①坞（wù），四面高中间低的山洼。

②阙（què），古代宫殿、祠庙、陵墓前面的建筑物。一般先筑高台，其上修楼观，通常左右各一，中间为道，故称“阙”或“双阙”。此处形容天然峰崖如一对阙楼，故得名“双阙”。

【译文】

初七日　从坪头潭开始，在弯弯曲曲的山路中行走三十多里，渡过溪水进山。又前行四五里，山口渐渐狭窄，有一处房舍，名为桃花坞。顺着深潭边前行，潭水清澈碧蓝，飞溅的山泉水从上注入潭中，名为鸣玉涧。涧水顺着山流，人沿着涧边走。涧两旁的山都是裸露的岩石，攒簇的山峦到处夹杂着翠绿的树木，所见处景观皆美，大多都在寒岩、明岩这两处岩石之间。涧水穷尽处，路也就消失了。一道瀑布从山坳间倾泻而下，态势纵横奔放，一往无前。饭后，从桃花坞出来，顺着山洼向东南方走，翻越两座山岭，去寻觅所说的“琼台”“双阙”两处胜景，竟然没有人知晓。走出数里路，才访知在山顶上。与云峰和尚顺着山路攀缘而上，才到达山巅。向下俯视那陡峭逼仄而环转的山岩，就像是桃源洞的景致，而布满翠绿树木的万丈岩壁则超过了桃源洞的险峻。山峰顶部中间被断隔分开，就是所谓的双阙；夹在双阙正中间的环形石台，就是琼台。琼台的三面都是绝壁，后转就与双阙相连。我已站在对阙之上，天黑了来不及再爬上琼台，然而已经饱览了优美的景致。于是下山，从赤城的后面返回国清寺，旅程总计三十里。

初八日　离国清，从山后五里登赤城[①]。赤城山顶圆壁特起，望之如城，而石色微赤。岩穴为僧舍凌杂，尽掩天趣。所谓玉京洞、金钱池、洗肠井，俱无甚奇。

【注释】

①赤城，为天台山支阜，在天台县西北，高三百余米。上有石洞十二个，以紫云洞和玉京洞最著名，山顶有赤城塔。

【译文】

初八日　离开国清寺，从山后走五里路后登上赤城。赤城山顶上圆形的岩壁耸起，很特别，看上去像一座城，而岩石的颜色微微发红。岩洞都成了僧人们的宿舍，凌乱异常，天然的景趣都被掩盖掉了。像玉京洞、金钱池、洗肠井等地，都平平无奇。

游雁宕山日记　浙江温州府

雁宕山省称“雁山”，今作“雁荡山”。“宕”同“荡”，为积水长草的洼地。据传秋雁归时多宿于此，故名。雁宕山在浙江温州辖境，横跨瓯江南北，平阳以西部分为南雁宕山，中雁宕山在乐清西部，北雁宕山在乐清东北，古称“东瓯三雁”。北雁宕山面积最大，风景最佳。灵峰、灵岩、大龙湫为雁荡风景三绝。近年又新开发了仙桥及羊角洞景区。此日记所记乃北雁荡山游程，对其三绝皆有记叙。

该记主要记叙了作者游览北雁宕山一路所见。用清新简洁的笔法，全面铺叙了众多景点的布局，胜景纷呈，丰富而不杂乱。游记中对北雁宕山灵峰、灵岩、大龙湫三绝描绘详细，并对许多细微奇景，如龙鼻水、老僧岩、独秀峰等也有刻画。游记层次分明，语言奇峻，对山形水势的细微区别把握极见功夫。游记中融入观察者的主观感受，读起来真实感倍增，艺术感染力也得到加强，特别是十三日、十四日的日记，文字奇峻中见优美，生动形象、景情交融。

自初九日别台山，初十日抵黄岩①。日已西，出南门，步行三十里，宿于八岙②。

【注释】

①黄岩，明代时为黄岩县，隶属台州府，即今浙江台州市黄岩区。

②岙（ào），浙江、福建等沿海一带对山间平地的称呼。

【译文】

自初九离别天台山，初十抵达黄岩。太阳已偏西，从南门走出三十里，歇宿于八岙的旅舍。

十一日　二十里，登盘山岭。望雁山诸峰，芙蓉插天，片片扑人眉宇。又二十里，饭大荆驿①。南涉一溪，见西峰上缀圆石，奴辈指为两头陀，余疑即老僧岩，但不甚肖②。五里，过章家楼，始见老僧真面目：袈衣秃顶，宛然兀立，高可百尺。侧又一小童伛偻于后，向为老僧所掩耳。自章楼二里，山半得石梁洞。洞门东向，门口一梁，自顶斜插于地，如飞虹下垂。由梁侧隙中层级而上，高敞空豁。坐顷之，下山。由右麓逾谢公岭③，渡一涧，循涧西行，即灵峰④道也。一转山腋，两壁峭立亘天，危峰乱叠，如削如攒，如骈笋，如挺芝，如笔之卓⑤，如幞之欹⑥。洞有口如卷幕者，潭有碧如澄靛者。双鸾、五老，接翼联肩。如此里许，抵灵峰寺。循寺侧登灵峰洞。峰中空，特立寺后，侧有隙可入。由隙历磴数十级，直至窝顶，则窅然⑦平台圆敞，中有罗汉诸像⑧。坐玩至暝色，返寺。

【注释】

①大荆驿，在乐清市东北隅。

②肖，像。

③逾，越。谢公岭，在乐清市东北，通往雁荡山的路上。相传晋代著名诗人谢灵运任永嘉太守时曾到这里游览过，故名。岭上有落屐亭，亦为纪念谢灵运而建。

④灵峰，高约二百七十米，与右边的倚天峰相合如掌，称

“合掌峰”“夫妻峰”。峰前有灵峰寺，峰下有巨大的观音洞，即《游记》中所称“灵峰洞”。

⑤卓，直立。

⑥幞（fú），古代男子的头巾，又称“幞头”。攲（qī），斜。

⑦窅（yǎo）然，深远的样子。

⑧罗汉，梵文音译“阿罗汉”的省称，指断绝嗜欲、解脱烦恼、不受生死轮回影响、受人敬仰崇拜的圣人。佛教寺院常有十八罗汉或五百罗汉的塑像。

【译文】

十一日　走过二十里，登上盘山岭。遥望雁宕山的那些山峰，就像芙蓉直插蓝天，片片花瓣般的景色扑进人的眼帘。又前行二十里，在大荆驿用饭。向南渡过一条溪水，见西边的山峰上点缀着一块圆石，奴仆们认定是两头陀，我则怀疑是老僧岩，但又不很像。走了五里路，经过章家楼，才看清楚老僧岩的真面目：穿着袈裟，头上秃顶，形象逼真，高约百尺。其侧边又有一石像，如一孩童弯腰曲背地跟随在后面，不过平时被老僧所遮掩罢了。从章家楼走出二里路，在山半腰处找到石梁洞。洞门朝东，门口有一座石桥，从洞顶斜插于地上，有如飞虹下垂。由石桥侧面的缝隙中一层一层地拾级而上，上面高敞空阔。坐下休息了好一会儿，方才下山。由右边的山麓越过谢公岭，渡过一条溪涧，顺着溪岸向西走，就是去灵峰的道路。刚一转过山腋，就见两边的岩壁陡峭挺立，直贯云天，险峰重重叠叠，有的像刀削般直立，有的像群峰簇拥，有的像并列的竹笋，有的像挺拔的灵芝，有的像笔一般直立，有的像头巾一样倾斜。山洞洞口有的像卷起的帷帐，水潭有的碧绿得像澄清的蓝靛一般。双鸾峰如羽翼相接的双飞鸾，五老峰酷似五位联肩并行的老翁。走过景致如此幽奇的一里多路，到达灵峰寺。顺着灵峰寺一侧的山道登上灵峰洞。灵峰中部是空的，奇特地耸立于灵峰寺后，其侧面有缝隙可以进入。从缝隙处走过数十级石磴，直达窝顶，深远处的平台圆敞，里面有十八罗汉等塑像。坐在该处赏玩景色，直至暮色降临才返回灵峰寺。

十二日　饭后，从灵峰右趾觅碧霄洞。返旧路，抵谢公岭下。南过响岩，五里，至净名寺路口。入觅水帘谷，乃两崖相夹，水从崖顶飘下也。出谷五里，至灵岩寺。绝壁四合，摩天劈地，曲折而入，如另辟一寰界。寺居其中，南向，背为屏霞嶂。嶂[①]顶齐而色紫，高数百丈，阔亦称之。嶂之最南，左为展旗峰，右为天柱峰。嶂之右胁介于天柱者，先为龙鼻水。龙鼻之穴从石罅[②]直上，似灵峰洞而小。穴内石色俱黄紫，独罅口石纹一缕，青绀[③]润泽，颇有鳞爪之状。自顶贯入洞底，垂下一端如鼻，鼻端孔可容指，水自内滴下注石盆。此嶂右第一奇也。西南为独秀峰，小于天柱，而高锐不相下。独秀之下为卓笔峰，高半独秀，锐亦如之两峰。南坳轰然下泻者，小龙湫也。隔龙湫与独秀相对者，玉女峰也。顶有春花，宛然插髻。自此过双鸾，即极于天柱。双鸾止两峰并起，峰际有“僧拜石”，袈裟伛偻，肖矣。由嶂之左胁，介于展旗者，先为安禅谷，谷即屏霞之下岩。东南为石屏风，形如屏霞，高阔各得其半，正插屏霞尽处。屏风顶有“蟾蜍石”，与嶂侧“玉龟”相向。屏风南去，展旗侧褶中，有径直上，磴级尽处，石阈限之。俯阈而窥，下临无地，上嵌崆峒。外有二圆穴，侧有一长穴，光自穴中射入，别有一境，是为天聪洞，则嶂左第一奇也。锐峰叠嶂，左右环向，奇巧百出，真天下奇观！而小龙湫下流，经天柱、展旗，桥跨其上，山门临之。桥外含珠岩在天柱之麓，顶珠峰在展旗之上。此又灵岩[④]之外观也。

【注释】

①嶂（zhàng），高险如屏障的山。

②罅（xià），缝隙。

③绀（gàn），红青色。

④灵岩，亦称“屏霞嶂”，其壁立千霄，状如屏风。前面为灵岩寺，寺前天柱、展旗两峰相对，称“南天门”，卧龙溪从中穿出，周围群峰环拥。

【译文】

十二日　饭后，从灵峰右侧山脚去寻觅碧霄洞。按原路返回，到达谢公岭下。从南边经过响岩，走了五里路，到达净名寺路口。往里走去寻觅水帘谷。所谓水帘谷，就是两崖相夹，流水从崖顶上飘落而下。走出水帘谷五里，就到了灵岩寺。这里四面围合着绝壁，仿佛摩天劈地而成，通过曲折的小道进去，仿佛进入另辟出的一个广阔世界。灵岩寺位居其中，面朝南，背后则是屏霞嶂。屏霞嶂顶部平整，岩石呈紫色，高数百丈，宽度亦与其高度相称。屏霞嶂的最南端，左面是展旗峰，右面是天柱峰。介于屏霞嶂右胁与天柱峰中间的地方，最先看见的是龙鼻水。龙鼻水的出水洞穴，从岩石缝隙一直向上，像灵峰洞，但略小一些。洞穴内岩石的颜色都呈黄紫色，唯独缝隙口有石纹一缕，色泽青红而又湿润，很像龙鳞龙爪的形状。从洞顶部连贯到洞底，垂下的一端很像人的鼻子，鼻尖端的石孔可以容纳手指，水就从石孔内滴下来，注入石盆中。这就是屏霞嶂右边的第一奇景了。屏霞嶂的西南面是独秀峰，比天柱峰小，但高度和岩石的锋锐度却不相上下。独秀峰之下是卓笔峰，高度仅有独秀峰的一半，岩石的锋锐度与其他两峰一般。南面的山坳间，轰然向下飞泻的，就是小龙湫瀑布了。隔着小龙湫瀑布与独秀峰相对的，正是玉女峰。玉女峰顶开满鲜艳的春花，像是插在玉女发髻上的装饰。从这里经过双鸾峰，就是天柱峰的尽头。双鸾峰顾名思义是两峰并列，峰际有“僧拜石”，似是身穿袈裟，伛偻着身躯的老僧人。屏霞嶂的左侧，介于展旗峰的中间地方，最前面是安禅谷，安禅谷即是屏霞嶂的下岩。东南面是石屏风，形状与屏霞嶂相似，高度、宽处各为屏霞嶂的一半，正好插在屏霞嶂的尽头处。石屏风峰顶有“蟾蜍石”，与屏霞嶂侧面的“玉龟”相对。从石屏风向南去，展旗峰侧面的褶皱中，有条小径直通峰顶，石磴级的尽头处，有石门槛阻隔。俯下门槛窥看，似乎看不到地面，头顶上嵌镶着高高的天空。展旗峰外有两个圆孔，侧面有一个长孔，亮光从孔中射进来，别有一番境界，这就是天聪洞，堪称屏霞嶂左边的第一奇景。尖峰与高山重重叠叠，左右回环相对，奇异精巧的景致层出不穷，真不愧为天下奇观！而小龙湫瀑布的水向下流经天柱峰、展旗峰，有石桥横跨溪流之上，灵岩寺的山门则面对着石桥。石桥外面，可看见含珠岩在天柱峰麓，顶珠峰则在展旗峰之上。这就是灵岩的外观了。

十三日　出山门，循麓而右，一路崖壁参差，流霞映彩。高而展者，为板嶂岩。岩下危立而尖夹者，为小剪刀峰。更前，重岩之上，一峰亭亭插天，为观音岩。岩侧则马鞍岭横亘于前。鸟道[①]盘折，逾坳右转，溪流汤汤[②]，涧底石平如砥。沿涧深入，约去灵岩十余里，过常云峰，则大剪刀峰介立涧旁。剪刀之北，重岩陡起，是名连云峰。从此环绕回合，岩穷矣。龙湫[③]之瀑，轰然下捣潭中，岩势开张峭削，水无所着，腾空飘荡，顿令心目眩怖。潭上有堂[④]，相传为诺讵那观泉之所[⑤]。堂后层级直上，有亭翼然。面瀑踞坐久之，下饭庵中。雨廉纤[⑥]不止，然余已神飞雁湖山顶。遂冒雨至常云峰，由峰半道松洞外，攀绝磴三里，趋白云庵。人空庵圮，一道人在草莽中，见客至，望望去。再入一里，有云静庵，乃投宿焉。道人[⑦]清隐，卧床数十年，尚能与客谈笑。余见四山云雨凄凄，不能不为明晨忧也。

【注释】

①鸟道，形容道路险绝。李太白诗云：“西当太白有鸟道，

可以横绝峨嵋巅。”即为此意。

②汤汤（shāng shāng），大水急流的样子。

③龙湫（qiū），此处指大龙湫，在马鞍岭西四公里处，从高约一百九十米的连云峰上飞坠潭中，为著名大瀑布。湫，水潭。瀑布下为深潭。

④堂，四方而高的建筑。

⑤诺讵那，罗汉名，又作“诺矩罗”。相传诺讵那居于震旦东南大海际雁荡山芙蓉峰龙湫。唐代僧人贯修《诺矩罗赞》有“雁荡经行云漠漠，龙湫宴坐雨蒙蒙”句，即指此景。

⑥廉纤，指细雨。

⑦道人，修道的人。此处指和尚。魏晋时期多此用法。

【译文】

十三日　从灵岩寺的山门出来，顺着山麓向右走，一路上只见山崖、岩壁参差不齐，流霞与山间的色彩相辉映。山势高峻而顶部平展的，是板嶂岩。岩下耸立着又尖又狭的，是小剪刀峰。再往前，重重叠叠的山岩上，一座亭亭玉立的山峰直插云天，那就是观音岩。观音岩侧面则是马鞍岭横亘在前方。险要的山道盘旋曲折，越过山坳向右转，有溪流浩浩汤汤，山涧底部的石头被水流磨得平坦如磨刀石。沿着山涧深处前进，大约离灵岩寺十余里，经过常云峰，就见大剪刀峰直立于涧旁。大剪刀峰北面，重岩陡然耸起，其名为连云峰。此处山环水绕，峰回壁合，岩崖穷尽了。大龙湫瀑布的流水轰然下泻，直捣潭中，山势大开大合，立面陡峭，而流水没有河床承受，腾空飘荡而下，观时令人目眩而心惊胆战。水潭上方建有庙堂，相传是诺讵那罗汉观赏流泉的地方。从庙堂后面沿着石阶直上，岩壁上有座亭榭，犹如鸟儿展翅一般。面对瀑布踞坐着观赏了很久，才下山回到庵中吃饭。绵绵细雨下个不停，而我的心神早已飞到雁湖山顶。于是，冒雨到达常云峰，从常云峰半腰的道松洞外，攀登非常陡险的石磴将近三里远，奔赴白云庵。不想已人去庵塌，一个和尚在草丛中见有客人到来，望了望就离开了。再走一里路，有一云静庵，于是在此投宿。清隐和尚已病卧在床数十年，还能与客人谈笑。我见四周山峰乌云笼罩，细雨不止，凄凉寒冷，不由得为明天早晨的旅程担忧。

十四日　天忽晴朗，乃强清隐徒为导。清隐谓湖中草满，已成芜田，徒复有他行，但可送至峰顶。余意至顶，湖可坐得。于是人捉一杖，跻[1]攀深草中，一步一喘，数里，始历高巅。四望白云，迷漫一色，平铺峰下。诸峰朵朵，仅露一顶，日光映之，如冰壶瑶界，不辨海陆。然海中玉环[2]一抹，若可俯而拾也。北瞰山坳壁立，内石笋森森，参差不一。三面翠崖环绕，更胜灵岩。但谷幽境绝，惟闻水声潺潺，莫辨何地。望四面峰峦累累，下伏如丘垤[3]，惟东峰昂然独上，最东之常云，犹堪比肩。

【注释】

①跻（jī），登。

②玉环，明代称“玉环山”，即乐清县东海中的玉环岛，现为浙江玉环县。

③丘垤（dié），小土堆。

【译文】

十四日　天忽然晴朗起来，于是强请清隐和尚的徒弟做向导。清隐说，雁湖中长满了草，已变成荒芜之田，徒弟说还要去其他地方，但可以送我到峰顶。我心想，只要到达峰顶，便可以游览雁湖。于是每人手持一根拐杖，在深草中攀登，一步一喘地走了数里路，才到达高峰之巅。四下望去，白云弥漫，似是将山峰围拢其中。诸多山峰就像云海中的朵朵鲜花，仅露出一点峰顶，阳光映照其上，景致就好像盛冰的玉壶、清净洁白的瑶台仙境一般，让人无从分辨哪里是云海、哪里是山川陆地。然而，那云海中的玉环山有如轻微的一抹飘带，似乎可以俯身去拾起来。向北远望，山坳中岩壁削立，里面石笋繁密，参差不一。三面环绕着满是绿树的山崖，景致比灵岩更优美。只可惜山谷幽深而环境陡险，只能听见潺潺的流水声，无法辨别是从什么地方传来的。遥望四周，峰峦累累，有些低伏如小土堆，只有东面的山峰昂然高耸，最东边的常云峰，能与之比肩。

导者告退，指湖在西腋一峰，尚须越三尖。余从之，及越一尖，路已绝；再越一尖，而所登顶已在天半。自念《志》云："宕在山顶，龙湫之水，即自宕来。"今山势渐下，而上湫之涧，却自东高峰发脉，去此已隔二谷。遂返辙而东，望东峰之高者趋之。莲舟疲不能从。由旧路下，余与二奴东越二岭，人迹绝矣。已而山愈高，脊愈狭，两边夹立，如行刀背。又石片棱棱怒起，每过一脊，即一峭峰，皆从刀剑隙中攀缘而上。如是者三，但见境不容足，安能容湖？既而高峰尽处，一石如劈，向惧石锋撩人，至是且无锋置足矣！踌躇崖上，不敢复向故道。俯瞰南面石壁下有一级，遂脱奴足布①四条，悬崖垂空，先下一奴，余次从之，意可得攀缘之路。及下，仅容足，无余地。望岩下斗②深百丈，欲谋复上，而上岩亦嵌空三丈余，不能飞陟③。持布上试，布为突石所勒，忽中断。复续悬之，竭力腾挽，得复登上岩。出险，还云静庵，日已渐西。主仆衣履俱敝，寻湖之兴衰矣。遂别而下，复至龙湫，则积雨之后，怒涛倾注，变幻极势，轰雷喷雪，大倍于昨。坐至暝始出，南行四里，宿能仁寺。

【注释】

①足布，即裹脚布。

②斗，通"陡"，陡峭。

③陟（zhì），攀登，上升。

【译文】

向导告退时，指点说雁湖在西面中部的一座山峰上，还需要翻越三座尖山。我听从向导的话，等到翻越一座尖山，路已断绝；再越过一座尖山，一看所要登临的山顶，已经在半天中央。自己念及《大明一统志》中云："雁荡在山顶，龙湫瀑布的流水，就是从雁荡而来。"现在山势逐渐往下，而上龙湫的山涧，却是从东面的高峰发脉，距离这里已隔开两道山谷。于是改变路线向东走，望着东面诸峰中的高峻山峰前行。莲舟和尚感到疲劳，无法跟上。由原路向下走，我与两个奴仆向东越过两座山岭，周围已无人迹。而前面的山越来越高，山脊越来越窄，两边相夹的岩壁直立，让人感觉像在刀背上行走。而石片的棱角、锋芒非常突出，每越过一道山脊，就遇到一座陡峭的山峰，都是在如刀剑般锋利的石片缝隙中攀缘而上。就像这样攀越了多次，但见所经之地皆难以容足，又怎么能容纳下一个湖泊呢？就这样到了高峰的尽头处，一座石壁如刀劈一般陡峭，我一向惧怕石片锋利逼人，而到这里已经没有锋利的石片可借以攀登了！在山崖上踌躇再三，不敢再由原来的小道返回。俯瞰南面的岩壁上有一石级，于是让奴仆们脱下四条裹腿布接成布绳，从悬崖上悬空垂下，先让一奴仆顺着布绳缒下去，我第二个下，想着是否能找到可以攀缘的路。待到了下面，发现仅仅能立足而已，再没有多余的地方。遥望岩壁下面，非常陡峭，深有百丈，想要设法再攀缘上去，而上面的岩石嵌在空中三丈多高的地方，不能飞越登高上去。手拉布绳试着往上攀登，布绳被突出的锋利石头勒住，忽然断掉。重新把布绳续接好，让它悬空，竭力挽着布绳腾空跳跃，方才再次攀登到上面的岩石上。脱离险境，回到云静庵时，太阳已渐渐西坠。主人及奴仆们的衣服和鞋子全都弄得破烂不堪，寻觅雁湖的兴致大为减退。于是，辞别清隐师徒下山，再次到龙湫瀑布。而在积攒了雨水后，溪水如怒涛奔腾，倾泻而下，态势极尽变幻，瀑布白如喷雪，声大如雷轰鸣，水势比昨天增大一倍。

一直坐到天黑才出山门，南行四里路，宿歇于能仁寺。

十五日　寺后觅方竹数握，细如枝；林中新条，大可径寸，柔不中[①]杖，老柯斩伐殆尽矣！遂从岐度四十九盘，一路遵海而南，逾窑岙岭，往乐清[②]。

【注释】

①中（zhòng），合，符合要求。

②乐清，明代为县，隶属温州府，即今浙江乐清市。

【译文】

十五日　在能仁寺后寻觅到好几把方竹，竹细如树枝；竹林中新长的竹条，大的直径可达一寸，比较柔软，不适合做手杖，而老的竹条已经被砍伐殆尽了！于是，从岔道走过四十九盘，一路顺着东海边向南行，翻越窑岙岭，前往乐清县。

游黄山日记　徽州府

黄山原名“黟山”，唐天宝后改为今名。相传黄帝与容成子、浮丘公同在此炼丹，故名“黄山”，亦称“黄岳”。黄山位于安徽黄山市北部，其烟云翻飞浩瀚，如浪卷重山，絮掩深谷，因称“黄海”。以中部的平天矼光明顶为界，其北称“后海”，其南称“前海”。今又以东为东海，以西为西海，光明顶周围为天海。黄山风景以奇松、怪石、云海、温泉最著名。

此记是徐霞客初游黄山时所作。万历四十四年（1616），徐霞客游白岳山后，于二月初三日到汤口。在黄山九天，浴汤池后从南往北登山，历祥符寺、慈光寺、天门，登平天矼、狮子峰，游狮子林、接引崖，直到松谷庵。由原路下山，十一日出汤口。

徐霞客游黄山时，大雪已封山三月，但游兴不为所阻。该记遣词用语精当巧妙，章法合度、松紧适宜，对雪光山色的渲染也相得益彰。沿途他详记气象变化；抓住每个山川景物的特点；留心观察黄山奇松，阐明了植物与环境的关系；最后详析了黄山周围各水源流。该记可看作是对黄山胜景的总体描绘，有此基础，他的第二篇黄山日记更多细述黄山天都、莲花二峰以及黄山雾海等景。

初二日　自白岳下山，十里，循麓而西，抵南溪桥。渡大溪，循别溪，依山北行。十里，两山峭逼如门，溪为之束。越而下，平畴颇广。二十里，为猪坑。由小路登虎岭，路甚峻。十里，至岭。五里，越其麓。北望黄山诸峰，片片可掇[①]。又三里，为古楼坳。溪甚阔，水涨无梁，木片弥[②]布一溪，涉之甚难。二里，宿高桥。

【注释】

①掇（duō），拾取。

②弥（mí），遍。

【译文】

初二日　从白岳山下山，走十里路，顺着山麓向西，抵达南溪桥。渡过大溪，顺着别溪水，沿着山麓向北走。走了十里路，就见两座山陡峭且越发逼近，就像是两扇半掩的门，溪水被它所约束。越过两山向下走，眼前平坦的田地很宽广。再走二十里，就到了猪坑。从小路攀登虎岭，道路很险峻。又走了十里路，到达虎岭。走完五里路，越过虎岭山麓。向北看黄山的各座山峰，小如片片山石，似乎随手可以拾取。又走了三里路，就到了古楼坳。溪流很宽，溪水暴涨而又没有桥梁，溪水上满是飘浮着的木片，赤足涉过很是艰难。走了二里后，在高桥歇宿。

初三日　随樵者行，久之，越岭二重。下而复上，又越一重。两岭俱峻，曰双岭。共十五里，过江村[①]。二十里，抵汤口[②]，香溪、温泉诸水所由出者。折而入山，沿溪渐上，雪且没趾。五里，抵祥符寺[③]。汤泉[④]在隔溪，遂俱解衣赴汤池。池前临溪，后倚壁，三面石甃，上环石如桥。汤深三尺，时凝寒未解，而汤气郁然[⑤]，水泡池底汩汩起，气本香冽[⑥]。黄贞父谓其不及盘山[⑦]，以汤口、焦村[⑧]孔道，浴者太杂遝[⑨]也。浴毕，返寺。僧挥印引登莲花庵，蹑雪循涧以上。涧水三转，下注而深泓者，曰白龙潭；

再上而停涵石间者，曰丹井。井旁有石突起，曰药臼，曰药铫[10]。宛转随溪，群峰环耸，木石掩映。如此一里，得一庵，僧印我他出，不能登其堂。堂中香炉及钟鼓架，俱天然古木根所为。遂返寺宿。

【注释】

①江村，今作“岗村”，在黄山以南，沉溪右侧。

②汤口，在黄山南缘的公路边，由此处进入黄山。

③祥符寺，后文又称“汤寺”。该寺建于宋大中祥符六年（1013），遗址在今黄山管理处的礼堂附近。

④汤泉，即黄山温泉，又名“殊砂泉”。汤，热水。

⑤郁然，水汽旺盛的样子。

⑥洌（liè），清。

⑦盘山，在今天津蓟县西北十二公里处，主峰挂月峰海拔八百余米。有上、中、下三盘，下盘以水胜，中盘以石胜，上盘以松胜。上有五峰，又称“东五台”。后来，徐霞客曾亲至盘山。徐霞客游盘山的时间，丁文江《徐霞客先生年谱》考证为崇祯二年（1629）。

⑧焦村，位于黄山西侧。从汤口越黄山到焦村，是过去从徽州到池州的要道。

⑨杂遝（tà），众多而杂乱。

⑩铫（diào），即小铁锅。

【译文】

初三日　随着樵夫一同走，走了很久，翻越过两座山岭。下山后再重新爬山，又翻越过一座山岭。两座山岭都很险峻，名为双岭。总共走了十五里，经过江村。走过二十里后，到达汤口，这里是香溪、温泉各条溪水所流出的地方。随后掉转方向进入山里，沿着溪水上山，雪慢慢没过脚趾。走了五里，抵达祥符寺。温泉隔溪可见，于是大家都解衣脱鞋到温泉池里洗澡。温泉池前临溪水，后倚岩壁，三面都用石头镶砌，上面环架着石条就像桥一样。温泉深三尺，当时虽依旧冬寒，但温泉水汽很盛，水泡从池子底部汩汩冒起来，散发出清香。黄贞父说黄山的温泉不及盘山好，是因为汤口、焦村是交通要道，来洗浴的人太多太杂。洗浴完毕，返回祥符寺。挥印和尚引导我们登山去莲花庵，踏着积雪、顺着山涧上山。涧水三次转弯，往下注入深深的一潭水中，那潭就叫白龙潭；再上的一处，山涧水在石头间的涵洞停歇，那涵洞叫丹井。丹井旁有石头突起，叫药臼，也叫药铫。随着溪水宛转前行，四周有耸立的群峰环绕，树林与山石相互掩映。在这样的景致里走了一里路，找到一座寺庵，印我和尚因有事外出，我们不能进入庵堂歇憩。见庵堂中的香炉及钟、鼓架，都是用天然的古树根雕凿而成。于是返回祥符寺住宿。

初四日　兀坐[①]听雪溜竟日。

【注释】

①兀（wù）坐，枯坐。

【译文】

初四日　整天枯坐着听下雪的声音。

初五日　云气甚恶，余强卧至午起。挥印言慈光寺颇近，令其徒引。过汤池，仰见一崖，中悬鸟道，两旁泉泻如练。余即从此攀跻上，泉光云气，撩绕衣裾。已转而右，则茅庵上下，磬韵香烟，穿石而出，即慈光寺[①]也。寺旧名殊砂庵。比丘[②]为余言："山顶诸静室，径为雪封者两月。今早遣人送粮，山半雪没腰而返。"余兴大阻，由大路二里下山，遂引被卧。

【注释】

①慈光寺，旧名"殊砂庵"，万历时敕封为护国慈光寺，极盛一时。后建为宾馆，称"慈光阁"。

②比丘，梵文音译，意为乞士，因初期在形式上以乞食为生而得名，此处指已受具足戒的男性，俗称“和尚”。

【译文】

初五日　阴云、寒气很重，我强制自己躺到中午才起床。挥印和尚说慈光寺很近，让他的徒弟引我们去游览。经过温泉池，抬头看见一个山崖，其间悬着艰险的小道，小道两旁倾泻而下的泉水就像雪白的绢匹一样。我从此处攀登上去，水光与云气似都在身周缭绕。后来转向右侧走，就见草庵上下，磬钹的声音和袅袅的香烟似是从石头发散出来，这就是慈光寺。慈光寺旧名殊砂庵。和尚对我说：“山顶上的各处静室，因道路被积雪所阻已有两个月。今早派人去送粮食，但山半腰积雪厚达人腰，仍无法通过，只得返回。”我的兴致受阻，就从大道走了二里路下山，回到住所，拉过棉被盖上休息。

初六日　天色甚朗。觅导者各携筇[①]上山，过慈光寺。从左上，石峰环夹，其中石级为积雪所平，一望如玉。疏木茸茸中，仰见群峰盘结[②]，天都独巍然上挺。数里，级愈峻，雪愈深，其阴处冻雪成冰，坚滑不容着趾。余独前，持杖凿冰，得一孔置前趾，再凿一孔，以移后趾。从行者俱循此法得度。上至平冈，则莲花、云门诸峰，争奇竞秀，若为天都拥卫者。由此而入，绝巘[③]危崖，尽皆怪松悬结。高者不盈丈，低仅数寸，平顶短鬣[④]，盘根虬[⑤]干，愈短愈老，愈小愈奇，不意奇山中又有此奇品也！松石交映间，冉冉[⑥]僧一群从天而下，俱合掌言：“阻雪山中已三月，今以觅粮勉到此。公等何由得上也？”且言：“我等前海诸庵，俱已下山，后海山路尚未通，惟莲花洞可行耳。”已而从天都峰侧攀而上，透峰罅而下，东转即莲花洞路也。余急于光明顶、石笋矼之胜[⑦]，遂循莲花峰而北。上下数次，至天门。两壁夹立，中阔摩肩，高数十丈，仰面而度，阴森悚骨。其内积雪更深，凿冰上跻，过此得平顶，即所谓前海也。由此更上一峰，至平天矼。矼之兀突独耸者，为光明顶。由矼而下，即所谓后海也。盖平天矼阳为前海，阴为后海，乃极高处，四面皆峻坞，此独若平地。前海之前，天都、莲花二峰最峻，其阳属徽之歙⑧，其阴属宁之太平⑨。

【注释】

①筇（qióng），手杖。

②群峰盘结，黄山有三十六座大峰，即炼丹峰、天都峰、青鸾峰、采石峰等。另有三十六座小峰，此处不具体列出。

③巘（yǎn），大小成两截的山。

④鬣（liè），愿意为帚端，此处指松针。

⑤虬（qiú），传说中的一种龙，常用来比喻树木枝干盘曲的怪状。

⑥冉冉，慢慢地。

⑦光明顶，在黄山中部，海拔1840米。顶上今有黄山气象站。矼（gāng），即石桥。胜，即胜景，景色。

⑧徽，即徽州府，治歙县。《游记》中又称之为“徽郡”。

⑨宁，即宁国府，治宣城，即今安徽宣城市。太平，明代为县，隶属宁国府，今为安徽黄山市北境黄山区、麻川河西岸的仙源镇。

【译文】

初六日　天色很晴朗。寻觅到一位向导，领着我们各自拿着筇竹杖上山，经过慈光寺。从左面往上攀登，石峰环绕相夹，其中的石阶被积雪覆盖，了无痕迹，一眼望去就像白玉一般。稀疏的树木披满茸茸的雪花，仰头见黄山群峰盘根错节，唯独天都峰巍然挺立于群峰之上。往上走数里路，石级越来越险峻，积雪越来越深，那些背阴的地方雪已冻结成冰，坚硬溜滑，脚不易踩稳。我独自一人前进，拿着竹杖凿冰，挖出一个孔放置前脚，再凿一个孔，以移动后脚。跟从的人都沿用这一方法得以通过。往上走到平冈，看见莲花峰、云门峰等各座山峰争奇竞秀，像在替天都峰做护卫。从这里进去，那些陡山峻崖上，全都是怪异的松树悬空盘结。高的不超过一丈，矮的仅有几寸，平顶上的松树松针很短，盘根错节枝干虬曲，越是短粗的越是老松，越是矮小的树形愈是怪异，想不到这奇山中更有此种奇异的品种啊！在奇松怪石交相辉映之间，一群和尚仿佛是从天而降，向我们慢慢走来，都合起掌说："被雪阻隔在山中已三个月，现在因为寻觅粮食勉强走到这里。诸公为何上山来？"又说："我们前海各庵的僧人，都已下山；后海的山路尚未通行，只有莲花洞的路可以走。"于是，就从天都峰侧面攀缘而上，穿过山峰缝隙下山，向东转就是去莲花洞的路了。我急切地想游览光明顶、石笋矼的胜景，于是顺着莲花峰向北走。上上下下数次，方才到达天门。天门两边有刀削般陡直的石壁相夹，中间的宽度仅容擦肩而行，高则数十丈，仰面而看只觉阴森，令人毛骨悚然。天门里积雪更深，凿出冰洞向上攀登，走过这里就到了平顶，也就是人们所说的前海了。从这里再登上一峰，到达平天矼。平天矼上突兀独耸的地方，就是光明顶。从平天矼向下走，就是所谓的后海了。平天矼的南面应是前海，北面是后海，平天矼是附近的最高处，四周都是险峻的凹地，唯独这里有如平地。前海的前面，天都、莲花两座山峰最是高峻，它的南面属于徽州府的歙县，它的北面属于宁国府的太平县。

余至平天矼，欲望光明顶而上。路已三十里，腹甚枵[①]，遂入矼后一庵。庵僧俱踞石向阳。主僧曰智空，见客色饥，先以粥饷。且曰："新日太皎，恐非老晴。"因指一僧谓余曰："公有余力，可先登光明顶而后中食，则今日犹可抵石笋矼，宿是师处矣。"余如言登顶，则天都、莲花并肩其前，翠微、三海门环绕于后，下瞰绝壁峭岫，罗列坞中，即丞相原也。顶前一石，伏而复起，势若中断，独悬坞中，上有怪松盘盖。余侧身攀踞其上，而浔阳踞大顶相对，各夸胜绝。

【注释】

①腹甚枵（xiāo），肚子很饿。枵，空虚。

【译文】

我到平天矼时，很想朝着光明顶攀缘而上。这时已走了三十里山路，肚子很饿，于是走进平天矼后面的一座庵里。庵里的僧人都坐在石头上，面朝南方。主持名叫智空，见客人面有饥色，便先款待粥饭，并且说："刚出来的太阳太明亮，恐怕日后不是长久的晴天气候。"于是指着一位僧人对我说："徐公如果有余力，可以先登览光明顶，然后再吃中饭，那今天还可以抵达石笋矼，晚上在这位禅师处歇宿。"我照他所说登上光明顶，只见天都、莲花两峰在前方并肩而立，翠微、三海门在后面环绕，向下鸟瞰，陡峭的山崖和峻峭的山岭林立于大山坞中，这里就是丞相原了。光明顶前的一块巨石，低伏一段后又重新峙立，像是中途折断一样，孤独地悬于山坞中，石上有怪异的松树盘根错节地覆盖着。我侧身攀到巨石上坐着，浔阳叔翁则坐在光明顶上与我相对，各自夸耀景致的优美。

下入庵，黄粱已熟。饭后，北向过一岭，踯躅菁莽中，入一庵，曰狮子林[1]，即智空所指宿处。主僧霞光，已待我庵前矣。遂指庵北二峰曰："公可先了此胜。"从之。俯窥其阴，则乱峰列岫，争奇并起。循之西，崖忽中断，架木连之，上有松一株，可攀引而度，所谓接引崖[2]也。度崖，穿石罅而上，乱石危缀间，构木为室，其中亦可置足，然不如踞石下窥更雄胜耳。下崖，循而东，里许，为石笋矼。矼脊斜亘，两夹悬坞中，乱峰森罗，其西一面即接引崖所窥者。矼侧一峰突起，多奇石怪松。登之，俯瞰壑[3]中，正与接引崖对瞰，峰回岫[4]转，顿改前观。

【注释】

①狮子林，黄山北部有狮子峰，形如卧地的雄狮，狮首有丹霞峰，腰有清凉台，尾有曙光亭。狮子张口处有寺庙称“狮子林”，后毁，原址在今北海宾馆处。

②接引崖，应为现今的始信峰。

③壑（hè），山沟。

④岫（xiù），本意是指山穴，山洞，也指光滑的山洞，此处意指山峰。

【译文】

走下光明顶进入庵里，黄粱米饭已做熟了。吃过饭后，向北走，经过一座山岭，在草木茂盛的林莽中穿行，走进一座庵中，庵名为狮子林，就是智空僧人指点的歇宿之处。狮子林的主持霞光已在庵前等候我了。他指着庵北面的两座山峰说：“徐公可以先行游览这处胜景。”我听从他的话。俯瞰两座山峰的北面，只见峰峦众多、山岭并起，争相显示雄奇。顺着两峰往西走，山崖忽然中断，架设木桥将两边连通，上面有一棵松树，可以攀引着越过木桥，这就是所谓的接引崖。过了接引崖，穿过石岩缝隙向上攀登，在乱石连缀的危险地带，还有用木头搭建的小棚，可以落脚，但却不如坐在岩石上往下观看时景致更形壮丽。走下接引崖，顺着小路往东行一里多路，就是石笋矼。石笋矼山脊倾斜连绵，两夹崖壁悬于山坞中，乱峰森罗万象，它的西边就是在接引崖上所窥视的地方。石笋矼的侧面有一山峰突起，上面生有很多奇石怪松。登上山峰顶，俯瞰山谷中，恰好与接引崖对视，峰回山转，与先前的景致截然不同。

下峰，则落照拥树，谓明晴可卜，踊跃归庵。霞光设茶，引登前楼。西望碧痕一缕，余疑山影。僧谓：“山影夜望甚近，此当是云气。”余默然，知为雨兆[1]也。

【注释】

①兆，预示。

【译文】

走下山峰，只见夕阳的光辉映照着松树，以为明天定是晴天，不由得雀跃欢呼着赶回狮子林。霞光主持准备好茶水，领着我登上前楼。向西眺望，看见天边有一缕碧绿色的痕迹，我以为是山峰的阴影。霞光僧人说：“山影夜晚看起来应该离我们很近，这应当是云气。”我默然无语，知道这是要下雨的征兆。

初七日　四山雾合[1]。少顷，庵之东北已开，西南腻[2]甚，若以庵为界者，即狮子峰亦在时出时没间。晨餐后，由接引崖践雪下。坞半一峰突起，上有一松裂石而出，巨干高不及二尺，而斜拖曲结，蟠翠三丈余，其根穿石上下，几与峰等，所谓“扰龙松”[3]是也。

【注释】

①雾合，云雾笼罩。见南朝梁刘孝标注引《陆机别传》：“是日天地雾合，大风折木，平地尺雪。”

②腻（nì），凝滞。

③扰龙松，旧志列为九大名松之首，前人尊为“帝松”。在散花坞一孤峰间，此松势如苍龙，凌空飞舞，堪称松中奇观。

【译文】

初七日　四周的山都被云雾笼罩。过了一会儿，庵东北面的雾已经散开，而西南方的雾还很浓，如果以庵为分界处，即便是距离很近的狮子峰也在雾中时隐时现。早餐后，由接引崖踏着积雪下山。山坞半腰上一座山峰突起，峰上有棵松树挣裂石头生出，粗大的树干却不足两尺高，向斜而生，枝干弯曲盘结，翠绿的枝叶曲折环绕有三丈多长，树根上上下下穿过石岩，长度几乎与山峰高度相等。这就是所谓的“扰龙松”了。

攀玩移时，望狮子峰已出，遂杖而西。是峰在庵西南，为案山。二里，蹑其巅，则三面拔立坞中，其下森峰列岫，自石笋、接引两坞迤逦[①]至此，环结又成一胜。登眺间，沉雾渐爽[②]，急由石笋矼北转而下，正昨日峰头所望森阴径也。群峰或上或下，或巨或纤，或直或欹，与身穿绕而过。俯窥辗顾，步步生奇，但壑深雪厚，一步一悚[③]。

【注释】

①迤逦（yǐ lǐ），曲折连绵。逦，又作“迺”。

②爽，开朗。

③悚（sǒng），恐惧。

【译文】

攀登游玩了一段时间，看着已走出狮子峰，于是拄着手杖往西走。这座山峰在狮子林庵的西南方，名为案山。走了二里路后，登上案山之巅，三面拔地而起峙立山坞中，下面是森罗万象的峰峦和山岭，从石笋矼、接引崖两处山坞曲折连绵至此，环绕盘结又形成一处胜景。登高远眺之间，浓雾渐渐散去，视线重又清晰，急忙从石笋矼北转而下，正是昨天在峰顶所见的阴森小径。群峰有的高有的低，有的巨大有的纤小，有的峭直有的倾斜，行走其间往往擦身绕过。俯仰窥视，辗转回顾，每走一步都啧啧称奇；只是山谷深、积雪厚，每走一步都略有些心惊。

行五里，左峰腋一窦[①]透明，曰天窗。又前，峰旁一石突起，作面壁状，则“僧坐石”也。下五里，径稍夷[②]，循涧而行。忽前涧乱石纵横，路为之塞。越石久之，一阙[③]新崩，片片欲堕，始得路。仰视峰顶，黄痕一方，中间绿字宛然可辨，是谓“天牌”，亦谓“仙人榜”。又前，鲤鱼石；又前，白龙池。共十五里，一茅出涧边，为松谷庵旧基。再五里，循溪东西行，又过五水，则松谷庵矣。再循溪下，溪边香气袭人，则一梅亭亭正发，山寒稽[4]雪，至是始芳。抵青龙潭，一泓深碧，更会两溪，比白龙潭势既雄壮，而大石磊落，奔流乱注，远近群峰环拱，亦佳境也[5]。还餐松谷，往宿旧庵。余初至松谷，疑已平地，及是询之，须下岭二重，二十里方得平地，至太平县共三十五里云。

【注释】

①窦（dòu），孔穴，洞。

②夷（yí），平坦。

③阙（quē），指缺口。

④稽（jī），留止。

⑤“抵青龙潭”八句，即指黄山北部松谷溪中有五个龙潭，即青龙、乌龙、黄龙、白龙、油龙。五潭颜色各异，深浅不同。松谷庵就在青龙潭附近。

【译文】

走了五里路，见左边山峰腋部有一孔穴透出光亮，称作天窗。又前行，山峰旁一石突起，呈面壁状，应是“僧坐石”了。往下走五里路，道路稍稍平坦，顺着山涧水前行。忽然前面山涧中乱石纵横，道路阻塞。越过乱石走了很久，见到新崩开的一个缺口，片片石壁似乎就要堕落，这才重新找到行路。仰视峰顶，有一方黄色的痕迹，中间的绿字依稀能辨认，这就是“天牌”，也叫“仙人榜”。又前行，到鲤鱼石；再往前行，就是白龙池。总计走了十五里路，一座茅庐出现在涧水边，这是松谷庵的旧址。再走五里路，顺着溪水向东西方向走，又渡过五条溪水，就到达松谷庵了。再顺着溪水往下走，溪边阵阵香气袭人，是一棵亭亭玉立的梅树正在开花，山谷严寒到处都是积雪，到这里才开始有花香芬芳。抵达青龙潭，这一泓深碧的潭水，又汇合了两条溪水，比白龙潭气势雄壮，又有突兀的大石错杂其间，奔流的溪水向潭中乱涌，远近的群峰拱卫着，也是一处优美的景观。回到松谷庵吃晚饭，在松谷庵旧址的茅庐里住宿。我初到松谷庵时，猜测已经到了平地，等到了这里询问人，说是还必须走下二重山岭，二十里山路后方能够找到平地，从那里到太平县共有三十五里路。

初八日　拟寻石笋奥境，竟为天夺。浓雾迷漫，抵狮子林，风愈大，雾亦愈厚。余急欲趋炼丹台，遂转西南。三里，为雾所迷，偶得一庵，入焉。雨大至，遂宿此。

【译文】

初八日　准备去探寻石笋矼的奥秘之境，不料天不从人愿。浓雾弥漫山野，抵达狮子林时风更大，雾也愈发浓厚。我急着想去炼丹台，于是转往西南方向。走了三里，被浓雾所迷，失了方向，偶然遇见一庵，就进入其中。下起大雨，只好在此住宿。

初九日　逾午少霁①。庵僧慈明，甚夸西南一带峰岫不减石笋矼，有“秃颅②朝天”“达摩面壁”诸名。余拉浔阳蹈乱流至壑中，北向即翠微诸峦，南向即丹台诸坞，大抵可与狮峰竞驾，未得比肩石笋也。雨踵③至，急返庵。

【注释】

①霁（jì），本意指雨停止，特指停止下雪，天空放晴，也喻指怒气消散。此处指雨后天晴。

②秃颅，即和尚。

③踵（zhǒng），在后面跟着，追随。用作名词时，意为脚后跟。

【译文】

初九日　午后，天气稍稍晴朗。庵里的僧人慈明，甚赞西南一带的山峰岩洞，认为其险奇不亚于石笋矼，有“秃颅朝天”“达摩面壁”等名胜可供游览。我拉着浔阳叔翁踏过乱流来到山谷中，向北走就是翠微峰等峰峦，向南走就是炼丹台等山坞，景致大体上可与狮子峰并驾齐驱，但尚不能与石笋矼比肩。雨旋即而至，我们急忙返回庵中。

初十日　晨雨如注，午少停。策杖二里，过飞来峰，此平天矼之西北岭也。其阳坞中，峰壁森峭，正与丹台[①]环绕。二里，抵台。一峰西垂，顶颇平伏。三面壁翠合沓[②]，前一小峰起坞中，其外则翠微峰、三海门蹄股拱峙。登眺久之。东南一里，绕出平天矼下。雨复大至，急下天门。两崖隘肩，崖额飞泉，俱从人顶泼下。出天门，危崖悬叠，路缘崖半，比后海一带森峰峭壁，又转一境。“海螺石”即在崖旁，宛转酷肖，来时忽不及察，今行雨中，颇稔[③]其异，询之始知。已趋大悲庵，由其旁复趋一庵，宿悟空上人处。

【注释】

①丹台，即炼丹台，在黄山中部炼丹峰下。峰上有石室，室内有炼丹灶，峰前即炼丹台，颇宽平，台下有炼丹源，隔谷有晒药岩。

②合沓（tà），重叠。

③稔（rěn），熟悉。

【译文】

初十日　早晨，大雨如注，中午稍微停了一会儿。拄着手杖走了二里路，经过飞来峰，这是平天矼西北面的山岭。飞来峰南面的山坞中，山峰岩壁陡峭，正好和炼丹台相互环绕。二里路后，抵达炼丹台。向西垂的一座山峰，峰顶很平坦。三面有青翠绿树覆盖的岩壁重重叠叠，前面一座小峰峦突起于山坞中，山坞外则是翠微峰、三海门像脚与腿一般地拱卫峙立着。登上峰顶四处眺望了很久。向东南方走一里路，从平天矼下绕出来。又下起大雨来，急忙走下天门。两旁狭窄仅有肩宽，崖顶上的飞泉都从人头顶泼下。走出天门，高耸的山崖悬空重叠，道路沿着山崖半腰延伸，比之后海一带森严的山峰、陡峭的岩壁，又转变为另一种境地。“海螺石”就在岩崖旁边，扭转的形态很像只海螺，来的时候忽略了，未及仔细观察，现在在雨中行走，察觉到其特异之处，询问别人后才得知。后来去大悲庵，从大悲庵旁又再去另一庵，在悟空上人处宿歇。

十一日　上百步云梯。梯磴插天，足趾及腮，而磴石倾侧峆岈[①]，兀兀[②]欲动，前下时以雪掩其险，至此骨意俱悚。上云梯，即登莲花峰道。又下转，由峰侧而入，即文殊院、莲花洞道也。以雨不止，乃下山，入汤院，复浴。由汤口出，二十里抵芳村，十五里抵东潭，溪涨不能渡而止。黄山之流，如松谷、焦村，俱北出太平；即南流如汤口，亦北转太平入江；惟汤口西有流，至芳村而巨，南趋岩镇，至府西北与绩溪会[③]。

【注释】

①峆岈（hán xiā），中空而深阔的样子。

②兀兀（wù），高耸突出。

③“黄山之流”九句，松谷之水源自黄山往北流，即今凄溪河。焦村之水源自黄山，往西流，再折北，即今秧溪河。汤口之流也往北，即今麻河。汤口西之流明称“新安江”，今又称“西溪”。绩溪源自绩溪县，明代称为“扬之水”，即今练江。岩镇应即今岩寺，在歙县西境。会，即会合。

【译文】

十一日　登上百步云梯。百步云梯的石磴很陡，似乎直插天际，爬石磴时脚趾几乎触到脸腮，而且石磴条倾斜、中间空隙很大，高耸突出，似乎在微微颤动，先前下山时因积雪掩盖了它的险要，现在看清之后不觉心悸，连骨头都有些酸软。上完百步云梯，随即登上去莲花峰的路。又向下转，由莲花峰侧面而入，就是通向文殊院、莲花洞的路了。因为雨一直下个不停，于是下山，进入温泉院，再次沐浴。从汤口出来，走了二十里抵达芳村，再十五里后抵达东潭，溪水暴涨不能渡过，于是停下修整。黄山的溪流，如松谷溪、焦村溪，都是向北流出太平县；即便向南流的汤口溪，也是之后向北转，流到太平县后再流向长江；唯独汤口西边有条溪流，到芳村后成巨流，向南流去岩镇，到徽州府西北面与绩溪交汇。

游武彝山日记　福建建宁府崇安县

武彝山亦作“武夷山”，位于福建崇安县城南十五公里处，为海拔六百米左右的一片低山，方圆六十公里，有三十六峰布列在武彝溪两岸，是我国著名风景区和重点自然保护区。红色砂岩构成奇特的丹霞地貌。碧水丹山，交相辉映，溪水清碧，湾环九曲。乘竹筏游武彝溪，可兼山水之胜。《游武彝山日记》是万历四十四年（1616）徐霞客游武彝山的游记。

武彝山为福建著名风景区，虽无特别的高峰，但山中奇景甚多，特别是武彝溪两岸，除了有天然的石峰涧水外，还有“悬棺”这一人文景观。徐霞客此行以舟行为主，夹杂陆上探玩，巧妙安排，水陆兼顾。其记以溪水回曲为线索，几乎每曲都有不同景观，然后登陆从山中行，对山中寺庙以及飞瀑林木一一尽数，游记语言徐缓自然，行文正如慢水行舟，舒畅自如。但本记似乎并无特别浓墨重彩之处，大概因其景色难分高下，难以取舍所致。

二月二十一日[①]　出崇安[②]南门，觅舟。西北一溪自分水关，东北一溪自温岭关，合注于县南，通郡、省而入海。顺流三十里，见溪边一峰横欹，一峰独耸。余咤而瞩目，则欹者幔亭峰，耸者大王峰[3]也。峰南一溪，东向而入大溪[4]者，即武彝溪[5]也。冲祐宫傍峰临溪。余欲先抵九曲，然后顺流探历，遂舍宫不登，逆流而进。流甚驶[6]，舟子跣行溪间以挽舟[7]。第一曲，右为幔亭峰、大王峰，左为狮子峰、观音岩。而溪右之濒水者曰水光石，上题刻殆遍。二曲之右为铁板嶂、翰墨岩，左为兜鍪峰、玉女峰。而板嶂之旁，崖壁峭立，间有三孔作“品”字状。三曲右为会仙岩，左为小藏峰、大藏峰。大藏壁立千仞，崖端穴数孔，乱插木板如机杼[8]。一小舟斜架穴口木末，号曰“架壑舟”[9]。四曲右为钓鱼台、希真岩，左为鸡栖岩、晏仙岩。鸡栖岩半有洞，外隘中宏，横插木板，宛然埘桀[10]。下一潭深碧，为卧龙潭。其右大隐屏、接笋峰，左更衣台、天柱峰者，五曲也。文公书院正在大隐屏下。抵六曲，右为仙掌岩、天游峰，左为晚对峰、响声岩。回望隐屏、天游之间，危梯飞阁悬其上，不胜神往。而舟亦以溜[11]急不得进，还泊曹家石。

【注释】

①二月二十一日，即在万历四十四年（1616）。此次入闽路线，《江右游日记》曾说“两过广信”，于铅山县又追叙：“此余昔年假道分水关趋幔亭处。”徐霞客游黄山后，即经江西东部，取道广信、铅山，过分水关入福建崇安。

②崇安，隶属建宁府，即今福建武夷山市。

③大王峰，又名“天柱峰”，雄踞在武彝溪口，是进入武彝山的第一峰。

④大溪，明代又称“崇溪”，即今崇阳溪。

⑤武彝溪，明代又称“九曲溪”“清溪”，发源于三保山，经星村入武彝山，盘折九曲，在武彝宫前汇入崇溪。

⑥驶，原意为马快跑。此处意为水流速度快。

⑦舟子，即船夫。跣（xiǎn），光着脚。

⑨机杼（zhù），织布机。

⑨架壑舟，又称“架壑船”“船棺”“仙船”，是古代当地的一种葬具，俗称“船棺葬”“崖墓”。葬具似船，用整木凿成，存放于悬崖隙洞、人迹罕至处。1978年福建省博物馆在北山白岩距谷底五十一米的洞内取下船棺一具，经C14测定，距今已有三千多年。

⑩埘（shí），墙壁上挖洞做成的鸡巢。榤（jié），鸡栖息的小木桩。

⑪溜（liù），急流。

【译文】

二月二十一日　走出崇安县南城门，寻觅乘坐的船。西北面一条溪水从分水关流来，东北面一条溪水从温岭关流来，汇合后流注于县南，通过郡、省而流入大海。船顺流而下三十里，见溪边一座山峰横斜，一座山峰独立高耸。我惊讶地注视着，那横斜的就是幔亭峰，高耸的就是大王峰了。山峰南面有一条溪流，向东而流入大溪的，就是武彝溪了。冲祐宫背面依傍山峰，前临溪水。我想先抵达九曲，然后顺溪流探险历奇，于是舍弃冲祐宫，逆流而进。水流很急，纤夫们赤脚行走于溪流间以曳船前进。第一曲，右边是幔亭峰、大王峰，左边是狮子峰、观音岩。而溪流右边濒临溪水名为水光石的，上面几乎满是题诗、刻字。二曲的右边是铁板嶂、翰墨岩，左边是兜鍪峰、玉女峰。而铁板嶂旁边的崖壁陡峭直立，上面有三个孔穴，作“品”字形排列。三曲的右边是会仙岩，左边是小藏峰、大藏峰。大藏峰壁立千仞，崖顶端有数个孔穴，中间胡乱插着许多木板，像织布机的机杼一般。一只小船斜架在孔穴口木板的末端，名为“架壑舟”。四曲的右边是钓鱼台、希真岩，左边是鸡栖岩、晏仙岩。鸡栖岩半腰处有石洞，外面狭隘而内中宽宏，横插着的木板像是鸡巢中鸡栖息的木桩。岩下有一潭水颇深，色呈碧蓝，是卧龙潭。它的右边有大隐屏、接笋峰，左边有更衣台、天柱峰，就是五曲了。文公书院正好在大隐屏峰下面。抵达六曲时，见右边有仙掌岩、天游峰，左边是晚对峰、响声岩。回头眺望大隐屏、天游峰之间，只见高峻的石梯、飞檐斗阁悬挂山峰上，不由十分神往。而我所乘游的船也因为急流汹涌而不能驶进去，只好返还曹家石停泊。

登陆入云窝①，排云穿石，俱从乱崖中宛转得路。窝后即接笋峰。峰骈②附于大隐屏，其腰横两截痕，故曰“接笋”。循其侧石隘，跻磴数层，四山环翠，中留隙地如掌者，为茶洞。洞口由西入，口南为接笋峰，口北为仙掌岩。仙掌之东为天游，天游之南为大隐屏。诸峰上皆峭绝，而下复攒③凑，外无磴道，独西通一罅，比天台之明岩更为奇矫也。从其中攀跻登隐屏，至绝壁处，悬大木为梯，贴壁直竖云间。梯凡三接，级共八十一。级尽，有铁索横系山腰，下凿坎受足。攀索转峰而西，夹壁中有冈④介其间，若垂尾，凿磴以登，即隐屏顶也。有亭有竹，四面悬崖，凭空下眺，真仙凡敻⑤隔。仍悬梯下，至茶洞。仰视所登之处，崭然在云汉⑥。

【注释】

①云窝，在五曲接笋峰和六曲仙掌峰间，新建有八亭散布冈头或溪边，还有盘山石径往来诸胜境。

②骈（pián），并列的，对偶的。

③攒（cuán）凑，凑集。

④冈，山脊。

⑤敻（xiòng），远。

⑥崭（zhǎn）然，高峻。书中有些地方作“崭崭”。云汉，银河，此处指遥天仙境。

【译文】

登上陆地进入云窝，拨开云彩穿过石岩，都是从散乱的岩崖中间辗转寻觅才找到路。云窝的后面就是接笋峰。接笋峰并列且依附于大隐屏，它的峰腰横向显出分为两截的痕迹，所以被称为“接笋峰”。顺着它侧面的石岩隘口，攀登上好几级石磴，四面被翠绿的山峦环绕，中间留有空隙，那如手掌一样的地方，就是茶洞。茶洞口从西面进入，洞口南面是接笋峰，北面是仙掌岩。仙掌岩的东面是天游峰，天游峰的南面是大隐屏。各座山峰的上部都极其陡峭，而下部又紧凑，外面没有石磴路，唯独西部有一道缝隙相通，比之天台山的明岩更为奇特雄伟。从山峰中间攀登，登上大隐屏，到极陡峭的山崖处，悬大木做梯子，紧贴着岩壁直达云间。木梯用三根大木相接，共八十一级。木梯穷尽处，有铁链索横系于山腰处，下面凿有小石洞供脚踩踏。攀缘着铁链索顺着山峰向西走，两边岩壁中夹有山脊，像是下垂的尾巴，凿石磴用以登高，就到了大隐屏的峰顶。峰顶有亭子，有翠竹，四面都是悬崖峭壁，凭空向下看，真正能体会到仙境和凡界相隔之遥远。仍旧从悬梯下来，到达茶洞。仰望所攀登上去的地方，高峻得仿佛在遥天仙境。

隘口北崖即仙掌岩。岩壁屹立雄展，中有斑痕如人掌，长盈丈者数十行。循崖北上，至岭，落照侵松，山光水曲，交加入览。南转，行夹谷中。谷尽，忽透出峰头，三面壁立，有亭踞其首，即天游峰[①]矣。是峰处九曲之中，不临溪，而九曲之溪三面环之。东望为大王峰，而一曲至三曲之溪环之。南望为更衣台，南之近者，则大隐屏诸峰也，四曲至六曲之溪环之。西望为三教峰，西之近者，则天壶诸峰也，七曲至九曲之溪环之。惟北向无溪，而山从水帘诸山层叠而来，至此中悬。其前之俯而瞰者，即茶洞也。自茶洞仰眺，但见绝壁干霄，泉从侧间泻下，初不知其上有峰可憩。其不临溪而能尽九溪之胜，此峰固应第一也。立台上，望落日半规[②]，远近峰峦，青紫万状。台后为天游观。亟[③]辞去，抵舟已入暝矣。

【注释】

①天游峰，在五曲隐屏峰后，绝顶有览亭可供凭眺。分上天游和下天游，天游观在下天游。

②规，圆形。

③亟（jí），急迫。

【译文】

隘口北面的石崖就是仙掌岩。岩壁屹立溪边，显得雄壮伟岸，岩壁中间有斑痕像人的手掌，长度超过一丈的有数十行。顺着山崖从北面攀登而上，到达岭上，夕阳浸染着松林，山光秀丽，溪水曲折，交相辉映，确是美不胜收。向南转，在狭窄的山谷中行走。山谷尽头，忽然显出一座峰顶，三面都是陡壁峭立，峰顶上建有亭台，那就是天游峰了。天游峰位处九曲溪的中央，不临溪水，而九曲的溪流从三面环绕着它。向东眺望是大王峰，有一曲至三曲的溪流环绕它。向南眺望是更衣台，南边最接近的，就是大隐屏等各座山峰，四曲至六曲的溪流环绕着它们。向西眺望是三教峰，西边最接近的，则是天壶峰等各座山峰，七曲至九曲的溪流于周环绕。仅北面没有溪流，而山峦从水帘峰等各座山岭层层叠叠延伸而来，在此处显得悬于半空之间。此前我所俯身鸟瞰的地方，就是茶洞了。从茶洞抬头远眺，只见陡峭的岩壁直插云霄，泉水从侧面岩石间倾泻而下，起初还不知道上面有山峰可以游览歇憩。不临九曲溪而能够尽览九曲溪的优美胜景，这座山峰理当称作是第一峰。站立峰台上，远望落日西沉过半，远近的无数峰峦，显出缤纷色彩，景象万千。峰台后面是天游观。我急忙辞别而去，回到游船时已经是黄昏了。

二十二日　登涯[①]，辞仙掌而西。余所循者，乃溪之右涯，其隔溪则左涯也。第七曲右为三仰峰、天壶峰，左为城高岩。三仰之下为小桃源，崩崖堆错，外成石门。由门伛偻而入，有地一区，四山环绕，中有平畦[②]曲涧，围以苍松翠竹，鸡声人语，俱在翠微中。出门而西，即为北廊岩，岩顶即为天壶峰。其对岸之城高岩矗然独上，四旁峭削如城。岩顶有庵，亦悬梯可登，以隔溪不及也。第八曲右为鼓楼岩、鼓子岩，左为大廪石、海蚱石。余过鼓楼岩之西，折而北行坞中，攀缘上峰顶，两石兀立如鼓，鼓子岩也。岩高亘亦如城，岩下深坳一带如廊，架屋横栏其内，曰鼓子庵。仰望岩上，乱穴中多木板横插。转岩之后，壁间一洞更深敞，曰吴公洞。洞下梯已毁，不能登。望三教峰而趋，缘山越磴，深木蓊苁其上。抵峰，有亭缀其旁，可东眺鼓楼、鼓子诸胜。山头三峰，石骨挺然并矗。从石罅间蹑[③]磴而升，傍崖得一亭。穿亭入石门，两崖夹峙，壁立参天，中通一线，上下尺余，人行其间，毛骨阴悚。盖三峰攒立，此其两峰之罅；其侧尚有两罅，无此整削。

【注释】

①涯，水边。

②平畦（píng qí），低平的田畦。畦，田园中分成的小区。古代称田五十亩为一畦。

③蹑（niè），踩；插进。

【译文】

二十二日　登岸，离开别仙掌岩向西走。我乃顺着溪流的右岸走，隔溪则是左岩。第七曲的右边是三仰峰、天壶峰，左边是城高岩。三仰峰下是小桃源，崩裂的山崖和错落的岩堆，在外边形成一道石门。从石门弓着背进入，发现内里有一片区域，四周山峦环绕，中间有平坦的田畦和弯曲的涧水，苍松翠竹围护着庭院，鸡鸣声、人语声，都在青山中回荡。走出石门向西行，就是北廊岩，岩顶就是天壶峰。它对岸的城高岩卓然耸立着，四旁的峭壁有如刀削的城墙般。城高岩顶上有座庙宇，也是悬架木梯攀登而上的，因为隔着溪水而没有去。第八曲的右边是鼓楼岩、鼓子岩，左边是大廪石、海蚱石。我经过鼓楼岩的西面，踅转而向北，行走于山坞之中，攀缘登上峰顶，有两块岩石直立着，像鼓一样，这就是鼓子岩了。鼓子岩的高度和横宽也像城高岩一般，岩下的深山坳就像一条长廊，山坳里横建有房屋，名为鼓子庵。仰望岩上方，散乱的洞穴中有许多木板横插着。转到岩后，岩壁间有一洞穴更是深阔宽敞，该洞名为吴公洞。吴公洞下面的木梯已经毁坏，不能攀登。望着三教峰而奔去，沿着山翻越石磴，山野上深深的树林生长很茂盛。抵达三教峰，山峰旁建有亭子点缀其间，向东可以眺望鼓楼峰、鼓子岩各处胜景。山顶有三座山峰，岩架高挺，并排耸立。从石岩的缝隙间踏石磴攀登，石崖旁有一座亭子。穿过亭子进入石门，两边崖壁对峙，中间很狭窄，崖壁高耸参天，中间仅有一线通道，上下仅一尺多宽，人在其间行走，不禁觉得毛骨悚然。应是三座山峰簇攒而立，这是其中两座山峰间的缝隙；侧边还有两道缝隙，但没有这样整齐削整。

已下山，转至山后，一峰与猫儿石相对峙，盘亘[①]亦如鼓子，为灵峰之白云洞。至峰头，从石罅中累级而上，两壁夹立，颇似黄山之天门。级穷，迤逦至岩下，因岩架屋，亦如鼓子。登楼南望，九曲上游，一洲中峙，溪自西来，分而环之，至曲复合为一。洲外两山渐开，九曲已尽。是岩在九曲尽处，重岩回叠，地甚幽爽。岩北尽处，更有一岩尤奇：上下皆绝壁，壁间横坳仅一线，须伏身蛇行，盘壁而度，乃可入。余即从壁坳行；已而坳渐低，壁渐危，则就而伛偻；愈低愈狭，则膝行蛇伏，至坳转处，上下仅悬七寸，阔止尺五。坳外壁深万仞。余匍匐以进，胸背相摩，盘旋久之，得度其险。岩果轩敞层叠，有斧凿置于中，欲开道而未就也。半晌，返前岩。更至后岩，方构新室，亦幽敞可爱。出向九曲溪，则狮子岩在焉。

【注释】

①盘亘（gèn），指群山相互连接。

【译文】

随后下山，转到山后面，看见一座山峰与猫儿石相对峙，盘旋绵延也像鼓子岩一样，那就是灵峰的白云洞。到达峰顶，从石岩缝隙中沿着石级往上攀登，两边峙立的崖壁相夹，与黄山的天门很相似。走完石级，顺着曲折连绵的山道到达石岩下面。这里也像鼓子岩一样，同样也利用岩石架设房屋。登上高楼向南眺望，九曲的上游，有片小洲屹立于溪水中央，溪水自西而来，至此分流环绕小洲，到九曲处重新合流。小洲外有两座山，远看山势逐渐开阔，至此九曲已到尽头。这座岩就在九曲的尽头处，岩壁重叠回环，周遭很是幽静清爽。岩北面的尽头处，更有一岩很是奇异：上下都是很陡峭的石壁，石壁间横凹的地方仅一线宽，必须低伏身体像蛇一样爬行，盘绕着石壁翻越，才可以进入。我就从壁凹处爬行；没多远凹处渐渐低矮，石壁更加险要，于是就势而弯腰弓背而行；岩壁凹处越来越低矮狭窄，于是像蛇一样贴伏着用膝盖爬行，到壁坳转弯的地方，上下悬隔仅有七寸，宽度只有一尺五。壁凹外面，就是深达万仞的峭壁。我匍匐前进，胸部背部与岩石相摩擦，在石壁间盘旋了很长时间，才得以越过那险要之处。上到石岩，发现其果然高大宽敞，层层叠叠，中间有斧凿的痕迹，像是想要开凿道路而没有完成。过了半晌，返回前岩。然后再去到后岩，那里有刚刚建成的新屋，也很幽静宽敞，令人喜爱。出来向九曲溪方向走，就看见狮子岩。

循溪而返，隔溪观八曲之“人面石”、七曲之城高岩，蔚然奇丽，种种神飞。复泊舟，由云窝入茶洞，穹隆窈窕[1]，再至矣，再不能去！已由云窝左转，入伏羲洞，洞颇阴森。左出大隐屏之阳，即紫阳书院[2]，谒先生庙像。顺流鼓棹，两崖苍翠纷飞，翻恨舟行之速。已过天柱峰、更衣台，泊舟四曲之南涯。自御茶园[3]

登岸，欲绕出金鸡岩之上，迷荆丛棘，不得路。乃从岩后大道东行，冀有旁路可登大藏、小藏诸峰，复不得。透出溪旁，已在玉女峰下。欲从此寻一线天，徬徨无可问，而舟泊金鸡洞下，迥不相闻。乃沿溪觅路，迤逦大藏、小藏之麓。一带峭壁高骞[4]，砂碛崩壅[5]，土人多植茶其上。从茗柯[6]中行，下瞰深溪，上仰危崖，所谓"仙学堂""藏仙窟"，俱不暇辨。

【注释】

①穹隆（qióng lóng），长曲。窈窕（yǎo tiǎo），深远。

②紫阳，山名，在安徽歙县南，宋代朱松在该处读书。其子朱熹长期在崇安读书讲学之地，称为"紫阳书屋"，后人建紫阳书院，即前述"文公书院"。朱熹谥号"文"，人称"朱文公"。

③御茶园，在武彝山四曲溪南，为元代官府督制贡茶处，大德六年（1302）创建，明嘉靖三十六年（1557）罢废。武彝山向以产茶著称，乌龙茶亦产于此。今盛产岩茶，尤以"大红袍"最名贵。

④高骞（qiān），高昂着头。骞，高举，飞腾。

⑤砂碛（shā qì），沙滩。壅（yōng），堵塞。

⑥茗（míng），茶的通称。柯，树枝。

【译文】

顺着溪流返回，隔溪观赏八曲的"人面石"、七曲的城高岩，草木茂盛奇异美丽，种种美景令人心旷神怡。再次停泊游船，从云窝进入茶洞，内里深远曲折，第二次到这里，仍是几乎不忍离去！随后又由云窝向左转，进入伏羲洞，洞内颇有些阴森。从左边出来，到达大隐屏峰的南面，就是紫阳书院，入内拜谒朱熹先生的塑像。顺着溪流划船，两岸苍翠的山崖纷纷飞掠过船，不由得怨念船行太过迅速。随后过天柱峰、更衣岩，在四曲南岸水边停泊好游船。从御茶园上岸，想绕道出去，登金鸡岩顶，丛生的荆棘漫山遍野，让人迷惑找不到路。于是从金鸡岩后面的大道向东走，希望有岔路可以攀登大藏、小藏各座山峰，可是依旧找不到路。穿过山岩来到溪边时，已置身于玉女峰之下了。想从这里寻找一线天，徘徊再三，无人可以问路，而游船又停泊在金鸡洞下面，相距太远，喊声互不相闻。于是沿着溪岸寻觅道路，在大藏峰、小藏峰麓迤逦而行。这一带峭壁高耸，沙石崩塌壅塞，当地人在上面种植了许多茶树。从茶树枝叶中前行，从岩壁往下俯瞰深溪水，往上仰视陡峭的高崖，那些“仙学堂”“藏仙窟”等景致，都没有闲暇加以辨别观赏。

已至架壑舟[①]，仰见虚舟宛然，较前溪中所见更悉。大藏之西，其路渐穷。向荆棘中扪[②]壁而上，还瞰大藏西岩，亦架一舟，但两崖对峙，不能至其地也。忽一舟自二曲逆流而至，急下山招之。其人以舟来受，亦游客初至者，约余返更衣台，同览一线天、虎啸岩诸胜。过余泊舟处，并棹顺流而下，欲上幔亭，问大王峰。抵一曲之水光石，约舟待溪口，余复登涯，少入，至止止庵。望庵后有路可上，遂趋之，得一岩，僧诵经其中，乃禅岩也。登峰之路，尚在止止庵西。仍下庵前西转，登山二里许，抵峰下，从乱箐[③]中寻登仙石。石旁峰突起，作仰企状，鹤模石在峰壁罅间，霜翎朱顶，裂纹如绘。旁路穷，有梯悬绝壁间，蹑而上，摇摇欲堕。梯穷得一岩，则张仙遗蜕[④]也。岩在峰半，觅徐仙岩，皆石壁不可通；下梯寻别道，又不可得；蹑石则峭壁无阶，投莽则深密莫辨。佣夫在前，得断磴，大呼得路。余裂衣不顾，趋就之，复不能前。日已西薄，遂以手悬棘，乱坠而下，得道已在万年宫[⑤]右。趋入宫，宫甚森敞。羽士迎言：“大王峰顶久不能到，惟张岩梯在。峰顶六梯及徐岩梯俱已朽坏。徐仙蜕已移入会真庙矣。”出宫右转，过会真庙。庙前大枫扶疏[⑥]，荫数亩，围数十抱。别羽士，归舟。

【注释】

①架壑舟，即船形悬棺。同前文注。

②扪（mén），执持，抚摸。

③箐（qìng），山间。

④遗蜕（tuì），即尸体。道家称“尸解”为“蜕质”，后以“蜕”为“死”的讳称。蜕，虫类脱下来的皮。

⑤万年宫，前称“冲祐宫”，此称“万年宫”，俗称“武夷宫”，在武彝山武彝溪口，是著名的道教活动中心。现存道院一座。

⑥扶疏，枝叶茂盛、高低疏密有致的样子。

【译文】

随后走到有架壑舟的地方，仰望着悬于半空中的架壑舟，十分真切，较之前乘游船于溪水中看见的更为完全。大藏峰西边的路，渐渐到了尽头。走向荆棘丛中，攀附着岩壁朝上攀登，回头俯瞰大藏峰西边岩壁上，亦有一架壑舟，但是两崖相对而立，无法到达那里。忽见一条游船从二曲逆流到达，急忙下山招呼船过来。乘舟人把船划靠岸接我上船，他也是刚来此地的游客，邀约我返回更衣岩后，一同游览一线天、虎啸岩各处胜景。经过我停泊游船的地方，两艘船一同顺溪流而下，计划攀登幔亭峰，探寻大王峰。抵达一曲的水光石，约定游船在溪口等待，我再登上岸边，稍向前行，到了止止庵。看见庵后有路，于是快步上路，到一石岩，见有僧人在此念诵佛经，此处应是禅岩了。攀登大王峰的路，还在止止庵的西面。仍然下到止止庵前，往西走，登上山走了二里多路，抵达大王峰下，从乱箐沟中寻觅登仙石。登仙石旁山峰突兀而起，呈仰首企盼的形状；仙鹤模样的石头在峰壁的缝隙间，显出霜一样的白色翎羽，红色的脑袋，裂开的自然纹路像是绘画而成。旁边的路已经穷尽，有木梯悬架在陡峭的崖壁之间，踩着梯子向上，梯子摇摇欲坠。梯子尽头是一座山岩，乃是张仙遗体存放处。山岩在半山腰上，寻觅徐仙岩，四面都是石壁，无法通过；走下梯子重新寻找其他道路，又没有找到；要攀涉石岩则都是峭壁，没有石阶可以落脚；想从荆棘中探路，可草莽深密，无从辨别方向。雇来的挑夫走在前面，找到中断的石磴，大喊找到了路。我不顾衣服被荆棘乱石撕裂，急跑过去，结果又不能往前走。太阳已经西沉，于是用手攀着荆棘，胡乱悬空而下，找到道路时发现自己已在万年宫右边了。快步走入万年宫，宫内很是森严宽敞。道士迎着我说："大王峰顶很久以前就不能上去了，只有去到张仙岩的梯子还在。上峰顶的六级梯子及上徐仙岩的梯子，都已腐朽毁损。徐仙的遗体已经移入会真庙里了。"走出万年宫向右转，经过会真庙。庙前的大枫树生长十分繁茂，浓荫足有数亩地宽，树围有数十抱粗。辞别道士，回到游船中。

二十三日　登陆，觅换骨岩、水帘洞诸胜。命移舟十里，候于赤石街，余乃入会真观，谒武彝君[①]及徐仙遗蜕。出庙，循幔亭东麓北行二里，见幔亭峰后三峰骈立，异而问之，三姑峰也。换骨岩即在其旁，望之趋。登山里许，飞流汩然下泻。俯瞰其下，亦有危壁，泉从壁半突出，疏竹掩映，殊有佳致。然业已上登，不及返顾，遂从三姑又上半里，抵换骨岩，岩即幔亭峰后崖也。岩前有庵。从岩后悬梯两层，更登一岩。岩不甚深，而环绕山巅如叠嶂。土人新以木板循岩为室，曲直高下，随岩宛转。循岩隙攀跻而上，几至幔亭之顶，以路塞而止。返至三姑峰麓，绕出其后，复从旧路下，至前所瞰突泉处。从此越岭，即水帘洞路；从此而下，即突泉壁也。余前从上瞰，未尽其妙，至是复造其下。仰望突泉又在半壁之上，旁引水为碓[②]，有梯架之，凿壁为沟以引泉。余循梯攀壁，至突泉下。其坳仅二丈，上下俱危壁，泉从上壁堕坳中，复从坳中溢而下堕。坳之上下四旁，无处非水，而中有一石突起可坐。坐久之，下壁循竹间路，越岭三重，从山腰约行七里，乃下坞。穿石门而上，半里，即水帘洞。危崖千仞，上突下嵌，泉从岩顶堕下。岩既雄扩，泉亦高散，千条万缕，悬空倾泻，亦大观也！其岩高矗上突，故岩下构室数重，而飞泉犹落槛外。

【注释】

①武彝君，《史记》中曾有记载，是上古神话中的一位神祇。武彝山因为神人武彝君所居而得名。相传武彝君于八月十五日上山，置幔亭，化虹桥，大会乡人宴饮。

②碓（duì），舂米用具，用柱子架起一根木杠，杠的一端装一块圆形的石头，用脚连续踏另一端，石头就连续起落，去掉下面石臼中的糙米的皮。简单的碓只是一个石臼，用杵捣米。

【译文】

二十三日　上岸后，寻觅换骨岩、水帘洞各处胜景。命游船移动十里，在赤石街等候，我于是进入会真观，拜谒武彝君神像及徐仙遗体。走出会真庙，顺着幔亭峰东麓向北走了二里，看见幔亭峰后有三座山峰并排屹立，见其形状特异而询问他人，原来是三姑峰。换骨岩就在三姑峰旁边，我望着换骨岩而急走。登上山走了一里多路，就见飞流汩汩地往下倾泻。俯身鸟瞰下面，也有高耸的岩壁，清泉从岩壁的半腰处奔突流出，附近有稀疏的竹林相映，景致颇为不俗。然而已经登上三姑峰，来不及返回观览，于是从三姑峰又再往上走半里路，抵达换骨岩，换骨岩就是幔亭峰的后崖。换骨岩前面有座庙宇。顺着换骨岩后面架设的两层悬梯，又登上另外一座悬岩。悬岩不是很深，但环绕着山巅有如叠嶂。当地人用木板沿岩壁修筑房屋，有的弯曲，有的笔直，有高有矮，都是顺着宛转的岩壁修筑。沿着岩壁缝隙攀登而上，几乎要到幔亭峰顶了，因为道路阻塞而被迫停下。返回三姑峰麓，从峰后绕出来，再从旧路下山，到达先前俯瞰奔突的流泉处。从这里越过山岭，就是通向水帘洞的路；从这里下去，就是先前泉水流出的岩壁。我先前在上面俯瞰，未能观赏尽它的妙处，现在在下面仰望在半壁间奔突的流泉，旁边有农夫引泉水为碓，用梯子架设在岩壁上，凿开岩壁形成一道沟，用来引泉水。我顺着梯子攀登上岩壁，来到奔突的泉水下。那坳凹仅二丈宽，上下都是高耸的岩壁，泉水从上面的岩壁坠落坳凹中，满溢后再从坳凹向下坠落。坳凹的周遭都是水，而中间有一块石头突起，人可以坐在上面。在石头上坐了很久，才爬下岩壁，顺着竹林间的小路，翻越三重山岭，在山腰处走了大约七里路，才下到山坞中。然后穿过石门向上，走了半里路后，就到了水帘洞。千仞山崖高耸，上部外突，下部凹陷，泉水从山崖顶上倾泻而下。山岩雄伟宽阔，泉水向下倾泻散落成千丝万缕的细小水柱，也是美景呵！那山岩高耸而上部外突，所以山岩下方尚能构筑数间房屋，而那飞流直下的泉水，还落在房屋栏杆之外。

先在途闻睹阁寨颇奇，道流指余仍旧路，越山可至。余出石门，爱坞溪之胜，误走赤石街道。途人指从此度小桥而南，亦可往。从之，登山入一隘，两山夹之，内有岩有室，题额乃“杜辖岩”，土人讹为睹阁耳。再入，又得一岩，有曲槛悬楼，望赤石街甚近。遂从旧道，三里，渡一溪，又一里，则赤石街[①]大溪也。下舟，挂帆二十里，返崇安。

【注释】

①赤石街，今仍作“赤石”，在武夷山市南境，崇溪与武彝溪的汇合处。

【译文】

先前在路途中听说睹阁寨很奇险，道士指点我仍然从旧路走，越过山岭就可以到达。我走出石门，因为喜爱山坞、溪流之景，误走了去赤石街的路。路人指点说，从这里跨过小桥向南走，也可以到达。我听从他的话，上山进入一处山隘，旁边有两山相夹，里面既有山岩又有房屋，题额是“杜辖岩”，想来是当地人误认为是睹阁寨了。再往里走，又遇到一处山岩，有曲槛和高悬的楼房，望见离赤石街很近。于是从旧路走三里路，渡过一溪，再走一里路，就是赤石街大溪了。坐上船，挂帆行船二十里，返回崇安。

游庐山日记　江西九江府

庐山位于江西省北部，其略呈椭圆形，高踞长江南岸，向东可俯瞰鄱阳湖，为我国著名风景胜地。山上多巉崖峭壁，奇花异树，云雾变幻，气候凉爽。尤以水胜，多飞瀑、溪涧，亦有深潭、平湖。万历四十六年（1618），徐霞客溯长江水行，在九江登陆，游今江西、安徽境内的庐山、白岳山、黄山、九华山。《游庐山日记》是他此次留下的游记。

徐霞客于八月十八日到九江，次日从北麓登山，同游者有族兄雷门、白夫。二十三日从南麓的开先寺别庐山。在山上五日，游遍各主要胜景。他为历险探奇，舍大道不走，取道石门涧，攀百丈梯。他两游石门，对很多胜景，往往从不同角度反复观赏。该篇游记写得非常精彩，主要表现在对各山峰水流的细致描摹，准确抓住了各泉水、飞瀑的不同特点，特别对三叠泉瀑布的描写张弛有致，更注重了石、水、潭、山势之间的联系，主观感受的叠加，更为景物增添了无尽的魅力。

戊午[①]，余同兄雷门[②]、白夫，以八月十八日至九江[③]。易小舟，沿江南入龙开河，二十里，泊李裁缝堰。登陆，五里，过西林寺，至东林寺[④]。寺当庐山之阴，南面庐山，北倚东林山。山不甚高，为庐之外廓。中有大溪，自东而西，驿路界其间，为九江之建昌⑤孔道。寺前临溪，入门为虎溪桥，规模甚大，正殿夷毁，右为三笑堂。

【注释】

①戊午，指万历四十六年，即1618年。

②雷门，名应震，徐霞客族兄，与徐霞客同岁，曾任兵马司指挥，能作诗，喜游览。

③九江，明代为九江府，治德化，即今江西九江市。位于长江南岸，南至庐山仅三十六公里，有登山公路可直达山上旅游中心牯岭镇。

④东林寺，在庐山西北麓，为东晋高僧慧远创建，是佛教净土宗发祥地。唐代高僧鉴真曾到过东林寺。上文中的“西林寺”，距东林寺不远，该地尚存一座唐代六面七层古塔。

⑤建昌，明代时为县，隶属南康府，今为江西永修县西北的艾城。

【译文】

万历四十六年八月十八日，我与族兄雷门、白夫到九江。换乘小船，沿长江向南航行，进入龙开河，行驶二十里后，在李裁缝堰停泊。上岸走了五里，经过西林寺，到达东林寺。东林寺正对庐山的北面，南面对着庐山，北面倚靠着东林山。东林山不很高，是庐山的外廓。山中有条大溪，从东向西流，中间有驿路作为分界，是九江到建昌的要道。东林寺前门临溪水，入门处是虎溪桥，规模很大，正殿已经毁损，右边是三笑堂。

十九日　出寺，循山麓西南行。五里，越广济桥，始舍官道，沿溪东向行。又二里，溪回山合，雾色霏霏如雨。一人立溪口，问之，由此东上为天池大道，南转登石门，为天池寺之侧径。余稔知石门之奇，路险莫能上，遂请其人为导，约二兄径至天池相待。遂南渡小溪二重，过报国寺，从碧条香蔼[1]中攀陟五里，仰见浓雾中双石屼立[2]，即石门也。一路由石隙而入，复有二石峰对峙。路宛转峰罅，下瞰绝涧诸峰，在铁船峰旁，俱从涧底矗耸直上，离立咫尺[3]，争雄竞秀，而层烟叠翠，澄映四外。其下喷雪奔雷，腾空震荡，耳目为之狂喜。门内对峰倚壁，都结层楼危阙。徽人邹昌明、毕贯之新建精庐[4]，僧容成焚修其间。从庵后小径，复出石门一重，俱从石崖上，上攀下蹑，磴穷则挽藤，藤绝置木梯以上。如是二里，至狮子岩。岩下有静室。越岭，路颇平。再上里许，得大道，即自郡城南来者。历级而登，殿已当前，以雾故犹不辨。逼之，而朱楹彩栋，则天池寺[5]也，盖毁而新建者。由右庑[6]侧登聚仙亭，亭前一崖突出，下临无地，曰文殊台。出寺，由大道左登披霞亭。亭侧岐路东上山脊，行三里。由此再东二里，为大林寺；由此北折而西，曰白鹿升仙台[7]；北折而东，曰佛手岩[8]。升仙台三面壁立，四旁多乔松，高帝御制《周颠仙庙碑》在其顶，石亭覆之，制甚古。佛手岩穹然轩峙，深可五六丈，岩端石歧横出，故称“佛手”。循岩侧庵右行，崖石两层，突出深坞，上平下仄，访仙台遗址也。台后石上书“竹林寺”三字[9]。竹林为匡庐[10]幻境，可望不可即；台前风雨中，时时闻钟梵声[11]，故以此当之。时方云雾迷漫，即坞中景亦如海上三山[12]，何论竹林？还出佛手岩，由大路东抵大林寺。寺四面峰环，前抱一溪。溪上树大三人围[13]，非桧非杉，枝头着子累累，传为宝树，来自西域，向有二株，为风雨拔去其一矣。

【注释】

①香霭（xiāng ǎi），即云气，焚香的烟气。

②屼（wù）立，高耸秃立。

③咫（zhǐ）尺，距离很近。咫，古代称八寸为“咫”。

④精庐，旧时书斋、学舍、集生徒讲学的地方皆称“精庐”或“精舍”。后亦用以称僧道居住或讲道说法的地方。

⑤天池寺，明代改名为“护国寺”，覆以铁瓦，受到特别尊崇，日军占领时被毁。即今庐山大天池。山上有一方池，池水终年不涸。池旁长亭即为天池寺原址，附近还有天池塔、天心台等遗迹，寺西平台即文殊台。

⑥庑（wǔ），堂下周围的廊屋。

⑦白鹿升仙台，今名“御碑亭”，在仙人洞西北锦绣峰上，洪武二十六年（1393），朱元璋《御制周颠仙人传》石碑至今尚存，高约四米，覆以石亭。

⑧佛手岩，因岩石参差，像人手伸出，故得名。中有“一滴泉”，终年滴水不断。清代为道士主持，改祀吕洞宾，故改称“仙人洞”。

⑨竹林寺，仅有竹林小径称“仙路”，石上刻“竹林寺”三字，但四周无寺，此即传说中的“竹林隐寺”。

⑩匡庐，即庐山。相传周时有匡俗兄弟七人在山上隐居，周威烈王派使者来访，匡氏兄弟早已离去，仅存所住草庐，故名“匡庐”。“庐山”也被称为“匡山”。

⑪钟梵声，佛寺敲钟敬佛诵经的声音。

⑫海上三山，传说中的蓬莱、方丈、瀛洲三神山，在渤海中，以黄金、白银为宫阙，亦称“三岛”。此处泛指虚幻缥缈的仙景。

⑬“溪上树大”句，意指古树今存，俗称“三宝树”。即孔雀杉二株，笔立于众树之上，高约四十米；银杏一株，枝丫低而宽。旁边石上有刻记：“晋僧昙诜手植婆罗宝树。”

【译文】

十九日　走出东林寺，顺着山麓向西南方行走。走了五里路，越过广济桥，开始舍弃官道，沿着溪岸向东走。又走二里路，溪流迂回，山峦四合，雾色笼罩浓密有如霏霏细雨。有一人站在溪口边，问他，得知由这里向东上山为天池大路，向南转登上石门，是天池寺侧面的小路。我深知石门风景的奇异，路很险峻，没法攀爬上去，于是请那人做我的向导，相约二位兄长先行去天池寺等待。接着向南渡过两条小溪，经过报国寺，从青绿色的石条阶上，在芬芳的云气中攀登了五里路，仰望浓雾中有一对石峰高耸兀立，那就是石门了。一路上由石岩缝隙中穿行，又有两座石峰相对屹立。路在石峰缝隙中宛转曲折，往下俯瞰陡峻山涧旁的那些山峰，铁船峰旁那些，都从山涧底屹立直上云天，并立的山峰间距离不过咫尺，争相比较雄奇秀美，互不相让，而层层云烟在重叠的翠峰间缭绕，澄映于四面山峦之外。山峰下汹涌的涧水，浪如喷雪，声如奔雷，腾挪游走，震彻山谷，我因为眼前这些景色而狂喜。石门内对立的双峰倚靠着岩壁，都构筑有层楼高屋。徽州人邹昌明、毕贯之新修建了精庐，僧人容成在其中焚香修行。从庵后的小路，又走过一道石门，都是在石崖上攀踏，石磴穷尽就手挽藤条攀缘，没有藤条的地方就安置木梯攀登。这样走了二里，到达狮子岩。岩下修有静室。越过山岭后，路很平坦。再往上走一里多，找到了大道，就是从郡城南面来的那条。经过石阶向上走，一座大殿已在眼前，但因为雾颇浓重的缘故，从远处辨认不清。靠近后，便看见朱红的柱子、彩漆的栋梁，这就是天池寺了，大概是毁坏后重新修建的。从右边的廊屋侧面登上聚仙亭，亭前面有一山崖向外突出，向下看不到地，叫作文殊台。走出天池寺，从大路左面登上披霞亭。由披霞亭侧面的岔路向东爬上山脊，走了三里路。由这里向东再走二里路，就是大林寺；由这里折向北面往西，就能见到白鹿升仙台；折向北面再往东，就看到佛手岩。白鹿升仙台三面岩壁直立，四旁有很多高大的松树，高皇帝御制的《周颠仙庙碑》在山岩顶上，有石亭覆盖，形制很是古朴。佛手岩穹隆而高高地屹立着，深达五六丈，岩前端的岩石横岔向前伸出，所以称之为“佛手岩”。顺着佛手岩侧面的庵向右走，山崖的岩石有两层从深坞中突出来，上层平坦，下层窄小逼仄，是访仙台的遗址。台后面的岩石上写着“竹林寺”三个字，竹林寺是庐山的梦幻之地，可望而不可即；每当风雨时，台前时时会听见佛寺的敲钟声、敬佛诵经声，因而当作是竹林寺。当时刚好云雾迷漫，即便不过是山坞中的景色，也像蓬莱、方丈、瀛洲三座海上神山一样，更何况是竹林寺呢？返回后走出佛手岩，从大路往东走，抵达大林寺。大林寺四面环山，寺前有一条溪水环抱。溪岸上有棵大树，树围足有三人合围宽，不像是桧树也不像是杉树，枝头结满了累累果实。传说这是宝树，来自西域，原来有两棵，其中一棵已被暴风雨毁去了。

二十日　晨雾尽收。出天池，趋文殊台。四壁万仞，俯视铁船峰，正可飞舄[①]。山北诸山，伏如聚蚁。匡湖洋洋山麓，长江带之，远及天际。因再为石门游，三里，度昨所过险处，至则容成方持贝叶[②]出迎，喜甚，导余历览诸峰。上至神龙宫右，折而下，入神龙宫。奔涧鸣雷，松竹荫映，山峡中奥寂境也。循旧路抵天池下，从歧径东南行十里，升降于层峰幽涧；无径不竹，无阴不松，则金竹坪也。诸峰隐护，幽倍天池，旷则逊之。复南三里，登莲花峰侧，雾复大作。是峰为天池案山[③]，在金竹坪则左翼也。峰顶丛石嶙峋，雾隙中时作窥人态，以雾不及登。

【注释】

①飞舄（xì），指神仙来去。舄，重木底鞋。古时最尊贵的鞋，多为帝王大臣穿。

②贝叶，即贝多树叶。形如棕榈，产于印度，云南西双版纳也有。其叶可当纸，佛教徒常用以写经，故亦称佛经为“贝叶”。

③案山，又称迎砂，是指穴山与朝山之间的山，即距穴山最近而小的朝山延伸略高出明堂的这一部分坡地。

【译文】

二十日　清晨，雾气消散。走出天池寺，奔向文殊台。四面的岩壁高达万仞，从上面俯瞰铁船峰，好像一只飞鞋，恰好可供神仙来去乘坐。山北面的各座山峦，低矮得就像聚集一处的蚂蚁。鄱阳湖畔洋洋数十里山麓，长江如一条衣带，江水远流至天际。因而再次作石门之游，走三里路，越过昨天所经过的险要之地，到时正遇上僧人容成拿着佛经出迎，他很是高兴，引导我一一游览各山峰。上行到神龙宫右边，转身向下，进入神龙宫。奔流的山涧水声有如雷鸣，松树竹林相互荫映，这是山峡中玄妙而寂静的地域。沿着旧路抵达天池寺下，从岔路向东南方行走十里，在层叠的山峰、幽深的山涧之间登上爬下；没有哪条路上没有竹林，没有哪处坡北没有松树，这就是金竹坪了。各山峰隐隐相护，比天池寺更显得幽深，而空旷程度却略微逊色。又向南走三里路，登上莲花峰侧面，雾气再次涌现。莲花峰是天池寺的案山，在金竹坪的左翼。峰顶上嶙峋的岩石丛，在雾气的空隙中神态生动，似在不时窥视行人般。因为雾气迷漫，无法登上峰顶。

越岭东向二里，至仰天坪，因谋尽汉阳之胜。汉阳为庐山最高顶，此坪则为僧庐之最高者。坪之阴，水俱北流从九江；其阳[①]，水俱南下属南康[②]。余疑坪去汉阳当不远，僧言中隔桃花峰，尚有十里遥。出寺，雾渐解。从山坞西南行，循桃花峰东转，过晒谷石，越岭南下，复上则汉阳峰也。先是遇一僧，谓峰顶无可托宿，宜投慧灯僧舍，因指以路。未至峰顶二里，落照盈山，遂如僧言，东向越岭，转而西南，即汉阳峰之阳也。一径循山，重嶂幽寂，非复人世。里许，蓊然竹丛中得一龛[③]，有僧短发覆额，破衲[④]赤足者，即慧灯也，方挑水磨腐[⑤]。竹内僧三四人，衣履揖客，皆慕灯远来者。复有赤脚短发僧从崖间下，问之，乃云南鸡足山僧。灯有徒，结茅于内，其僧历悬崖访之，方返耳。余即拉一僧为导，攀缘半里，至其所。石壁峭削，悬梯以度，一茅如慧

灯龛。僧本山下民家，亦以慕灯居此。至是而上仰汉阳，下俯绝壁，与世夐⑥隔矣。暝色已合，归宿灯龛。灯煮腐相饷，前指路僧亦至。灯半月一腐，必自己出，必遍及其徒。徒亦自至，来僧其一也。

【注释】

①阴、阳，古人习惯称山的北面为“阴”，南面为“阳”。相反，水的南面为“阴”，北面为“阳”。

②南康，明代时为府，治星子，即今江西星子县。

③龛（kān），供有佛像的小屋。

④衲（nà），原意为缝补。僧人的衣服常用许多碎布补缀而成，因以“衲”为僧衣的代称。

⑤腐，即豆腐。

⑥夐（xuàn），营求。

【译文】

越过山岭向东走二里，到达仰天坪，因而计划览尽汉阳峰所有的风景名胜。汉阳峰是庐山的最高峰，这仰天坪则是僧人庐舍的最高处。仰天坪的北面，溪水都向北流至九江府；仰天坪的南面，溪水都向南方下淌，归属于南康府。我怀疑仰天坪距离汉阳峰应当不会很远，僧人说中间隔着桃花峰，尚有十里路之遥。走出寺门，雾渐渐散开。从山坞的西南面走，顺着桃花峰向东转，经过晒谷石，越过山岭向南，再往上走就是汉阳峰了。先是遇到一位僧人，说汉阳峰顶没有可以投宿之处，最宜投宿慧灯和尚的僧舍，并给我们指点道路。距离峰顶尚余二里路时，落日余晖映照满山，于是照僧人所说的，向东越过山岭，转而向西南，就是汉阳峰的南面了。一条小径顺着山脊延伸，层峦叠嶂，幽深寂静，仿佛不再是人世间。走了一里多路，在茂盛的竹丛中找到一间供有佛像的小屋，有位僧人短发覆盖前额，穿着破烂僧衣，打着赤脚，这就是慧灯和尚，正在挑水磨豆腐。竹丛中还有三四名僧人，都身着整洁的衣鞋揖让待客，他们都是慕慧灯之名远道而来的。又有赤脚、短发的僧人从山崖间走下来，问他，原来是云南鸡足山的僧人。慧灯有徒弟，在山里构筑茅屋静修，那僧人走过悬崖去拜访他，方才返回来。我拉着一位僧人作为向导，攀缘半里路，到慧灯徒弟的住所。石壁陡峭笔削，架设悬梯翻越过去，一间似慧灯供奉佛像的小茅屋出现眼前。这僧人本是山下的百姓，也是因为仰慕慧灯而住在这里。到了此处，向上仰望汉阳峰，往下俯瞰悬崖绝壁，真是与人世远远隔离了。暮色降临，返归慧灯的小屋歇宿。慧灯煮好豆腐款待，先前指点道路的僧人也到了。慧灯半个月磨一次豆腐，必定由自己亲自做出来，款待他所有的徒弟。他的徒弟也自行前来，来的僧人即为其中之一。

二十一日　别灯，从龛后小径直跻汉阳峰[①]。攀茅拉棘，二里，至峰顶。南瞰鄱湖，水天浩荡。东瞻湖口[②]，西盼建昌，诸山历历，无不俯首失恃。惟北面之桃花峰，铮铮比肩，然昂霄逼汉，此其最矣。下山二里，循旧路，向五老峰。汉阳、五老，俱匡庐南面之山，如两角相向，而犁头尖界于中，退于后，故两峰相望甚近。而路必仍至金竹坪，绕犁头尖后，出其左胁，北转始达五老峰，自汉阳计之，且三十里。余始至岭角，望峰顶坦夷，莫详五老面目。及至峰顶，风高水绝，寂无居者。因遍历五老峰，始知是山之阴，一冈连属；阳则山从绝顶平剖，列为五枝，凭空下坠者万仞，外无重冈叠嶂之蔽，际目[③]甚宽。然彼此相望，则五峰排列自掩，一览不能兼收；惟登一峰，则两旁无底。峰峰各奇不少让，真雄旷之极观也！

【注释】

①汉阳峰，为区别于附近的小汉阳峰，通称“大汉阳峰”，其为庐山最高峰，海拔1474米。峰顶有石砌的汉阳台。

②湖口，明代时为县，隶属九江府，即今江西湖口县。

③际目，视野。

【译文】

二十一日　告别慧灯和尚，从小屋后的小路直接攀登汉阳峰。攀缘茅草、手扯荆棘地向上攀登二里，到达汉阳峰顶。从南面俯瞰鄱阳湖，浩荡的湖水仿佛与天相连。东面远望湖口县，西面遥看建昌，各座山历历在目，无不向其俯首称臣。只有北面的桃花峰，铮铮然可与汉阳峰比肩，其昂首耸立逼近云霄，最引人注目。下山走了二里路，沿着老路向五老峰前进。汉阳峰、五老峰都在庐山南面，有如两只角相对，而犁头尖则介于两者中间，隐身在后，所以两座山峰看上去很近，而去路却颇辗转。必须要到金竹坪，绕过犁头尖后面，从它的左侧出来，向北转，才能到达五老峰，从汉阳开始计算路程，已走了三十里。我刚到岭角，遥望峰顶很平坦，未能看出五老峰的面目。等到达峰顶，只见山风猛烈，没有流水，空寂而无人居住。因游历遍五老峰，才知道这山的北面一气连属；山的南面则是从山绝顶平剖，分成五支，从空中下坠万仞，非常高险，外部没有重冈叠嶂的遮蔽，视野非常宽广。然而五座山峰排列一线，互相遮掩，五峰不能尽收眼底；只能登上一峰，而峰两旁似乎无底！座座山峰各有奇险景观，互不逊色，真是雄伟宽广的绝世景观！

仍下二里，至岭角。北行山坞中，里许，入方广寺，为五老新刹[①]。僧知觉甚稔三叠之胜[②]，言道路极艰，促余速行。北行一里，路穷，渡涧。随涧东西行，鸣流下注乱石，两山夹之，丛竹修枝，郁葱上下，时时仰见飞石，突缀其间，转入转佳。既而涧旁路亦穷，从涧中乱石行，圆者滑足，尖者刺履。如是三里，得绿水潭。一泓深碧，怒流倾泻于上，流者喷雪，停者毓黛[③]。又里许，为大绿水潭。水势至此将堕，大倍之，怒亦益甚。潭前峭壁乱耸，回互逼立，下瞰无底，但闻轰雷倒峡之声，心怖目眩，泉不知从何坠去也。于是涧中路亦穷，乃西向登峰。峰前石台鹊起，四瞰层壁，阴森逼侧。泉为所蔽，不得见，必至对面峭壁间，方能全收其胜。乃循山冈，从北东转。二里，出对崖，下瞰，则一级、二级、三级之泉，始依次悉见。其坞中一壁，有洞如门者二，僧辄指为竹林寺门云。顷之，北风自湖口吹上，寒生粟起，急返旧路，至绿水潭。详观之，上有洞翕④然下坠。僧引入其中，曰："此亦竹林寺三门之一。"然洞本石罅夹起，内横通如"十"字，南北通明，西入似无底止。出，溯溪而行，抵方广，已昏黑。

【注释】

①刹（chà），梵语"刹多罗"的省音译，原为佛塔顶部的装饰，亦称"相轮"，后则通称佛寺为"刹"。

②三叠之胜，即今三叠泉瀑布。在庐山东谷会仙亭旁，泉下是观音洞，洞下是绿水潭，潭畔岩上刻"竹影疑踪"。

③毓（yù），同"育"，生。黛（dài），深青色。

④翕（xī），凹陷。

【译文】

仍然下山，走了二里后到达岭角。向北在山坞中行走，约一里后，进入方广寺，这是五老峰新建的佛寺。僧人知觉非常熟悉三叠泉瀑布的胜景，说道路极其艰难，催促我快走。向北走了一里，道路已穷尽，因而渡过涧水。随着涧岸方向走，哗哗流淌的涧水下注于乱石之中，两岸有山夹峙，满目都是丛竹和长树枝，葱葱郁郁；不时仰头看见露出的岩石如在绿色中飞动，点缀在山间；越往前走，景色越美好。接着，涧岸旁的路也穷尽了，只好从涧中的乱石中往前行走，圆的石头滑脚，尖的石头会刺破鞋子。就这样往前走了三里，找到绿水潭。一泓深碧的潭水，汹涌的涧流倾泻而下，奔流的水溅起雪白的水花，留于潭中的水呈深青色。又走了一里多路，就是大绿水潭。水流到这里即将倾泻，流量比先前大很多，也益发汹涌澎湃。潭前的峭壁无规则地耸立，回环着相互逼近峙立。往下俯瞰，似乎看不见底，只能听到轰雷般似乎要震倒峡谷的响声，心里觉得恐惧，眼光昏花，不知道泉水从什么地方坠下。行到这里，涧中的路也穷尽了，于是向西面攀登山峰。峰前石台依势崛起，俯看四周层层崖壁，显得阴森而狭窄。泉水为崖石所掩，无法看见，要到对面的峭壁间方能全部看清胜景。于是沿着山冈，从北向东转。二里路后，走到对面峭壁上，往下俯视，则第一级、第二级、第三级的流泉情景，才能依次全部看清楚。山坞中一个崖壁上，有两个像门一样大小的洞，僧人指着它说是竹林寺的大门。过了一会儿，北风从湖口吹上来，寒冷让皮肤上起了鸡皮疙瘩，急忙返归旧路，到达绿水潭。仔细地观察绿水潭，看见上面有洞凹陷着呈下坠状。僧人引导我进入其中，说："这也是竹林寺的三门之一。"然而洞本来是石缝隙相夹而起，内里横通有如"十"字，南北通明透亮，往西进入好像没有止境似的。出洞，沿溪岸而行，抵达方广寺时，天色已然昏黑。

二十二日　出寺，南渡溪，抵犁头尖之阳。东转下山，十里，至楞伽院侧。遥望山左胁，一瀑从空飞坠，环映青紫，夭矫滉漾[①]，亦一雄观。五里，过栖贤寺，山势至此始就平。以急于三峡涧，未之入。里许，至三峡涧。涧石夹立成峡，怒流冲激而来，为峡所束，回奔倒涌，轰振山谷。桥悬两崖石上，俯瞰深峡中，迸珠戛玉[②]。过桥，从歧路东向，越岭趋白鹿洞。路皆出五老峰之阳，山田高下，点错民居。横历坡陀[③]，仰望排嶂者三里，直入峰下，为白鹤观。又东北行三里，抵白鹿洞[④]，亦五老峰前一山坞也。环山带溪，乔松错落。出洞，由大道行，为开先道。盖庐山形势，犁头尖居中而少逊，栖贤寺实中处焉；五老左突，下即白鹿洞；右峙者，则鹤鸣峰也，开先寺当其前。于是西向循山，

横过白鹿、栖贤之大道，十五里，经万松寺，陟一岭而下，山寺巍然南向者，则开先寺[5]也。从殿后登楼眺瀑，一缕垂垂，尚在五里外，半为山树所翳[6]，倾泻之势，不及楞伽道中所见。惟双剑崭崭众峰间，有芙蓉插天之态；香炉一峰，直山头圆阜耳。从楼侧西下壑，涧流铿然泻出峡石，即瀑布下流也。瀑布至此，反隐不复见，而峡水汇为龙潭，澄映心目。坐石久之，四山暝色，返宿于殿西之鹤峰堂。

【注释】

①夭矫，屈曲而有气势的样子。滉漾（huàng yàng），广阔无涯。

②迸珠戛（jiá）玉，形如珠溅射，声如击玉响。迸，溅射。戛，敲击。

③坡陀（tuó），不平坦。坡，一作“陂”。陀，岩际称“陀”。

④白鹿洞，唐代江州刺史李渤曾在这里读书，并养一白鹿，因此得名“白鹿洞”。宋代设书院，与睢阳、嵩阳、岳麓并名，为当时著名的书院。

⑤开先寺，在庐山南麓鹤鸣峰下，创建于南唐。1707年康熙敕书“秀峰寺”，因改名。近年重建了漱玉亭、碑亭等。此处历代名人碑刻甚多。

⑥翳（yì），遮蔽。

【译文】

二十二日 走出方广寺，从南面渡过溪水，抵达犁头尖的南面。向东转下山，走十里路，到达楞伽院侧面。遥望山左侧半腰，一瀑布从空中飞坠而下，映出四周的青青紫紫，夭矫广阔无涯，景观雄丽。走五里路，经过栖贤寺，山势至此开始趋向平缓。因为急于游览三峡涧，未进入栖贤寺。走了一里多路，到达三峡涧。涧由石壁夹立形成峡口，激流汹涌而来，为峡口所约束，奔腾回旋，汹涌激荡，轰鸣声震荡山谷。一桥悬架两边的岩石上，在桥上俯视深峡中，激荡的流水如同珍珠溅射，声音有如敲击玉般。过桥后，从岔路向东，翻越山岭奔向白鹿洞。道路都在五老峰的南面，山田高下不一，民居错落散布。横着经过的路很不平坦，仰望层峦叠嶂的地方还有三里，直接进入山峰之下，是白鹤观。又向东北方向行走三里，抵达白鹿洞，这里也是五老峰前的一处山坞。环山的溪流有如带子，高大的松树错落山间。走出白鹿洞，从大道上走，这是通往开先寺的道路。庐山的地形，犁头尖处于中间而略偏一些的位置，栖贤寺实际上正处于中间地带；五老峰向左突出，其下即是白鹿洞；右边峙立的则是鹤鸣峰，开先寺正当其前。于是向西沿着山横穿通往白鹿洞、栖贤寺的大道，走了十五里，经过万松寺，登上一岭而后下山，那座面朝南的高大雄伟的山寺，就是开先寺了。从大殿后面登楼远眺瀑布，看见一缕垂垂向下的水帘，还在五里路之外，一半为山树所遮蔽，倾泻而下的态势，不及楞伽道中所看见的壮丽。只有双剑峰在众峰中间显得特别高峻，有芙蓉插天的态势；香炉峰那一座山峰，挺直而山头形成圆形的土山丘。从楼侧向西面走下山沟，涧溪流水铿然地泻出峡石口，此即是瀑布的下流。到这里，瀑布反而隐蔽无法看见，而峡石口的流水汇聚为龙潭，澄澈得能映出人的内心。坐在石头上很久，直至四山都已沉入夜色，才返回到殿西的鹤峰堂歇宿。

二十三日　由寺后侧径登山。越涧盘岭，宛转山半。隔峰复见一瀑，并挂瀑布之东，即马尾泉也。五里，攀一尖峰，绝顶为文殊台。孤峰拔起，四望无倚，顶有文殊塔。对崖削立万仞，瀑布轰轰下坠，与台仅隔一涧，自巅至底，一目殆无不尽。不登此台，不悉此瀑之胜。下台，循山冈西北溯溪，即瀑布上流也。一径忽入，山回谷抱，则黄岩寺据双剑峰下。越涧再上，得黄石

岩。岩石飞突，平覆如砥。岩侧茅阁方丈，幽雅出尘。阁外修竹数竿，拂群峰而上，与山花霜叶，映配峰际。鄱湖一点[①]，正当窗牖。纵步溪石间，观断崖夹壁之胜。仍饭开先，遂别去。

【注释】

①鄱湖，为鄱阳湖的简称。古称彭蠡、彭蠡泽、彭泽，位于江西省北部。鄱阳湖现有面积3976平方公里，湖面海拔21米，为我国最大的淡水湖。

【译文】

二十三日　由开先寺后的侧旁小路登山。越过溪涧，盘旋于山岭，在山腰环绕前行。隔着山峰又看见另一瀑布，并挂在瀑布东面的，就是马尾泉了。走过五里路，攀登上一座尖山峰，其绝顶为文殊台。一座孤峰拔地而起，四面没有倚靠，峰顶有文殊塔。对面的崖岩削立，高达万仞，瀑布发出隆隆的响声向下坠落，与文殊台仅仅相隔一涧，从崖巅到崖底，一眼可尽观。不登临这文殊台，就不能尽知这瀑布胜景的妙处。走下文殊台，沿着山冈的西北面追溯溪流上游。一条小路忽然探入，山势回转山谷环抱其中，黄岩寺正踞守在双剑峰下。越过溪涧再向上攀登，得以到达黄石岩。岩石有的奇异突兀，有的平覆如磨刀石。岩侧的茅草阁不过丈许，幽雅脱离尘世。阁外有修竹数竿，在群峰之上轻轻摆动，与山花、霜叶，交相辉映于山峰之间。远眺鄱阳湖一片，正对着窗户。在溪涧、岩石间信步游走，观赏断崖、夹壁的种种景致。仍然在开先寺用饭，饭后告别而去。

游黄山日记　后

此篇是万历四十六年（1618）徐霞客重游黄山的游记。徐霞客第一次游黄山时，未上天都、莲花二峰，此次是为了却夙愿而来，兴趣盎然。

天都、莲花两峰的高低，旧时向无定论，诸书多谓天都高于莲花。徐霞客通过自己的考察，明确指出莲花峰是黄山的最高峰，与现在的测量结果完全一致。在此次游记中，徐霞客不但细致地叙写了自己爬山历险的具体过程，而且满怀激情地描绘了山顶所见奇景。在天都峰，他对雾气出没的氤氲景致，对古松的曲直挺拔之状都做了刻画。对莲花峰之景重在描绘其独高众山，独出诸峰，人登其上则欢舞欲狂的情状。该游记语言精练而又恣肆自如，加之作者心情舒畅，故而整个文章神采飞扬，充满色彩感，实为难得的佳作。

戊午九月初三日　出白岳榔梅庵，至桃源桥。从小桥右下，陡甚，即旧向黄山路也。七十里，宿江村。

【译文】

戊午年九月初三日　从白岳山榔梅庵出来，到桃源桥。顺着小桥右侧下山，很陡峭，就是原来去黄山所走的路。行七十里，在江村住宿。

初四日　十五里，至汤口。五里，至汤寺，浴于汤池。扶杖望殊砂庵而登。十里，上黄泥冈。向时云里诸峰，渐渐透出，亦渐渐落吾杖底。转入石门①，越天都之胁而下，则天都、莲花二顶，俱秀出天半。路旁一岐东上，乃昔所未至者，遂前趋直上，几达天都侧。复北上，行石罅中。石峰片片夹起，路宛转石间，塞者凿之，陡者级之，断者架木通之，悬者植梯接之。下瞰峭壑阴森，枫松相间，五色纷披，灿若图绣。因念黄山当生平奇览，而有奇若此，前未一探，兹游快且愧矣！

【注释】

①石门，应为今云巢洞。据清人王灼《黄山纪游》载："有巨石当路，而中空如门，累石为磴，其间可数十级，题之曰云巢。"

【译文】

初四日　行十五里，到汤口。又走五里，到达汤寺，在汤池沐浴。手拄拐杖，遥望着殊砂庵攀登。走了十里，登上黄泥冈。刚才云雾笼罩的群峰渐渐显露出来，也渐渐地落在我的杖下。转入石门，从天都峰侧面穿越而下，天都、莲花两座峰顶，都秀丽地现于天际。路边有一条岔路往东走，是我从前没走过的，于是往前顺着岔路直上，几乎到达天都峰侧面。又往北上，在石缝中穿行。一片片石峰在路旁耸起，道路很窄，在石峰之间弯来转去，阻塞的地方被凿开，陡峭的地方修出阶梯，断裂的地方搭木通过，悬空处安置梯子连接。往下俯瞰，壑谷峻峭阴森，枫树和松树相间，五彩缤纷，像图画、锦绣一样灿烂。黄山应是有生以来的奇览，有如此的奇异景致以往却没有探寻过，这一次重游真是让我既痛快又惭愧啊！

时夫仆俱阻险行后，余亦停弗上；乃一路奇景，不觉引余独往。既登峰头，一庵翼然，为文殊院[1]，亦余昔年欲登未登者。左天都，右莲花，背倚玉屏风，两峰秀色，俱可手擥[2]。四顾奇峰错列，众壑纵横，真黄山绝胜处！非再至，焉知其奇若此？遇游僧澄源至，兴甚涌。时已过午，奴辈适至。立庵前，指点两峰。庵僧谓："天都[3]虽近而无路，莲花可登而路遥。只宜近盼天都，明日登莲顶。"余不从，决意游天都，挟澄源、奴子仍下峡路。至天都侧，从流石蛇行而上。攀草牵棘，石块丛起则历块，石崖侧削则援崖。每至手足无可着处，澄源必先登垂接。每念上既如此，下何以堪？终亦不顾。历险数次，遂达峰顶。惟一石顶壁起犹数十丈，澄源寻视其侧，得级，挟予以登。万峰无不下伏，独莲花与抗耳。时浓雾半作半止，每一阵至，则对面不见。眺莲花诸峰，多在雾中。独上天都，予至其前，则雾徙于后；予越其右，则雾出于左。其松犹有曲挺纵横者；柏虽大干如臂，无不平贴石上，如苔藓然。山高风巨，雾气去来无定。下盼诸峰，时出为碧峤[4]，时没为银海；再眺山下，则日光晶晶，别一区宇也。日渐暮，遂前其足，手向后据地，坐而下脱。至险绝处，澄源并肩手相接。度险，下至山坳，暝色已合。复从峡度栈[5]以上，止文殊院。

【注释】

①文殊院，在天都、莲花两峰间，左有狮石，右有象石，后毁于火。今在原址建宾馆，名"玉屏楼"。

②擥（lǎn），同"揽"，持，握。

③天都，即天都峰，海拔1810米。峰顶有一巨石耸立，高数十丈。顶部略呈长方形，长约十步，宽约五步，刻有"登峰造极"四字。

④峤（jiào），尖而高的山。

⑤栈（zhàn），即栈道，在峭岩陡壁上，傍山凿孔、架木连

阁修成的道路，又称“阁道”。

【译文】

这时仆人因山路险阻而落在后面，我也停下来不朝上走；一路上的奇景，不知不觉地吸引我独自前往。登上峰头后，一座庙如鸟翅般张开，庙名为文殊院，也是我前年想登而未能如愿的地方。左边是天都峰，右边是莲花峰，背靠着玉屏峰，莲花、天都两峰的秀美山色，近得似乎可以伸手揽住。环顾四周，奇峰高下错落排列，壑谷纵横交错，真是黄山上最绝妙的景致！如果不是第二次到黄山，哪里会知道黄山竟有如此奇妙的景色呢？巧遇云游僧人澄源也登上此峰，于是游兴更为高涨。过了中午，仆人们才赶上来。站在文殊院前，指着天都、莲花两峰点评。庵中的僧人说：“天都峰虽然离得近，却没有路上去；莲花峰有路上去，路程却很远。只宜从近处观赏天都峰，明天攀登莲花峰顶。”我不听，决心游览天都峰。于是和澄源、仆人一起从原路下到峡谷。到达天都峰侧，顺着流石像蛇一样地爬行而上。抓扯草木荆棘攀缘，石块丛密而起就从中穿越，石崖陡斜则扒崖而行。每当遇到手脚无着落之处，必然是澄源先爬上去再伸手拉我。一想到上去就已经如此艰难，到时候该怎么下来呢？最终什么也不顾了。经历了数次危险，终于登上了天都峰顶。峰顶上只有一块耸起数十丈高的岩石，澄源在岩石旁边寻找、观察，发现石阶，便扶着我攀登。万座山峰无一不低伏在脚下，唯独莲花峰能与之抗衡。此时浓雾忽起忽止，每当一阵浓雾飘来，即便就在对面都看不见。眺望莲花诸峰，大多笼罩在云雾之中。只有在天都峰上，我走到前面，云雾就落在身后；我转到右侧，云雾便从左侧升起。顶上还有横枝弯曲、主干挺拔的松树；柏树的枝干虽然有手臂粗，却全都平贴在岩石上，像苔藓一样。山高风大，雾气来去不定。往下看群峰，有时露出碧绿色的尖顶，有时又淹没为银色的云海；再眺望山下，则是阳光明亮，像是另外一个世界。夜色慢慢降临，于是把脚朝前伸，手在后面撑着地，坐着往下滑行。滑到最险要的地方，澄源便肩手并用地接住我。穿过惊险地段，下到山坳时，已是暮色笼罩。又顺着峡谷越过栈道而上，到文殊院住宿。

初五日　平明，从天都峰坳中北下二里，石壁岈然[1]。其下莲花洞正与前坑石笋对峙，一坞幽然。别澄源，下山至前歧路侧，向莲花峰而趋。一路沿危壁西行，凡再降升，将下百步云梯，有路可直跻莲花峰[2]。既陟而磴绝，疑而复下。隔峰一僧高呼曰："此正莲花道也！"乃从石坡侧度石隙。径小而峻，峰顶皆巨石鼎峙，中空如室。从其中叠级直上，级穷洞转，屈曲奇诡，如下上楼阁中，忘其峻出天表也。一里，得茅庐，倚石罅中。方徘徊欲升，则前呼道之僧至矣。僧号凌虚，结茅于此者，遂与把臂陟顶。顶上一石，悬隔二丈，僧取梯以度。其巅廓然，四望空碧，即天都亦俯首矣。盖是峰居黄山之中，独出诸峰上，四面岩壁环耸，遇朝阳霁色，鲜映层发，令人狂叫欲舞。

【注释】

①岈（xiā）然，深貌，高的地方。

②莲花峰，为黄山最高峰，海拔1860米。莲花峰、天都峰、光明顶为黄山三大主峰。

【译文】

初五日　天刚亮，从天都峰山坳中往北走二里路，周遭石壁森严。石壁下的莲花洞正和洞前的石笋对峙，整个小山坞十分幽静。和澄源告别后下山，来到昨天的岔道路边，向莲花峰奔去。一路上沿陡壁往西行，两上两下，快要下到百步云梯时，发现有路可以直登莲花峰。向上攀登后，石阶却断了，怀疑有误而又往下走。旁边山峰上一位僧人高呼道：“那正是上莲花峰的路！”于是从石坡旁边穿过石缝。山路狭窄而陡峻，峰顶上皆是巨石鼎立，巨石中空，如房间一般。从其中层叠的石阶直上，石阶尽头处山洞转向，弯弯曲曲，奇异非常，如同在楼阁中上上下下，令人忘记这里的地势高出天外。走了一里，见一茅屋傍靠在石缝间。正犹疑着想再往上登，先前高呼的僧人到了。僧人法号凌虚，是盖此茅屋的人，于是和凌虚手挽手，共同攀登顶峰。顶上的一块巨石隔开二丈宽，僧人取来梯子才度过去。莲花峰顶十分开阔，环顾四周澄碧的天空，即使天都峰也俯首屈就了。应是莲花峰位于黄山正中，独自高出众峰之上，四面岩壁环抱耸立，遇上云雾散尽、朝阳当空的晴朗天气，层层山峦映照、焕发着清新的色彩，景致美得令人狂叫起舞。

久之，返茅庵。凌虚出粥相饷，啜一盂，乃下。至岐路侧，过大悲顶，上天门。三里，至炼丹台。循台嘴而下，观玉屏风①、三海门诸峰，悉从深坞中壁立起。其丹台一冈中垂，颇无奇峻，惟瞰翠微之背，坞中峰峦错耸，上下周映，非此不尽瞻眺之奇耳。还过平天矼，下后海，入智空庵，别焉。三里，下狮子林，趋石笋矼，至向年所登尖峰上。倚松而坐，瞰坞中峰石回攒，藻缋②满眼，始觉匡庐、石门，或具一体，或缺一面，不若此之闳博富丽也！久之，上接引崖，下眺坞中，阴阴觉有异。复至冈上尖峰侧，践流石，援棘草，随坑而下，愈下愈深，诸峰自相掩蔽，不能一目尽也。日暮，返狮子林。

【注释】

①玉屏风，应即玉屏峰，为黄山三十六小峰之一。

②藻，文采。缋（huì），彩画。

【译文】

过了很久，返回茅屋。凌虚端出粥款待，我喝了一碗，然后下山。走到岔路边，经过大悲顶，登上天门。再走三里，到炼丹台。沿着台嘴而下，看到玉屏峰、三海门等山峰，全都从深谷中壁立而起。炼丹台山冈居中低垂，并不十分奇异险峻，只是俯视青山之背，山谷中峰峦交错耸立，周遭相互映衬，不在冈上就无法尽情眺望这些奇景。返回的路上经过平天矼，下到后海，进入智空僧人的庵中，和智空告别。行三里，到狮子林，朝石笋矼奔去，来到前年所登过的尖峰上。倚靠着松树坐下，俯瞰山谷中峰石环绕簇拥，彩画般的景色尽收眼底，才觉得庐山、石门有的只具备一种景致，有的欠缺某一方面，不如这里宏大广博、丰富壮丽！坐了一阵后，登上接引崖，往下朝坞中眺望，山坞阴森，让人觉得不同寻常。又来到冈上尖峰侧边，踩着流石，拉着荆棘杂草，顺坑而下，愈下愈深，群峰互相掩蔽，不能一目了然。太阳下山时，返回狮子林。

初六日　别霞光，从山坑向丞相原[①]。下七里，至白沙岭[②]，霞光复至。因余欲观牌楼石，恐白沙庵[③]无指者，追来为导。遂同上岭，指岭右隔坡，有石丛立，下分上并，即牌楼石也。余欲逾坑溯涧，直造其下。僧谓："棘迷路绝，必不能行。若从坑直下丞相原，不必复上此岭；若欲从仙灯而往，不若即由此岭东向。"余从之，循岭脊行。岭横亘天都、莲花之北，狭甚，旁不容足，南北皆崇峰夹映。岭尽北下，仰瞻右峰罗汉石，圆头秃顶，俨然二僧也。下至坑中，逾涧以上，共四里，登仙灯洞。洞南向，正对天都之阴。僧架阁连板于外，而内犹穹然，天趣未尽刊[④]也。复南下三里，过丞相原，山间一夹地耳。其庵颇整，四顾无奇，竟不入。复南向循山腰行，五里，渐下。涧中泉声沸然，从石间九级下泻，每级一下有潭渊碧，所谓九龙潭[⑤]也。黄山无悬流飞瀑，惟此耳。又下五里，过苦竹滩[⑥]，转循太平县路，向东北行。

【注释】

①丞相原，在钵盂峰下，相传南宋右丞相程元凤曾在此读书，故名。明代改名“云谷寺”。为东路登山要道，南面入口石刻甚多。如今寺址已建为宾馆。

②白沙岭，在云谷寺西北，云谷寺通往皮蓬的途中。

③白沙庵，在白沙岭畔的岔路口，附近有入胜亭。

④刊，削除。

⑤九龙潭，黄山东隅罗汉峰与香炉峰之间，有飞流九折，称“九龙瀑”。一折一潭，亦有九潭，称“九龙潭”。

⑥苦竹滩，即今苦竹溪，在汤口东北的公路边。

【译文】

初六日　和僧人霞光告别，顺着山坑去丞相原。往下走七里，到白沙岭，霞光僧人又来了。因为我想去观览牌楼石，霞光担心白沙庵没人指路，于是追来为我做向导。于是一同登白沙岭，霞光指着岭右边隔壁的山坡，坡上丛石耸立，丛石下部分离、上部并连，这就是牌楼石。我想越过坑谷、沿着涧沟而上，直达牌楼石下。霞光说：“荆棘遍布，根本没有路，肯定不能走。如果顺着坑谷直下丞相原，不必再登白沙岭；如果想从仙灯洞前往，不如就沿着白沙岭往东走。”我听从他的话，沿着岭脊走。白沙岭横贯在天都峰、莲花峰的北面，十分狭窄，旁边无法落脚，南北都有高大的山峰夹峙映衬。到岭尽头处往北下，抬头看右边的罗汉石峰，圆头秃顶，像两位僧人。下到坑谷中，越过沟涧而上，一共走四里，登上仙灯洞。洞口朝南，正对着天都峰的北面。僧人在洞外架起木板阁道和洞相连，而洞内仍然深穹，天然的雅趣没有被完全破坏。又往南下三里，经过丞相原，丞相原不过是山中一块狭小的平地而已。这里的庵很工整，看了看四周觉得没有奇特之处，就没进去。又往南沿着山腰前行五里，然后慢慢下山。涧中泉声沸腾，泉水从岩石中分九级往下泻，每一级飞泉下面都有碧绿色的深潭，这就是所说的九龙潭。黄山中没有飞流的瀑布，只有这里有飞泉。又下五里，经过苦竹滩，转向去太平县的路，往东北走。

游九鲤湖日记　福建兴化府仙游县

九鲤湖在福建仙游县东北约十三公里处。相传汉武帝时，有何氏九仙在此骑鲤升天，故名。湖在万山之巅，瀑布分九漈，以前四漈景色最佳。仙游县隶兴化府，即今福建仙游县。《游九鲤湖日记》是泰昌元年（1620）徐霞客游江郎山、九鲤湖、石竹山的游记。

徐霞客于是年五月初六日起程，族叔徐芳若同行，途经浙江、福建两省，共用了六十三天。五月二十三日过浙江江山县，由远及近，详细欣赏了江郎山。六月初八、初九两天，游福建仙游县九鲤湖。六月十一日游福建福清县的石竹山。三处胜景各具特点，游记描述亦各不相同。对江郎山的描写，重在形的变化；石竹山则写山上景物；对九鲤湖，则浓墨重彩，详细描绘水瀑的变化，对水势、水态、崖石深潭、颓波突浪之特色掌握准确，令人读时直如身临其境。

浙、闽之游旧矣。余志在蜀之峨眉、粤之桂林[①]，及太华、恒岳诸山；若罗浮[②]、衡岳，次也；至越之五泄、闽之九漈[③]，又次也。然蜀、广、关中，母老道远，未能卒游；衡湘[④]可以假道，不必专游。计其近者，莫若由江郎、三石抵九漈。遂以庚申午节[⑤]后一日，期芳若叔父启行，正枫亭[6]荔枝新熟时也。

【注释】

①粤之桂林，桂林在广西，但广西与广东在古代为“百粤”（粤为古代民族名）之地，故两广合称“两粤”。

②罗浮，又称“东樵山”，在广东博罗县境东江之滨。罗山在东，绝顶飞云顶海拔1282米。西有浮山，传为蓬莱一山，浮海而至，与罗山并体，故称“罗浮”。中有石梁相连，称“铁桥”。该山为道教名山，相传东晋葛洪在此炼丹。南汉时曾在山中建天华宫。山体灵秀，泉瀑甚多。

③越，“浙江省”的简称。浙江为古越国地，因此得名。越国中心会稽，在今浙江绍兴市。五泄（xiè），在今浙江诸暨市西北约三十公里处。瀑布从山巅奔泻而下，凡五级，景色各异，汇为五泄溪，有五泄寺，为游览胜地。泄，瀑布。漈（jì），福建、江西一带方言称瀑布为“漈”。记中描述瀑布时，皆沿用“九漈”的说法。

④衡湘，衡山和湘江，都在湖南境内。假道，借道，即顺道路过。因为如果游览桂林，就可以路过湖南，所以下文说“不必专游”。

⑤庚申，指泰昌元年，即1620年。午节，即端午节，在每年农历五月初五日。

⑥枫亭，明代曾设枫亭市巡检司。今在仙游县东南隅。

【译文】

去浙江、福建旅游已是过去的事了。我的愿望是游四川峨眉、广西桂林，以及太华山、恒山等名山；至于出游罗浮山、衡山，则是下一步的计划；去浙江五泄、福建九漈，又是再下一步的计划。但是去四川、广西和陕西关中，因为母亲年迈、路程遥远，不能立即出游；衡山、湘江，可以在路过的时候游览，不必专程旅游。考虑去近处，最好就是经过江郎山、三石，然后到九潔。于是在庚申年端午节的第二天，和叔父芳若按计划启程，恰恰是枫亭市巡检司一带荔枝刚刚成熟的时节。

二十三日　始过江山之青湖[①]。山渐合，东支多危峰峭嶂，西伏不起。悬望东支尽处，其南一峰特耸，摩云插天，势欲飞动。问之，即江郎山[②]也。望而趋，二十里，过石门街[③]。渐趋渐近，忽裂而为二，转而为三；已复半岐其首，根直剖下；迫之，则又上锐下敛，若断而复连者，移步换形，与云同幻矣！夫雁宕灵峰，黄山石笋，森立峭拔，已为瑰观；然俱在深谷中，诸峰互相掩映，反失其奇。即缙云鼎湖[④]，穹然独起，势更伟峻；但步虚山即峙于旁，各不相降[⑤]，远望若与为一。不若此峰特出众山之上，自为变幻，而各尽其奇也。

【注释】

①江山，明代时为县，隶属衢州府，即今浙江江山市。青湖，在江山市南，今又作“清湖”。

②江郎山，又名“金纯山”“须郎山”，在江山城东南二十五公里处，三石峰直插天穹，俗呼为“三爿（pán）石”。传有江氏兄弟三人登巅化石，故名。

③石门街，今仍称“石门”，在江山市南境。

④缙云，明代时为县，隶属处州府，即今浙江缙云县。缙云县城东八公里处的缙云山，亦称“仙都山”，为风景胜地，好溪两岸十公里范围内，胜景不绝，尤以鼎湖峰最著。鼎湖峰又名“玉笋峰”，东靠步虚山，西临好溪水。峰顶有湖，故称“鼎湖”。

⑤各不相降，意为两山高度差不多，不相上下。

【译文】

二十三日　开始经过江山县的青湖。山峦渐渐重合，东边大多是陡直的山峰，十分峻峭，犹如屏障；西边的山势不高，缓缓地低伏着。远眺东边山峦尽头处，南部有一座高峰特别突出，直插云天，那气势似是要振翅起飞。问别人，知道就是江郎山。盯着江郎山朝前赶，走了二十里，过石门街。越行离山越近，山忽然分为两座，再变成三座；不一会儿，山头又一分为二，直直地向下剖去；靠近山，则又是山头尖锐、下面收敛，像要断开、却又相连，人一移动脚步，山形便变换，真是与云彩一般变幻莫测啊！雁宕山有灵峰，黄山有石笋，密密层层、峻峭挺立，已经是瑰丽的景观，但都处于深山峡谷，诸多山峰互相掩映，反而失掉了各自的“奇”。至于缙云县的鼎湖峰，独立高耸，气势更加伟峻；只是步虚山就峙立在旁，两山不相上下，远望好像是一座山。比不上这江郎山突于众峰之上，姿态万千，尽显其奇啊。

六月初七日　抵兴化府[1]。

【注释】

①兴化府，又称“莆郡”，即今福建省莆田市。莆田山川毓秀，人杰地灵，科甲联芳，人才辈出，有“文献名邦”的誉称。

【译文】

六月初七日　到达兴化府。

初八日　出莆郡西门，西北行五里，登岭，四十里，至莒溪，降陟不啻[1]数岭矣。莒溪即九漈下流。过莒溪公馆，二里，由石步过溪。又二里，一侧径西向山坳，北复有一磴，可转上山。时山深日酷，路绝人行，迷不知所往。余意鲤湖之水，历九漈而下，上跻必有奇境，遂趋石磴道。芳叔与奴辈惮高陟，皆以为误。顷之，径渐塞，彼益以为误，而余行益励。既而愈上愈高，杳无所极，烈日铄铄[2]，余亦自苦倦矣。数里，跻岭头，以为绝顶也；转而西，山之上高峰复有倍此者。循山屈曲行，三里，平畴荡荡，正似武陵误入，不复知在万峰顶上也。中道有亭，西来为仙游道，东即余所行。南过通仙桥，越小岭而下，为公馆，为钟鼓楼之蓬莱石，则雷轰漈在焉。涧出蓬莱石旁，其底石平如砺，水漫流石面，匀如铺縠。少下，而平者多洼，其间圆穴，为灶，为臼，为樽，为井，皆以“丹”名，九仙③之遗也。平流至此，忽下堕湖中，如万马初发，诚有雷霆之势，则第一漈之奇也。九仙祠即峙其西，前临鲤湖。湖不甚浩荡，而澄碧一泓，于万山之上，围青漾翠，造物之酝灵亦异矣！祠右有石鼓、元珠、古梅洞诸胜。梅洞在祠侧，驾大石而成者，有罅成门。透而上，旧有九仙阁，祠前旧有水晶宫，今俱圮。当祠而隔湖下坠，则二漈至九漈之水也。余循湖右行，已至第三漈，急与芳叔返。曰：“今夕当淡神休力，静晤九仙。劳心目以奇胜，且俟明日也。”返祠，往蓬莱石，跣足步涧中。石濑④平旷，清流轻浅，十洲三岛⑤，竟褰衣⑥而涉也。晚坐祠前，新月正悬峰顶，俯挹平湖，神情俱朗，静中沨沨⑦，时触雷漈声。是夜祈梦祠中。

【注释】

①不啻（chì），不仅，不只。

②铄铄（shuò），光芒闪动的样子。铄，通“烁”。

③九仙，见《大清一统志》：“何氏九仙，其世代莫可考。兄弟九人居仙游东北山中修道，因名其山曰九仙山。又居湖侧炼丹，丹成，各乘赤鲤仙去，名其湖曰九鲤湖。”

④濑（lài），从沙石上流过的急水。

⑤十洲，指祖洲、瀛洲、玄洲、炎洲、长洲、元洲、流洲、生洲、凤麟洲、聚窟洲。三岛，指蓬莱岛、方丈岛、昆仑岛。“十洲”“三岛”皆是古代传说中神仙居住的地方，此处喻指仙境一样遍布水中的沙洲和小岛。

⑥褰（qiān）衣，撩起衣服。褰，用手提起。

⑦沨沨（féng féng），水声。

【译文】

初八日　从兴化府城西门出发，往西北行五里，攀登山岭，行四十里到莒溪，一路翻越了不止数座山岭。莒溪是九漈的下游。经过莒溪公馆，行二里，从石步渡过溪水。又走二里，一条小路往西伸向山坳，北边又有一条石阶道，可以绕上山。这时山岭深邃、太阳酷热，路上没有一个行人，不知道该往哪里走。我估计九鲤湖的水顺着九漈而下，往上攀登定有奇境，于是从石阶道走。芳叔和仆人害怕登高，都认为走错了。不久，四周渐渐狭窄，他们更以为走错了，我却越走越振奋。很快就愈上愈高，路途看上去像是深远得没有尽头，烈日炎炎，我自己也觉得劳累疲倦。又过了数里，登上岭头，以为是最高顶峰；折转到西山上，还有高过此岭一倍的山峰。沿着山岭来回曲折行走，三里，平坦的田地空旷辽远，正像武陵人误入桃花源的故事一样，不复以为是在万座峰顶之上。途中有亭，从西边伸来的是去仙游县的路，东边就是我所走的路。往南经过通仙桥，翻过小岭向下是公馆，有钟鼓楼的蓬莱石，而雷轰漈也在这里。涧水从蓬莱石旁边流出，底下的石头像磨石一样平，水从石面上漫流而过，匀称得如同铺了一层绡纱。稍稍往下，平滑的底部出现许多洼坑，洼坑之中的圆孔，分别称为灶、臼、樽、井，都用“丹”字来命名，是九鲤仙的遗迹。涧水平缓地流到这里，突然往下落入湖中，犹如万马初发，确有雷霆万钧之势，这就是九漈中第一级瀑布的奇观。九仙祠就建立在瀑布西边，前面就是九鲤湖。湖水不甚浩荡，但在万山中显出一片清澈碧蓝，绿树围绕、清波荡漾，足见大自然造物的神奇！九仙祠右边有石鼓、元珠、古梅洞等胜境。古梅洞在祠旁边，由大石架空而成，石上的缝隙形成门。穿过石缝往上走，原本有九仙阁，和九仙祠前的水晶宫一样，都遭毁坏了。正对着九仙祠的从九鲤湖往下坠落的水，就是第二级到第九级的瀑布。我顺着九鲤湖往右走，已经到了第三级瀑布，急忙和芳叔一齐返回。我说：“今晚应清静心神，休养生息，静候九仙托梦。劳烦心眼游览奇观胜景的事情，姑且等到明天再说吧。”回到九仙祠，去蓬莱石，光着脚在涧中穿行。涧底平坦旷远，水清而浅，轻轻流淌，遍布水中的沙洲小岛有如仙境一样，撩起衣襟就越过去了。晚上坐在祠前，初升的月亮正悬挂在峰顶，低头俯视平静的湖水，景色和谐心情舒畅，寂静中只有潺潺的水声，不时还听到雷漈瀑布的声响。这一夜在祠中祈祷九仙托梦。

初九日　辞九仙，下穷九漈。九漈去鲤湖且数里，三漈而下，久已道绝。数月前，莆田祭酒[1]尧俞，令陆善开复鸟道，直通九漈，出莒溪。悔昨不由侧径溯漈而上，乃纡从大道，坐失此奇。遂束装改途，竟出九漈。瀑布为第二漈，在湖之南，正与九仙祠相对。湖穷而水由此飞堕深峡，峡石如劈，两崖壁立万仞。水初出湖，为石所扼，势不得出，怒从空坠，飞喷冲激，水石各极雄观。再下为第三漈之珠帘泉，景与瀑布同。右崖有亭，曰观澜。一石曰天然坐，亦有亭覆之。从此上下岭涧，盘折峡中。峡壁上覆下宽，珠帘之水，从正面坠下；玉箸之水，从旁霭沸溢。两泉并悬，峡壁下削，铁障四围，上与天并，玉龙双舞，下极潭际。潭水深泓澄碧，虽小于鲤湖，而峻壁环锁，瀑流交映，集奇撮胜，惟此为最！所谓第四漈也。

【注释】

①祭酒，古代飨宴时酹酒祭神的长者，后亦以泛称年长或位尊者。“祭酒”亦学官名，即国子监祭酒，为国子监的主管。

【译文】

初九日　离开九仙祠，去探游九漈的尽头。九漈距离九鲤湖大约数里远，从第三级瀑布往下走，道路已经断绝了许久。几个月前，国子监祭酒、莆田县人尧俞，命令陆善修复开通这条险峻的山路，直达九漈，可以从莒溪进出。我不禁后悔昨天没有从旁侧的小路溯瀑布而上，而是绕道顺着大路走，失掉了观览这一奇景的机会。于是整理行装改道而行，直接从九漈出去。第二漈瀑布在九鲤湖的南边，正好与九仙祠相对。湖尽头处水就向深谷飞坠下去，深谷如同被刀劈开，两边的山崖像墙壁一样陡立，高达万丈。水一从湖里流出，便被岩石阻拦，水势不畅，汹涌的水流从空中坠落，浪花飞溅，水流和山石相映，都显得极其雄伟壮观。再往下是第三漈珠帘泉，景致和瀑布相同。右边的山崖上有亭子，名为观澜亭。一块名叫天然坐的石头，也有亭子覆盖。从这里上岭下涧，在峡谷中曲折行走。峡谷两边的山壁上面倾覆、下面宽阔，珠帘瀑布泉从正面坠落下来，玉箸泉瀑布从旁边水雾腾腾地涌出。两股瀑布并列悬挂，峡谷两壁下方陡峭，四周都是铁壁般的山崖，山高几与天齐，两道瀑布像玉龙飞舞，往下倾入潭中。潭水极深，色泽碧绿清澄，虽然面积比九鲤湖小，但周遭峭壁环绕，瀑布交相辉映，奇景荟萃，堪称风景最佳！这就是所说的第四漈。

初至涧底，芳叔急于出峡，坐待峡口，不复入。余独缘涧石而进，踞潭边石上，仰视双瀑从空夭矫，崖石上覆如瓮口。旭日正在崖端，与颓波突浪，掩晕流辉。俯仰应接，不能舍去。循涧复下，忽两峡削起，一水斜回，涧右之路已穷。左望，有木板飞架危矶[①]断磴间，乱流而渡，可以攀跻。遂涉涧从左，则五漈之石门矣。两崖至是，壁凑仅容一线，欲合不合，欲开不开，下涌奔泉，上碍云影。人缘陟其间，如猕猿[②]然，阴风吹之，凛凛[③]欲堕。盖自四漈来，山深路绝，幽峭已极，惟闻泉声鸟语耳。

【注释】

①矶（jī），水边突出的岩石。

②猕（mí）猿，猴的一种，亦称“恒河猴”，群居山林中，喧哗好闹，采食野果、野菜等。我国南方各省皆有。

③凛凛，心惊胆寒的样子。

【译文】

刚到涧底，芳叔忙着走出峡谷，在峡谷口坐着等我，没有再进来。我独自沿着涧底的石道前进，坐在潭边的石头上，抬头注视两道瀑布在空中如蛟龙间飞流而下，崖石上部倾覆，如瓮口一般。旭日正好升到崖石顶端，和坠落的水波、腾跃的浪珠，互相掩映，流光溢彩。我俯仰观赏而应接不暇，舍不得离去。顺着山涧再往下走，峡谷两边突然陡峭起来，一股溪水弯斜流淌，山涧右边的路已经断了。向左边看去，只见木板架在陡岩上的残阶之间，横渡溪流，就可以攀越。于是渡过溪流从左边走，到了第五漈——石门。两边的山崖在这里向中间夹紧，仅容得下一线距离，似合未合，似开未开，下面山泉汹涌奔腾，上面云遮雾盖。人在中间攀缘，如同猕猴一般，寒风吹来，让人心惊胆寒，几乎要掉下去。从第四漈以来，山谷深邃，道路断绝，幽深陡峭到了极点，只听得到泉水声和鸟鸣声。

出五漈，山势渐开。涧右危嶂屏列，左则飞凤峰回翔对之，乱流绕其下，或为澄潭，或为倒峡[①]。若六漈之五星，七漈之飞凤，八漈之棋盘石，九漈之将军岩，皆次第得名矣。然一带云蒸霞蔚，得趣故在山水中，岂必刻迹而求乎？盖水乘峡展，既得自恣，其旁崩崖颓石，斜插为岩，横架为室，层叠成楼，屈曲成洞；悬则瀑，环则流，潴[②]则泉；皆可坐可卧，可倚可濯，荫竹木而弄云烟。数里之间，目不能移，足不能前者竟日。每下一处，见有别穴，必穿岩通隙而入，曲达旁疏，不可一境穷也[③]！若水之或悬或渟[④]，或翼飞叠注，即匡庐三叠、雁宕龙湫，各以一长擅胜，未若此山微体皆具[⑤]也。

【注释】

①倒峡，江水倾峡而出。

②潴（zhū），水积聚的地方。

③不可一境穷也，意为妙境层出不穷。

④渟（tíng），水积聚而不流通。

⑤微体皆具，各种局部的美感也都具备。

【译文】

走出第五漈，山势渐渐开阔。山洞右边的陡崖如同屏障排列，左边的飞凤峰盘旋飞翔而对，水流纵横交错地环绕在下面，有的积聚成清澈的水潭，有的则倾峡而出。至于第六漈五星，第七漈飞凤，第八漈棋盘石，第九漈将军岩，都是按顺序得名。既然这一带云蒸霞蔚，所以情趣自在山水之中，又何必刻意追求一景一物的形迹呢？水流顺着峡谷的形势伸展，洒脱自得，无拘无束，水流两旁崩塌的山崖巨石，斜插的是岩岸，横架的为石室，层叠的像石楼，曲折弯转的成石洞；飞悬空中的则为瀑布，绕石环流的则为小溪，积聚起来的则为清泉；山石都可以坐卧休息，泉流都能靠近洗涤，竹木成荫而云霞烟雾拨弄。数里之间的美景，能让人一整天都目不斜视，流连忘返。每下到一处，看见有其他的洞穴，我一定会穿过岩缝进去，洞穴曲折旁通，不能一下子穷尽其中的妙处！至于水流，有的悬挂山崖，有的汇聚一起，有的如鸟翅腾飞，叠水喷注，即使是庐山三叠泉瀑布、雁宕山龙湫瀑布，只能凭借一个特点取胜，不像这座山，无论是从局部还是整体来看，风光都各有其美。

出九漈，沿涧依山转，东向五里，始有耕云樵石①之家，然见人至，未有不惊讶者。又五里，至莒溪之石步，出向道②。

【注释】

①耕云樵石，在深山石崖中耕作采薪。

②向道，先前来时走的道路。

【译文】

从九漈出来，顺山涧靠着山转，往东走五里，才见有人家在白云飘荡的山上耕种、打柴，而他们看到有人来，都十分惊讶。又走了五里，到达莒溪的石步，从来时的路出去。

初十日　过蒜岭驿，至榆溪[1]。闻横路[2]驿西十里，有石竹山，岩石最胜，亦为九仙祈梦所。闽有“春游石竹，秋游鲤湖”语，虽未合其时，然不可失之交臂也。乘兴遂行。以横路去此尚十五里，乃宿榆溪。

【注释】

①榆溪，今作“渔溪”，在福建福清市南境的公路边。

②横路，《读史方舆纪要》中作“宏路驿”，即今宏路，在福清市西侧的交通要道上。

【译文】

初十日　经过蒜岭驿，到达榆溪。听说横路驿西边十里处，有石竹山，山上的岩石最为有名，也是九仙祈祷、圆梦的地方。福建流传着“春游石竹，秋游九鲤”的话，现在游石竹山虽不是最佳节令，但是不能错过游览机会。于是乘兴出游。因为横路驿距离榆溪还有十五里，于是就在榆溪住宿。

十一日　至波黎铺，即从小路为石竹[1]游。西向山五里，越一小岭。又五里，渡溪，即石竹南麓。循麓西转，仰见峰顶丛崖，如攒如劈。西北行久之，有楼傍山西向，乃登山道也。石磴颇峻，遂短衣历级而上。磴路曲折，木石阴翳，虬枝老藤，盘结危石，欹崖之上，啼猿上下，应答不绝。忽有亭突踞危石，拔迥[2]凌虚，无与为对。亭当山之半。再折，石级巍然直上，级穷，则飞岩檐覆垂半空。再上两折，入石洞侧门，出即九仙阁，轩敞雅洁。左为僧庐，俱倚山凌空，可徙倚凭眺。阁后五六峭峰离立，高皆数十丈，每峰各去二三尺。峰罅石壁如削成，路屈曲罅

中，可透漏各峰之顶。松偃藤延，纵目成胜。僧供茗芳逸，山所产也。侧径下，至垂岩，路左更有一径。余曰："此必有异。"从之，果一石洞嵌空立。穿洞而下，即至半山亭。下山，出横路而返。

【注释】

①石竹，即石竹山，在福清市横路驿西。传为林玄光炼丹、骑虎、升天之地。山上有九仙阁、紫云洞等胜景。

②拔迥（jiǒng），挺拔高远。迥，远。

【译文】

十一日　到波黎铺后，就从小路去游石竹山。往西朝着山的方向走了五里，越过一座小岭。又走五里，横渡溪水，就到了石竹山南麓。沿着山麓往西转，抬头看见峰顶上崖石丛生，形如攒聚、如刀劈般。往西北方向走了很久，见有座楼背靠着山、面朝西，这里就是登山道。石阶很陡，于是身着短衣沿石阶而上。石阶弯转曲折，树荫遮蔽，扭曲如龙的树干老藤盘绕在陡峭倾斜的岩石上，猿猴上下跳跃，啼叫声不断。忽见陡峭的大石块上有座亭子，挺拔高远，凌空而立，没有什么与之相对。亭子位于山腰。再转过一道弯，石阶陡然直上，石阶尽头处，飞起的岩石像屋檐一样悬覆在半空中。又往上转了两道弯，从石洞侧门进去，一出洞就是九仙阁，九仙阁高大宽敞、雅致整洁。左边为僧人的住房，都是倚着山凌空而建，可以倚窗远眺。阁后耸立着五六座峻峭的山峰，都高达数十丈，每座峰之间相距二三尺，间隙如同用刀劈出来的一样，道路从缝隙间曲折地穿过，可以穿行到各座山峰顶上。松树卧伏，老藤蔓延，目光所及之处都是胜景。僧人送来香味四溢的茶，是山中出产的。从旁边的小路下山，到达陡岩，路左边另有一条小路。我说："从这里走肯定有奇异的景致。"于是顺小路走，果然有一个石洞镶嵌在山腰。从洞中穿过下山，就到了半山亭。接着下山，到横路驿后返回家乡。

是游也，为日六十有三，历省二，经县十九，府十一，游名山者三。

【译文】

这次出游，一共花了六十三天，跨越两个省，经过十九个县、十一个府，游历了三座名山。

游嵩山日记　河南河南府登封县

嵩山又称“嵩岳”“中岳”，为五岳之首。以少林河为界，分太室山和少室山两大部分，太室山如屏风般横亘在登封市北，少室山如一朵巨莲，耸峙在登封市西。嵩山被誉为“文物之乡”，东汉三阙（太室阙、少室阙、启母阙），北魏时建的嵩岳寺塔，皆为全国重点文物保护单位，历代庙宇、碑刻、古树荟萃。

天启三年（1623）徐霞客北游嵩山、华山、太和山。《游嵩山日记》是徐霞客在河南嵩山一带旅行的游记。该记从嵩山外围写起，尽显嵩山周围秀色，如香炉山之奇峰异水、天山院古松玉立等，并对山下水流溪径进行了描绘与分析，也为进入嵩山之游渲染了气氛。到了卢岩寺，即描绘其瀑布胜状，对山石交映成趣描写颇为成功，对太室绝顶的描写把太室山之雄厉展现得非常充分，其后对各山峰、洞窟、庙宇之方位，峡谷、流水之优劣一一做了记叙，最终以登少室为高潮，对少林寺、珠帘飞泉、炼丹台等做了详尽描绘。全文曲折有致，布局严谨，语言活泼生动，同时，我们也能从字里行间体会到徐霞客不畏艰险的探游精神。

余髫年蓄五岳志[①]，而玄岳出五岳上，慕尤切。久拟历襄、郧，扪太华，由剑阁[②]连云栈，为峨眉[③]先导；而母老志移，不得不先事太和，犹属有方之游。第沿江溯流，旷日持久，不若陆行舟返，为时较速。乃陆行汝[④]、邓间，路与陕[⑤]、汴略相当，可以兼尽嵩、华，朝宗[⑥]太岳。遂以癸亥仲春朔[⑦]，决策从嵩岳道始。凡十九日，抵河南郑州之黄宗店。由店右登石坡，看圣僧池。清泉一涵[⑧]，渟碧山半。山下深涧交叠，涸无滴水。下坡行涧底，随香炉山曲折南行。山形三尖攒立如覆鼎，众山环之，秀色娟娟媚人。涧底乱石一壑，作紫玉色。两崖石壁宛转，色较缜润[⑨]；想清流汪注时，喷珠泄黛，当更何如也！十里，登石佛岭。又五里，入密县[⑩]界，望嵩山尚在六十里外。从岐路东南二十五里，过密县，抵天仙院。院祀天仙，云黄帝之三女也。白松在祠后中庭，相传三女蜕骨其下。松大四人抱，一本三干，鼎耸霄汉，肤如凝脂，洁逾傅粉，蟠枝虬曲，绿鬣舞风，昂然玉立半空，洵[⑪]奇观也！周以石栏。一轩临北，轩[⑫]中题咏绝盛。徘徊久之，下观滴水。涧至此忽下跌，一崖上覆，水滴历[⑬]其下。还密，仍抵西门。三十五里，入登封界，曰耿店[⑭]。南向为石淙道，遂税驾[⑮]焉。

【注释】

①髫（tiáo）年，幼年。髫，小孩子头上下垂的短发。五岳，我国五大名山的总称。传说这些山为群神所居，历代帝王对它们进行封禅、祭祀。五岳制度始于汉武帝，但所指五岳，历代曾有变化。明代五岳为中岳嵩山，东岳泰山，南岳衡山，西岳华山，北岳恒山。

②剑阁，今四川省北部有剑门山，横亘一百余公里，有72峰，绵延起伏，形若利剑，主峰大剑山在剑阁县北。峭壁中断处，两崖相峙如门，飞阁通衢，谓之“剑阁”，为中原入川必经的险道。

③峨眉，即峨眉山，在四川峨眉山市西南。主峰万佛顶，海拔3099米。从报国寺入山，沿途有伏虎寺、清音阁、万年寺、洪椿坪、仙峰寺等胜景。最高处为金顶，可观云海、日出，为我国佛教四大名山之一。

④汝，即汝州，治今河南临汝县。邓，即邓州，隶属南阳府，即今河南邓州市。

⑤陕，即陕州，隶属河南府，治所在今河南三门峡市稍西。汴，唐置汴州，五代梁、晋、汉、周及北宋定都于此，称“汴京”。明代置开封府，为河南布政司治所，但仍以“汴”为其别称。即今河南开封市。

⑥朝宗，古代诸侯朝见天子，春见称“朝”，夏见称“宗”。此处比喻对名山的尊崇。

⑦癸亥，指天启三年，即1623年。朔，农历的每月初一。

⑧涵，包含。此处作名词，一涵即一潭。

⑨缜（zhěn）润，细致而润泽。

⑩密县，隶开封府禹州，即今河南新密市。

⑪洵，实在，真正。

⑫轩，有窗槛的长廊或小室。

⑬滴历，同“滴沥”，水稀疏下滴。

⑭耿店，应为今登封市东隅、新密至登封大道上的景点。

⑮税（tuō）驾，停宿，休息。税，通“脱”。

【译文】

我幼年时便怀有登览五岳名山的志愿，而玄岳的名气在五岳之上，仰慕之心更切。很久以前就打算经过襄阳府、郧阳府，亲临华山，再过剑阁和连云栈，以此为攀登峨眉山的前站；但因为母亲年迈而改变计划，不得不先游武当山，免失孝道。只是沿长江溯流而上多费时日，不如从陆路去、水路返回，所需时间较短。从汝州、邓州之间的陆路走，路程与从陕州、开封府走相当，却可以将嵩山、华山两处都游完，然后朝拜太和山。于是决定在癸亥年二月初一动身，先去嵩山。走了十九天，抵达河南开封府郑州的黄宗店。沿着黄宗店右边登石坡，观看圣僧池。一潭清澈的泉水汇聚在半山腰，宛如碧玉一般。山下深涧纵横交错、高低重叠，涧中干涸，没有一滴水。下坡后从涧底走，顺着香炉山曲折地往南行。香炉山的三座尖峰挨得很近，形状如同倒置的鼎，众多的峰峦环绕，景色秀丽迷人。涧底散乱的石头布满沟壑，显现出紫玉色。两岸的崖壁宛转，崖石质地细密、色感润泽；想象清澄的流水从涧中倾泻而过时，水珠喷溅、绿波翻涌，又该是何等的景致啊！走了十里，登上石佛岭。又走五里，进入密县境内，遥望嵩山，还在六十里外。从岔路往东南走二十五里，过了密县县治，到达天仙院。天仙院祭祀的天仙，就是黄帝的三女儿。白松矗立在祠堂后面的庭院中，相传三女儿就是在白松下蜕变成仙的。松树有四人合围般粗，一棵树根分出三棵枝干，高耸入云，树皮柔滑得好似凝固的脂肪，比涂过粉还要光洁，松枝弯曲如同虬龙，绿色的松针迎风飞舞，昂首挺胸，在半空中亭亭玉立，真是奇观啊！松树周围有石栏。一道长廊正对北方，廊中题有很多诗词楹联。我在长廊中逗留了很长时间，才下去观看滴水。山涧到这里突然下陷，一块崖石从上面覆盖，水从崖石上往下滴。返回密县，仍然到城西门。行三十五里，进入登封县境的耿店。往南是去石淙的路，于是在耿店停宿。

二十日　从小径南行二十五里，皆土冈乱垄。久之，得一溪。渡溪，南行冈脊中，下瞰则石淙在望矣。余入自大梁[①]，平衍广漠[②]，古称“陆海”，地以得泉为难，泉以得石尤难。近嵩始睹蜿蜒众峰，于是北流有景、须诸溪，南流有颍水，然皆盘伏土碛[③]中。独登封东南三十里为石淙，乃嵩山东谷之流，将下入于颍。一路陂陀屈曲，水皆行地中，至此忽逢怒石。石立崇冈山峡间，

有当关扼险之势。水沁入胁下，从此水石融和，绮变万端。绕水之两崖，则为鹄立，为雁行；踞中央者，则为饮兕[4]，为卧虎。低则屿，高则台，愈高，则石之去水也愈远，乃又空其中而为窟，为洞。揆[5]崖之隔，以寻[6]尺计，竟水之过，以数丈计。水行其中，石峙于上，为态为色，为肤为骨，备极妍丽。不意黄茅白苇中，顿令人一洗尘目也[7]！

【注释】

①大梁，战国时魏国的都城，在今开封市，后世相沿即称开封为“大梁”。

②平衍广漠，地势平坦舒展、宽阔无边。

③土碛（qì），水中沙堆。碛，浅水中的沙石，引申为沙漠。

④兕（sì），古代对雌性犀牛的称呼。

⑤揆（kuí），估计。

⑥寻（xún），古代的长度单位，八尺为寻。

⑦“竟水”九句，描绘了嵩山八景之一的“石淙会饮”，在告成东门外沿石淙河前行三公里处。石淙河从北往南汇入颍河，在此汇积成潭，河边怪石嶙峋，摩崖题刻甚多，被赞为“千仞壑”“小桂林”，为河南省重点文物保护单位。

【译文】

二十日　从小路往南走了二十五里，沿途都是土冈和不规则的高地。走了很久，才看到一条溪水。渡过溪水，往南从冈梁上行走，往下俯瞰就看到了石淙。我自从进入开封府，地势平坦舒展、宽阔无边，古人称之为“陆海”，平地上难以有泉水，有了泉水又难以有岩石。走近嵩山才开始看到蜿蜒起伏的众多山峰，北边有景溪、须溪等河流，南边有颍水，但这些河流都盘绕隐伏在土堆沙滩中。只有登封县东南三十里处的石淙河，才是嵩山东面山谷中的流水，往下流入颍水。一路上地形高低不平、弯转曲折，水都在地下流，流到这里忽然遇到形状峥嵘的巨石。巨石突立在高高的山冈和峡谷之间，颇有一夫当关、扼险制要的气势。水浸至巨石胁下，自此水石交融，形态绮丽，变化莫测。流水环绕的两岸崖石，像天鹅延颈而立，又像大雁成行而飞；矗立在水中的岩石，则犹如犀牛饮水、猛虎卧伏。低矮的形成小岛，高大的则成平台，岩石越高大，则距离水面越远，其中有中空的岩石则形成石窟和石洞。每块岩石间的距离，要以八尺计算；水流最大时的水面，要以数丈计算。水在山崖中间流淌，岩石峙立水上，石态水色，如肤如骨，极其妍丽。想不到茅草芦苇之中，竟会有令人有耳目一新之景也。

登陇①，西行十里，为告成镇②，古告成县地。测景台在其北。西北行二十五里，为岳庙③。入东华门时，日已下舂④，余心艳⑤卢岩，即从庙东北循山行。越陂陀数重，十里，转而入山，得卢岩寺。寺外数武⑥，即有流铿然下坠石峡中。两旁峡色，氤氲⑦成霞。溯流造寺后，峡底矗崖，环如半规，上覆下削。飞泉堕空而下，舞绡曳练⑧，霏微散满一谷，可当武彝之水帘。盖此中以得水为奇，而水复得石，石复能助水不尼⑨水，又能令水飞行，则比武彝为尤胜也⑩。徘徊其下，僧梵音以茶点饷。急返岳庙，已昏黑。

【注释】

①陇（lǒng），通“垄”，田中高地。

②告成镇，从战国至唐初皆称“阳城”，武则天时将封嵩山，改“阳城”为“告成”。唐以后废，故称“古告成县地”。今又作“郜城”，属登封市。相传周代就在此建立了测景台，至今仍有周公庙。

③岳庙，即中岳庙，在今登封市东面四公里的公路边，是五岳中规模较大的一座。东华门现称“中华门”，原系木牌坊，现

为砖瓦结构的歇山式牌坊。

④下舂，日落时分。

⑤艳，艳羡，思慕。

⑥武，步。

⑦氤氲（yīn yūn），水汽弥漫的样子。

⑧绡（xiāo），生丝织物。练，煮熟的白绢。

⑨尼（nì），阻止。

⑩“又能”二句，卢崖瀑布今存，为三叠，上折常隐在云雾里，下折掩在深壑中，通常所见者为中折。瀑如白练悬空，该峰亦因此称“悬练峰”。

【译文】

登上田中高地，往西走十里，就是告成镇，古代告成县所在地。测景台在镇北。往西北走二十五里，到中岳庙。进入东华门时，太阳已经落山了，我心中盼着去卢岩，就从中岳庙东北沿山行。越过数道高低不平的坡地，走十里，转进山，到达卢岩寺。寺外几步远处，就有铿然作响的流水坠入石峡中。峡谷两边雾气弥漫，蕴为云霞。顺着河流上到寺后，只见峡谷底部陡崖矗立，如半圆环绕，上部倾覆，下部凹削。飞流的泉水从空中直泻而下，仿佛丝绸凌空飘舞，细雨般的水珠洒满山谷，和武彝山的水帘洞不相上下。而此山以水为奇，而水又得岩石映衬，岩石又能助水而非阻水，从而使得泉水飞流，大大胜过武彝山了。在瀑布下徘徊，僧人梵音用茶点款待我们。急忙返回中岳庙时，天色已经昏黑。

二十一日　晨，谒岳帝[①]。出殿，东向太室绝顶。按嵩当天地之中，祀秩[②]为五岳首，故称嵩高。与少室并峙，下多洞窟，故又名太室。两室相望如双眉，然少室嶙峋，而太室雄厉称尊，俨若负扆[③]。自翠微[④]以上，连崖横亘，列者如屏，展者如旗，故更觉岩岩[5]。崇封[6]始自上古，汉武以嵩呼之异[7]，特加祀邑。宋时逼近京畿[8]，典礼大备。至今绝顶犹传铁梁桥、避暑寨之名，当时之盛，固可想见矣。

【注释】

①岳帝，指中岳嵩山之神。

②秩，等级顺序。

③俨（yǎn），庄严，庄重。负扆（yǐ），皇帝临朝听政时背靠屏风而坐。扆（yǐ），画斧的屏风。

④翠微，指青翠缥缈的山的中下部。

⑤岩岩，高峻的样子。

⑥封，帝王赐以爵位、土地、名号等。这里即指下文汉武帝"特加祀邑"之事。

⑦嵩呼之异，据《汉书·武帝纪》载，西汉元封元年（前110年），汉武帝率群臣登嵩山，听到山间传来三次"万岁"的呼声，认为是嵩山山神所呼，觉得灵异，十分高兴。故特地下令将山下三百户划为祀邑，该邑内的所有田租收入专供祭祀嵩山山神之用。该邑后来发展为登封县。

⑧京畿（jī），京城所直辖的周边地区。北宋的京城在开封，距嵩山不远。

【译文】

二十一日　早晨，祭拜嵩山之神岳帝。走出大殿，向东攀登太室山绝顶。据考，嵩山位于天地正中，祭祀的顺序为五岳之首，所以称为嵩高。嵩山和少室山并排峙立，山下洞窟很多，所以又名太室山。太室山、少室山远看犹如双眉并列，但少室山嶙峋，而太室山雄厉、独居尊位，俨然像背靠屏风的帝王。从翠色弥漫的山脚往上，连绵的山崖横亘不断，立者如排列的屏风，伸展者如迎风的旗帜，因此更觉得高峻威严。尊崇、祭祀嵩山从远古就开始了，汉武帝因为嵩山山呼"万岁"的奇异，特别增加了奉祀岳神的嵩高邑。宋朝时因嵩山靠近京城附近，祭山的典礼十分完备。至今绝顶上还留有铁梁桥、避暑寨的名称，可以想见当时的盛况。

太室东南一支，曰黄盖峰。峰下即岳庙，规制宏壮。庭中碑石矗立，皆宋、辽以来者。登岳正道，乃在万岁峰下，当太室正南。余昨趋卢岩时，先过东峰，道中见峰峦秀出，中裂如门，或指为金峰玉女沟，从此亦有路登顶，乃觅樵预期为导，今遂从此上。近秀出处，路渐折避之，险绝不能径越也。北就土山，一缕[①]仅容攀跻，约二十里，遂越东峰，已转出裂门之上。西度狭脊，望绝顶行。是日浓云如泼墨，余不为止。至是岚气愈沉，稍开则下瞰绝壁重崖，如列绡削玉，合则如行大海中。五里，抵天门。上下皆石崖重叠，路多积雪。导者指峻绝处为大铁梁桥。折而西，又三里，绕峰南下，得登高岩。凡岩幽者多不畅，畅者又少回藏映带之致。此岩上倚层崖，下临绝壑，洞门重峦拥护，左右环倚台嶂。初入，有洞岈然，洞壁斜透；穿行数武，崖忽中断五尺，莫可着趾。导者故老樵，狷捷[②]如猿猴，侧身跃过对崖，取木二枝，横架为阁道[③]。既度，则岩穹然上覆，中有乳泉、丹灶、石榻诸胜。从岩侧跻而上，更得一台，三面悬绝壑中。导者曰："下可瞰登封，远及箕、颍[④]。"时浓雾四塞，都无所见。出岩，转北二里，得白鹤观址。址在山坪，去险就夷，孤松挺立有旷致。又北上三里，始跻绝顶[⑤]，有真武庙三楹。侧一井，甚莹，曰御井，宋真宗避暑所浚也[⑥]。

【注释】

①缕，丝线。这里形容道路极其狭窄。

②狷（juàn）捷，敏捷。

③阁道，即栈道。此处指以枝干为桥梁。

④箕，指箕山。颍，指颍水。二者皆在登封市东南。颍水今

称“颍河”，往东南注入淮河。

⑤“又北上”二句，太室山有三十六峰，即太白、望都、观香、积翠等。绝顶峻极峰海拔1440米。

⑥宋真宗，北宋皇帝，名赵恒，共在位二十五年（998—1022）。浚（jùn），挖深，疏通（水道）。

【译文】

太室山东南的一支山脉，名为黄盖峰。峰脚就是中岳庙，庙的规模宏伟壮观。庭院中碑刻林立，都是宋、辽以来的题刻。登嵩山的大道是在万岁峰下，位于太室山正南方。我昨天奔向卢岩寺时，首先经过东峰，途中看见峰峦秀丽突出，中部裂开如同门扇，有人指着说是金峰玉女沟，从此处也有路可以登上绝顶，于是寻找樵夫，约好做向导，今天就从这里上绝顶。走近秀峰突出处，山路渐渐断开，险要到了极点，不可能直接翻越过去。往北靠着土山走，路窄得好像一根线，只容向上攀爬，大约二十里路，才越过东峰，已转到裂门上面。往西翻越狭窄的山脊，看着绝顶往前走。当日，浓黑的云如同用墨染过，我没有因此停步。此时雾气越来越阴沉，稍稍放晴时就可以朝下俯视到绝壁重崖，似丝织品罗列、玉石剖开；云雾聚合时，就像在大海中前进。走了五里，到达天门。上下都是重叠的石崖，路上积雪很多。向导指着最陡峻的地方，称其为大铁梁桥。转向西走，又三里，绕着山峰往南下，到了登高岩。大凡幽深处山岩多数不畅通，畅通处岩石又缺少曲折隐蔽映衬之景。此岩上靠层层山崖，下临陡峭的深壑，洞门重山簇拥，左右环靠平台及屏障般的山峰。一上登高岩，就有又深又大的洞穴，洞壁斜穿；在洞中穿行数步，山崖忽然从中断开五尺，没有可以落脚的地方。向导是当地的老樵夫，敏捷得好似猿猴，他侧身跳到断崖对面，取来两截树干，横架在断崖上作为阁道。过了断崖，拱形的岩石高高覆盖在上方，当中有乳泉、丹灶、石榻等名胜。从岩边攀登而上，另外又有一平台，三面悬空在极深的沟壑中。向导说："往下可以俯视登封县，远处看得到箕山、颍水。"当时四周浓雾迷漫，什么都看不见。走出登高岩，转向北行二里，到白鹤观遗址。遗址在山间平地上，远离险峻的平地上挺立着一棵松树，意趣旷达。又往北上三里，才登上绝顶，顶上有真武庙，分为三列。旁边有一口井，井水十分清莹，名为御井，是宋真宗到绝顶上避暑时开掘的。

饭真武庙中。问下山道，导者曰："正道从万岁峰抵麓二十里。若从西沟悬溜而下，可省其半，然路极险峻。"余色喜，谓嵩无奇，以无险耳。亟从之，遂策杖前。始犹依岩凌石，披丛条以降。既而从两石峡溜中直下，仰望夹崖逼天。先是峰顶雾滴如雨，至此渐开，景亦渐奇。然皆垂沟脱磴，无论不能行，且不能止。愈下，崖势愈壮，一峡穷，复转一峡。吾目不使旁瞬，吾足不容求息也。如是十里，始出峡，抵平地，得正道。过无极洞[①]，西越岭，趋草莽中，五里，得法皇寺[②]。寺有金莲花，为特产，他处所无。山雨忽来，遂借榻僧寮[③]。其东石峰夹峙，每月初生，正从峡中出，所称"嵩门待月"也。计余所下之峡，即在其上，今坐对之，只觉云气出没，安知身自此中来也。

【注释】

①无极洞，即今老君洞，有道院一所。原先供奉太极、皇极，因称"无极洞"。

②法皇寺，应作"法王寺"，是嵩山最古的寺院。其创建于东汉明帝永平十四年（71），仅比洛阳白马寺晚三年。寺后有数座塔，为方形密檐式砖塔，是唐代建筑，高者达四十余米。"嵩门待月"也是嵩山八景之一。

③僧寮（liáo），即和尚住的小屋。

【译文】

在真武庙中吃饭。询问下山的路，向导说："从万岁峰下到山脚的大道有二十里。如果沿着西沟悬空滑行而下，可以省掉一半的路程，但是道路极其险峻。”我面露喜色，先前认为嵩山平平无奇，恰恰是因为没有险峻之处啊。于是赶忙跟随向导，拄着手杖前行。刚开始还能靠着岩石，拨开丛密的草木往下走。接着就从两道石峡中滑行直下，仰望两旁的崖壁几乎逼近天际。最开始，峰顶上的雾气像雨一样往下滴，下到这里雾气渐渐散开，景色也渐渐显出奇特。然而一直是垂直的沟谷，没有石阶，不但不能行走，甚至都无法短暂停留。越往下滑，崖壁的气势愈壮观，下完一道峡谷，又转入另一道峡谷。我的眼睛不敢斜视，脚下不容丝毫歇息。就这样下了十里，才走出峡谷，到达平地，上了大道。经过无极洞，往西翻越山岭，在草丛中急行，五里后到达法皇寺。寺里有金莲花，是当地特产，其他地方没有。山雨忽降，于是在僧人的小屋借宿。寺庙东面林立着石峰，每当月亮初升时，恰好照在峡谷中间，正是所谓的“嵩门待月”。想来我先前所下的峡谷，就在这道峡谷上面，现在面对面地坐下，只觉得上面云气出没，哪会知道自己是从这峡谷中下来的呢。

二十二日　出山，东行五里，抵嵩阳宫废址[①]。惟三将军柏[②]郁然如山，汉所封也；大者围七人，中者五，小者三。柏之北，有室三楹，祠二程[③]先生。柏之西，有旧殿石柱一，大半没于土，上多宋人题名，可辨者为范阳祖无择、上谷寇武仲及苏才翁数人而已[④]。柏之西南，雄碑杰然，四面刻蛟螭[⑤]甚精。右则为唐碑，裴迥撰文，徐浩八分书[⑥]也。又东二里，过崇福宫[⑦]故址，又名万寿宫，为宋宰相提点处。又东为启母石[⑧]，大如数间屋，侧有一平石如砥。又东八里，还饭岳庙，看宋、元碑。

【注释】

①嵩阳宫废址，在登封城北2.5公里处。北魏时为嵩阳寺，隋时为嵩阳观，唐高宗曾以此为行宫。宋至道三年（997）赐名“太

室书院”，景祐二年（1035）重修，赐额更名为“嵩阳书院”，为宋代四大书院之一。

②三将军柏，据传，西汉元封元年（前110），汉武帝游中岳时，对三株高大茂盛的古柏分别封为“大将军”“二将军”“三将军”。三将军柏清初被火烧毁，现存大将军柏和二将军柏。大将军柏躯干斜倚，腰围约六米，二将军柏腰围近十五米，中空，散为若干枝，树龄约四千五百年以上，为我国现存最古最大的柏树。

③二程，指北宋理学家程颐、程颢，曾在此讲过学。

④范阳，历史上曾数次以范阳为名设置郡县。治所也有变迁。唐天宝年间设范阳郡，唐代后期有范阳节度使，皆在今北京城西南。唐初设范阳县，管辖今河北涿州市，历为涿州治所，至明初废入涿州。上谷，战国、秦、汉有上谷郡，管辖今河北怀来县东南。隋、唐亦设上谷郡，管辖今河北易县。

⑤螭（chī），传说中一种没有角的龙，色黄，古代建筑常用其形作装饰。

⑥八分书，书法体的一种。李斯作小篆，程邈作隶书，王次仲割程邈字八分，取二分，割李斯字二分，取八分，别成一格，故称“八分书”。

⑦崇福宫，初名万岁观，创建于西汉元封元年（前110年），宋时改名崇福宫，先后在此的名儒有范仲淹、司马光、程颢、程颐、朱熹等三十多人。崇福宫不仅是名儒聚集之地，也是历代著名道教学者栖身传教之所。崇福宫现存建筑和碑刻具有较高的历史、艺术价值，但保存不佳。

⑧启母石，今存。从轮廓上看，平石是从主石上崩下来的，上平滑。两石间有碑一块，为隆庆三年（1569）监察御史蒋机立。其南边稍远处有东汉延光二年（123）立启母阙，用长方形石条砌成，分东西两半。有石雕屋顶，现存篆书铭文及雕刻的画像

六十余幅。

【译文】

二十二日　出了山，往东行五里，到达荒废的嵩阳宫遗址。遗址上只有汉朝时所封的三株将军柏郁郁葱葱、岿然如山；大的一株有七人围抱粗，中等的有五人围抱，小的那株三人围抱。柏树北边有三排房屋，用以祭祀程颐、程颢两位先生。柏树西边有一根残存的旧殿石柱，大半截都埋在土中，上面有很多宋代人的题名，可以分辨出来的有范阳人祖无择、上谷人寇武仲和苏才翁等人。柏树的西南边矗立着雄伟巨大的石碑，四面雕刻的龙形装饰图非常精致。右边是块唐代的石碑，碑文为裴迥所撰，徐浩用八分书书写。又往东走了二里，经过崇福宫旧址，崇福宫又名万寿宫，是宋朝宰相提点官处。再东边是启母石，面积有几间屋那般大，旁边有块平石，如磨刀石般。再往东走八里，回到中岳庙吃饭，欣赏宋代、元代的碑刻。

西八里，入登封县[①]。西五里，从小径西北行。又五里，入会善寺[②]，“茶榜”在其西小轩内，元刻也。后有一石碑仆墙下，为唐贞元[③]《戒坛记》，汝州刺史陆长源撰文，河南陆郢书。又西为戒坛废址，石上刻镂极精工，俱断委草砾。西南行五里，出大路，又十里，至郭店[④]。折而西南，为少林道。五里，入寺，宿瑞光上人房。

【注释】

①登封县，隶属河南府，即今河南登封市。旧城在今市区西南部，部分城墙遗迹尚存。

②会善寺，该寺为唐代著名天文学家一行出家的地方。会善寺坐北朝南，现存二进二院，其中大雄宝殿创建于元代，是嵩山地区仅存的元代木结构建筑。除大殿外，其他建筑均为硬山式灰瓦顶。寺西边的山坡上即为一行创建的戒坛遗址，今残存刻有金

刚像的石柱一根。寺东的山坡上有三座塔，其中一座为六角锥形的五级彩色琉璃塔。2001年，会善寺作为元至清时代古建筑，被国务院批准列入第五批全国重点文物保护单位。

③贞元，唐德宗年号（785—804）。

④郭店，在登封市西北，登封到偃师的公路旁。

【译文】

往西走八里，进入登封县。再往西走五里，顺着小路往西北行。又过了五里，到了会善寺，“茶榜”就在寺中的西边小屋里，是元代时的碑刻。屋后有一块石碑倒在墙脚，是唐朝贞元年间刻的《戒坛记》，碑文为汝州刺史陆长源所撰，河南人陆郢书写。再西边是荒废的戒坛遗址，石上的雕刻极其精致工整，但都残缺不齐地被遗弃在荒草碎石之中。往西南行五里，到了大路上，再走十里，到达郭店。转向西南方向，是去少林寺的路。五里后，进入少林寺，在僧人瑞光房中住宿。

二十三日　云气俱尽。入正殿，礼佛毕，登南寨。南寨者，少室绝顶，高与太室等，而峰峦峭拔，负“九鼎莲花”之名。俯环其后者为九乳峰，蜿蜒东接太室，其阴则少林寺[①]在焉。寺甚整丽，庭中新旧碑森列成行，俱完善。夹墀[②]二松，高伟而整，如有尺度。少室横峙于前，仰不能见顶，游者如面墙而立，辄谓少室以远胜。余昨暮入寺，即问少室道，俱谓雪深道绝，必无往。凡登山以晴朗为佳。余登太室，云气弥漫，或以为仙灵见拒，不知此山魁梧，正须止露半面。若少室工于掩映，虽微云岂宜点滓？今则霁甚，适逢其会，乌可阻也！乃从寺南渡涧登山，六七里，得二祖庵[③]。山至此忽截然土尽而石，石崖下坠成坑。坑半有泉，突石飞下，亦以“珠帘”名之。余策杖独前，愈下愈不得路，久之乃达。其岩雄拓不如卢岩，而深峭过之。岩下深潭泓碧，僵雪四积。再上，至炼丹台。三面孤悬，斜倚翠壁，有亭曰小有天，探幽之屐，从未有抵此者。过此皆从石脊仰攀直跻，两旁危崖万仞，石脊悬其间，殆无寸土，手与足代匮④而后得升。凡七里，始跻大峰。峰势宽衍，向之危石，又截然忽尽为土。从草棘中莽莽南上，约五里，遂凌南寨顶，屏翳⑤之土始尽。南寨实少室北顶，自少林言之，为南寨云。盖其顶中裂，横界南北，北顶若展屏，南顶列戟峙，其前相去仅寻丈，中为深崖，直下如剖。两崖夹中，坑底特起一峰，高出诸峰上，所谓摘星台也，为少室⑥中央。绝顶与北崖离倚，彼此斩绝不可度。俯瞩其下，一丝相属。余解衣从之，登其上，则南顶之九峰森立于前，北顶之半壁横障于后，东西皆深坑，俯不见底，罡风⑦乍至，几假翰⑧飞去。

【注释】

①少林寺，在少室山北面，背倚五乳峰。该寺始建于北魏，孝昌三年（527）印度僧人菩提达摩在此首传禅宗，少林寺成为中国佛教禅宗的祖庭，且以传授少林派拳术著称。寺西有墓塔二百二十多座，层级、大小不同，形态万千，为我国现存最大的塔林。

②墀（chí），台阶上面的空地。

③二祖庵，二祖即慧可，二祖庵在少林寺西南四公里的钵盂峰上。有古井四眼，俗称“卓锡泉”。南上里许即炼魔台，又称“觅心台”，为远眺风景的好地方。

④手与足代匮（kuì），脚不够用而以手帮助。代匮，备缺乏以为代。

⑤翳（yì），遮蔽。

⑥少室，即少室山，有三十六峰。南寨即今御寨山，为少室山绝顶，海拔1405米。

⑦罡（gāng）风，亦作“刚风”，即高空的强风。

⑧翰，长而硬的羽毛。

【译文】

二十三日　云雾完全散去。进入正殿，拜完佛后攀登南寨。南寨是少室山绝顶，高度与太室山相等，峰峦陡峭挺拔，享有“九鼎莲花”的盛名。环绕在少室山后的是九乳峰，峰峦向东蜿蜒，和太室山相连，少室山的北面就是少林寺。少林寺十分庄严华丽，庭院中新旧碑刻林立成行，都保存得很完好。台阶两侧的两棵松树，高大雄壮而且整齐，像是用尺量裁过一般。少室山横亘在寺前，抬头看不到山顶，游人像面对墙壁而立，于是就认为少室山的景致，以远观为宜。我昨天傍晚进寺时，就打听去往少室山的路，僧人们都说大雪阻路，肯定去不了。一般情况下，晴朗的天气登山最好。我登太室山时，云烟雾气弥漫，有人认为是山神拒绝游客，却不知道太室山雄伟高大，恰好只需露出半面。如果少室山的优美之处在于山石云雾互相掩映，若只是薄薄的云彩，又怎能遮蔽山色呢？今天天气十分晴朗，有此机会，没有什么能阻止我登山！于是我从寺的南边渡过山涧登山，走了六七里，到达二祖庵。到了这里，山势泥土已然不见，着眼处全是石头，石崖往下坠落，形成深坑。坑的半中腰有泉，泉水越过岩石，飞速下泻，也有人因之以“珠帘”命名。我拄着拐杖独自往前走，愈往下落脚处越发难行，很久才到崖底。这里的岩石不及卢岩雄伟开阔，但胜在幽深峻峭。岩下一潭碧绿的清泉，潭水颇深，四周积雪积聚多日。再往上走，就是炼丹台。炼丹台三面悬空，一面斜倚者青绿的崖壁，台上有亭，名为小有天，游人的足迹像是从未到过这里。从这里过去都是顺石脊抬着头直直往上攀登，两旁陡峭的岩石高达万仞，石脊悬挂在陡崖之中，几乎没有一寸坦途，手足并用竭尽全力才能攀登。如此这般攀爬了七里，才登上大峰。大峰的地势宽阔平坦，方才全是陡直的岩石，现在又突然全是土。从茂盛的草丛荆棘中往南攀登，大约五里，就登上南寨顶，遮在岩石上的土到此处才完全消失。南寨其实是少室山北顶。就少林寺而言，才是南寨。原来少室山顶从中间裂开，横断为南北两部分，北顶像屏风般伸展，南顶像利刃般排列峙立，两座山顶前端相距仅八尺到一丈，中间是深谷，陡直下陷如同被刀剖开一样。两边山崖相夹，底部奇特地耸起一座山峰，高于众峰之上，这就是所说的摘星台，位于少室山的正中央。绝顶和北部山崖若即若离，中间断开，不能轻易越过。低头看看绝顶下方，只有很少一部分和北崖相连。我脱去外衣，顺着路走，登上绝顶，南顶的九峰峙立在身前，北顶的半壁屏障横列在后，东西两边都是深坑，低头看不见底，一阵狂风忽然刮来，几乎令人像羽毛般随风飞去。

从南寨东北转，下土山，忽见虎迹大如升。草莽中行五六里，得茅庵，击石炊所携米为粥，啜三四碗，饥渴霍然去①。倩庵僧为引龙潭道。下一峰，峰脊渐窄，土石间出，棘蔓翳之，悬枝以行，忽石削万丈，势不可度。转而上跻，望峰势蜿蜒处趋下，而石削复如前。往复不啻数里，乃迂过一坳，又五里而道出，则龙潭沟也。仰望前迷路处，危崖欹石，俱在万仞峭壁上。流泉喷薄其中，崖石之阴森崭巀②者，俱散成霞绮。峡夹涧转，两崖静室如蜂房燕垒。凡五里，一龙潭沉涵凝碧，深不可规以丈。又经二龙潭，遂出峡，宿少林寺。

【注释】

①霍然，急速，快。去，离开。

②巀（jié），同“嶻”，挺立的样子。

【译文】

沿着南寨往东北方向下了土山，忽然看见有升斗那么大的老虎足迹。在草丛中走了五六里，到了一茅庵，用打火石取火，把带来的米煮成粥，喝了三四碗，饥渴感迅速消失。请庵中的僧人指引去龙潭的路。下了一座峰，峰脊渐渐狭窄，土石交互出现，覆盖着荆棘藤蔓，抓着树枝荡着行走，岩石忽然耸立万丈，看样子无法翻越过去。转而向上攀登，从峰势蜿蜒处往下走，可岩石突然又像前面那样立起。来来回回不止数里，才迂回着绕过一道山坳，又走了五里后才有路，到了龙潭沟。仰望刚才迷路之处，陡峭的崖壁、倾斜的岩石，都在万仞高的绝壁上。有清流从绝壁间喷涌而出，高峻阴森的崖石上蒙上了一层云霞。峡谷绕着山涧，两边崖上的静室如同蜂房燕窝一样。共走了五里，看见一处幽静碧绿的龙潭，深得无法丈量。又经过两处龙潭，方才走出峡谷，住在少林寺。

二十四日　从寺西北行，过甘露台，又过初祖庵。北四里，上五乳峰，探初祖洞。洞深二丈，阔杀①之，达摩②九年面壁处也。洞门下临寺，面对少室。地无泉，故无栖者。下至初祖庵③，庵中供达摩影石。石高不及三尺，白质黑章，俨然西僧立像。中殿六祖④手植柏，大已三人围，碑言自广东置钵中携至者。夹墀二松亚少林。少林松柏俱修伟，不似岳庙偃仆⑤盘曲，此松亦然。下至甘露台，土阜矗起，上有藏经殿。下台，历殿三重，碑碣⑥散布，目不暇接。后为千佛殿，雄丽罕匹。出饭瑞光上人舍。策骑趋登封道，过轘辕岭⑦，宿大屯⑧。

【注释】

①杀（shài），减，少。

②达摩，即菩提达摩。相传为南天竺人，南朝宋末航海到广州，梁武帝迎至金陵，与之谈佛理。后往北魏，住嵩山少林寺，被认为中国佛教禅宗的初祖。

③初祖庵，宋时少林寺僧徒为纪念禅宗初祖达摩修造的，今存大殿和千佛阁。

④六祖，指慧能，唐代僧人。本姓卢，生于南海新兴（今属广东），为中国佛教禅宗的实际创立者，传承很广，被尊为禅宗第六祖。

⑤偃仆，仰而倒称“偃”，伏而覆为“仆”。

⑥碑碣，人工竖立的刻有文字的石头，用作纪念物，或作标记、文告用。方者称“碑”，圆者称“碣”。

⑦轘辕岭，在登封市西北，有轘辕关，石径崎岖，地势险要，为许昌到洛阳的交通要道，公路至今仍从此经过。

⑧大屯，今名同，在偃师市高龙镇东边。

【译文】

二十四日　从寺西边向北走，经过甘露台，又经过初祖庵。往北四里，登上五乳峰，探游初祖洞。洞有二丈深，宽不及二丈，是达摩面壁九年的地方。洞门下对少林寺，正对着少室山。地下没有泉水，所以没人居住。往下到初祖庵，庵中供奉着达摩影石。影石不到三尺高，白色的石质、黑色的花纹，俨然是一幅西方僧人的立像。中殿六祖慧能亲手种植的柏树，已经有三人围抱般粗了，碑文记载说，树是慧能放在钵中从广东带到这里来的。台阶两侧的两棵松树不如少林寺的松树。少林寺的松柏都挺拔雄伟，不像中岳庙的那般仰倒、卧伏而盘曲，这里的松柏也是直立的。下到甘露台，那里土山矗立，山上有藏经殿。从甘露台下去，经过三重殿宇，周遭皆是各种碑刻，令人目不暇接。后面有千佛殿，其建筑雄壮华丽，世间罕有匹敌。出殿到瑞光僧人房中吃饭。之后，骑马走上登封大路，经过轘辕岭，在大屯住宿。

二十五日　西南行五十里，山冈忽断，即伊阙[1]也。伊水南来经其下，深可浮数石舟。伊阙连冈，东西横亘，水上编木桥之。渡而西，崖更危耸。一山皆劈为崖，满崖镌佛其上。大洞数十，高皆数十丈。大洞外峭崖直入山顶，顶俱刊小洞，洞俱刊佛其内。虽尺寸之肤，无不满者，望之不可数计[2]。洞左，泉自山流下，汇为方池，余泻入伊川。山高不及百丈，而清流淙淙不绝，为此地所难。伊阙摩肩接毂[3]，为楚、豫大道，西北历关陕。余由此取西岳道去。

【注释】

①伊阙，即今河南省洛阳市区南约两公里处的龙门。两山对峙，伊水中流，如天然门阙，故曰伊阙。《明史·地理志》中有载，洛阳“西南有阙塞山，亦日阙口山，亦曰伊阙山，俗曰龙门山”。

②“一山皆劈为崖”等十句，所述即为著名的龙门石窟，始凿于北魏，大规模建造时间长达四百多年。现存窟龛二千一百多个，造像十万余尊，题记三千六百多块。主要洞窟分布在河西，以唐代所凿奉先寺佛像为最大。

③摩肩接毂（gǔ），肩挨着肩，车轮挨着车轮。形容人多拥挤，可用于比喻其繁盛。毂，车轮中心有窟窿可以插轴的部分。

【译文】

二十五日　往西南行五十里，山峦忽然被劈断，这里就是伊阙。伊水从南边流经此处，水的深度足可任载重数石的船只通行。与伊阙山相连的山峦，横贯东西，伊水上架有木桥。渡水到西岸，崖壁更加陡峭高耸。一座山都劈成崖壁，整个崖壁上全都雕刻有佛像。有几十个大洞，高度均达数十丈。大洞外峭壁直插山顶，顶上又凿有小洞，洞中都雕刻有佛像。即使是一尺一寸大小的表层，也都雕满了佛像，远远看去不可胜数。山洞左边，泉水从山上流下来，汇聚成方池，其余的流入伊水。伊阙山高虽不过百丈，却有源源不断的淙淙清流，这在当地很难得。山前人挤着人，车挨着车，是湖北、河南通往西北陕西关中的大路。我从这里取道去西岳华山。

游太华山日记　陕西西安府华阴县

太华山即华山，远望如花擎空，故此得名。因其西有少华山，故称“太华山”。太华山地处陕西省华阴县南，属秦岭东段，北临渭河平原，高耸于众山之上，壁立千仞，以险绝著称。主峰有三：东峰（即朝阳峰），南峰（即落雁峰），西峰（即莲花峰）。有“自古华山一条道”的说法，形容其险状。北峰（又称云台峰、白云峰）、中峰（玉女峰）也很著名。西安府，为陕西布政司治所，即今陕西西安市。明代城墙、门楼、钟楼、鼓楼等，至今保存完好，为明城保存最完整的地方，已被列为全国重点文物保护单位。

《游太华山日记》是天启三年（1623）徐霞客游太华山在陕西境内沿途的游记。该记从入潼关写起，对黄河在潼关的走向、东西大道的情况作了简略的记叙，然后写远望华山之状况。徐霞客经玉泉院、莎萝宫、青柯坪，历千尺幢、百尺峡、老君犁沟、苍龙岭等险道，游遍华山顶上五峰，对华山的形势和景物作了准确的描述。这是他首次逐日完整记述一个省的游程，已不局限于旅游名山，开始了系统观察自然和描述自然。该篇记载了陕西东南部的山形地貌、水道源流、州县辖境、水陆交通等，内容丰富，文字洗练。而初二所记“从西下，复上西峰……旁有玉井甚深”之句，中间可能有遗漏的文字，因玉井不在西峰，按今之实情，华山之顶玉女、莲花、落雁峰间的山谷中有镇岳宫，玉井当在其宫前，此处读者需留意辨别。

二月晦　入潼关，三十五里，乃税驾西岳庙[①]。黄河从朔漠[②]南下，至潼关[③]，折而东。关正当河、山隘口，北瞰河流，南连华岳，惟此一线为东西大道，以百雉[④]锁之。舍此而北，必渡黄河，南必趋武关，而华岳以南，峭壁层崖，无可度者。未入关，百里外即见太华屼出云表；及入关，反为冈陇所蔽。行二十里，忽仰见芙蓉片片，已直造其下。不特三峰秀绝，而东西拥攒诸峰，俱片削层悬。惟北面时有土冈，至此尽脱山骨，竞发为极胜处。

【注释】

①税，通“脱”。西岳庙，位于陕西省华阴市区东约1.5公里的岳镇东端，亦称“华阴庙”，建筑宏伟，庙内碑刻很多。

②朔（shuò）漠，北方沙漠之地。

③潼关，位于陕西省渭南市潼关县北，北临黄河，南踞山腰。《水经注》载：“河在关内南流潼激关山，因谓之潼关。”始建于东汉建安元年（196年）。潼关是关中的东大门，历来为兵家必争之地，居中华十大名关第二位，素有“第一关”的美誉。唐武则天时北迁塬下，形成今日潼关城旧址。因修三门峡水库，潼关县治迁至吴村。

④百雉（zhì），指长而高大的城墙。雉，古代计算城墙的单位，以长三丈、高一丈为一雉。《左传》中有云：“都城过百雉。”

【译文】

二月底　进入潼关，走了三十五里，就在西岳庙停留住宿。黄河从北方沙漠地带奔流南下，到潼关后转而向东流。潼关正好位于狭窄险要的黄河、华山口，北边俯瞰黄河，南边和华山相连接，只有潼关这狭窄的通道横贯东西，由长而高大的城墙封锁着。如果不从潼关往北去，就必须横渡黄河，往南则必须从武关走，而华山以南，崖壁层叠陡峭，没有道路可以穿越。还没进入潼关，百里之外就能看见华山突兀高出云上；等入了潼关，华山反而被山冈遮蔽了。走了二十里，一抬头，忽然看到一座座美如荷花的华山山峰，原来已经直达华山脚下。华山不仅落雁、朝阳、莲花三峰秀美无比，而且东西两边簇拥的诸多山峰上，也都是刀削层悬的石片。只有北面不时出现土冈，到此时才完全露出岩石，争相显现出绝美的景色。

三月初一日　入谒西岳神，登万寿阁。向岳南趋十五里，入云台观。觅导于十方庵。由峪[①]口入，两崖壁立，一溪中出，玉泉院[②]当其左。循溪随峪行十里，为莎萝宫，路始峻。又十里，为青柯坪[③]，路少坦。五里，过寥阳桥，路遂绝。攀锁上千尺幢[④]，再上百尺峡。从崖左转，上老君犁沟[⑤]，过猢狲岭[⑥]。去青柯五里，有峰北悬深崖中，三面绝壁，则白云峰也。舍之南，上苍龙岭[⑦]，过日月岩。去犁沟又五里，始上三峰足。望东峰侧而上，谒玉女祠[⑧]，入迎阳洞。道士李姓者，留余宿。乃以余暑[⑨]上东峰，昏返洞。

【注释】

①峪（yù），本意是指山谷，引申义是山谷或峡谷开始的地方，多用于北方地区。

②玉泉院，在华山北麓谷口，为登华山必经之路。

③青柯坪，在华山谷道尽头，是上山途中唯一比较平坦的地方，有东道院和通仙观可憩息食宿。

④锁，铁链。千尺幢（chuáng），为华山咽喉。两边均是峭壁，当中一条狭隘的石缝，中间凿出三百七十余级台阶供人踏步，坡度极陡，每级台阶的宽度不过三分之一的脚掌。两边挂着

铁链供游人拉牵，接近幢顶处有铁板可以启闭。

⑤老君犁沟，此处东为绝壁，西为深壑，自上而下，共五百七十余级。相传老子修道时，见人们开山凿道不易，便驱其乘牛一夜犁成此道，故名。

⑥猢狲岭，即猢狲愁。该处崖壁陡峭，传说以前从华山水帘洞出来的猿猴，每次到此即返回，连它们也难于通过，故此得名。

⑦苍龙岭，为登华山最险的地段。是一条狭而且长的山脊，南北长达一千五百米，踏步狭处仅尺许，两旁为深谷，游人必须牵住铁链前进。

⑧玉女祠，在中峰玉女峰上。

⑨晷（guǐ），原意为日影。古人测日影以定时刻，故又引申为时间。

【译文】

三月初一日　进庙拜西岳华山之神，登上万寿阁。朝华山南面走十五里，进云台观。在十方庵找到向导。从山谷口往里走，两边山崖壁立，一股溪水在山谷中流淌，玉泉院位于溪水左岸。跟着溪流沿山谷行走十里，到莎萝宫，道路开始陡峻。又走了十里，到青柯坪，道路稍显平坦。走五里，过寥阳桥后，路就断了。攀缘铁链登上千尺幢，再上到百尺峡。顺着崖往左转，登上老君犁沟，越过猢狲岭。距离青柯坪五里处，有座山峰悬立在北面的深谷中，三面全是绝壁，这就是白云峰。我放弃白云峰而往南走，登上苍龙岭，经过日月岩。距离老君犁沟又五里，开始登三峰足。看着东峰侧边往上走，到玉女祠谒拜，进入迎阳洞。一个姓李的道士留我住下来。于是用剩下的时间攀登东峰，天黑时才回到迎阳洞。

初二日　从南峰北麓上峰顶，悬南崖而下，观避静处。复

上，直跻峰绝顶，上有小孔，道士指为仰天池[①]。旁有黑龙潭。从西下，复上西峰。峰上石耸起，有石片覆其上如荷叶。旁有玉井甚深，以阁掩其上，不知何故。还饭于迎阳。上东峰，悬南崖而下，一小台峙绝壑中，是为棋盘台。既上，别道士，从旧径下，观白云峰，圣母殿在焉。下至莎萝坪，暮色逼人，急出谷，黑行三里，宿十方庵。出青柯坪，左上有柸渡庵[②]、毛女洞；出莎萝坪，右上有上方峰；皆华之支峰也。路俱峭削，以日暮不及登。

【注释】

①“直跻”三句，南峰为华山绝顶，峰顶有老君洞，洞北有泉，冬夏不竭，称“仰天池”。

②柸（bēi），古同“杯”，原意为盛酒、茶等的器皿。此处柸渡庵为地名。

【译文】

初二日　从南峰北麓登上峰顶，顺着南面山崖悬空坠落而下，观看避静处。又上山，直登南峰绝顶，顶上有个小洞，道士指其名为仰天池。旁边有黑龙潭。从西面下山，又登上西峰。峰上岩石耸立，有石片覆盖在岩石上，似荷叶一般。旁边有很深的玉井，井上不知何故，建有阁楼。返回迎阳洞吃饭。而后登上东峰，南面山崖悬空直坠，有一座小平台峙立在极陡的壑谷中，这就是棋盘台。登上峰顶后，和道士告别，从原路下山，观览白云峰，圣母殿就建在那里。下到莎萝坪，天色已暗，急忙走出山谷，摸黑走了三里，在十方庵住宿。出青柯坪往左上去，有柸渡庵、毛女洞；出莎萝坪往右上去，有上方峰；全是华山的支峰。道路都很陡峻，因天黑来不及攀登。

初三日　行十五里，入岳庙。西五里，出华阴[①]西门，从小径西南二十里，入泓峪，即华山之西第三峪也。两崖参天而起，夹立甚隘，水奔流其间。循涧南行，倏[②]而东折，倏而西转。盖山壁片削，俱犬牙错入，行从牙罅中，宛转如江行调舵然。二十里，宿于木柸。自岳庙来，四十五里矣。

【注释】

①华阴，明时为县，隶属西安府华州，即今陕西华阴市，在陇海铁路线上。

②倏（shū），极快地。

【译文】

初三日　行十五里，到岳庙。往西走五里，从华阴县城西门出去，顺着小路往西南走二十里，进入泓峪，这是华山西边的第三座山谷。山谷两边的崖壁参天而起，夹谷而立，十分狭窄，溪水在谷中奔流。沿着山涧往南行，一会儿转向东，一会儿转向西。岩壁像石片般削立，犬牙交错，道路在石片缝中穿行，转来转去，人像在弯曲的江上行船，要不断调整航向。走了二十里，在木柸宿下。从岳庙出来，已经走了四十五里路了。

初四日　行十里，山峪既穷，遂上泓岭。十里，蹑其巅。北望太华，兀立天表。东瞻一峰，嵯峨特异，土人云赛华山。始悟西南三十里有少华[①]，即此山矣。南下十里，有溪从东南注西北，是为华阳川[②]。溯川东行十里，南登秦岭，为华阴、洛南界。上下共五里。又十里为黄螺铺[③]。循溪东南下，三十里，抵杨氏城[④]。

【注释】

①少华，即少华山，在华县城东南五公里处，比太华山低矮。少华山有三峰，西为独秀峰，中为玉女峰，东为半截山。

②华阳川，在华阴市西南隅。

③黄螺铺，今又作“黄龙铺”，在洛南县西北隅。

④杨氏城，今作“杨诗城”，在洛南县北境，石门河东岸。

【译文】

初四日　行十里，穿过山谷后，就登泓岭。十里后，上到泓岭顶峰。往北望太华山，高高地耸入天际。往东看到一座山峰，山势高峻特别突出，当地人说是赛华山。我才醒悟到西南三十里有少华山，指的就是这座山了。往南下十里，有条溪水从东南流向西北，这就是华阳川。沿着川流往东走十里，往南攀登秦岭，就进入华阴县、洛南县境。一上一下共五里。又走十里到黄螺铺。顺着溪水往东南方向走三十里，到达杨氏城。

初五日　行二十里，出石门[①]，山始开。又七里，折而东南，入隔凡峪。西南二十里，即洛南县峪[②]；东南三里，越岭，行峪中。十里出山，则洛水自西而东，即河南所渡之上流也。渡洛复上岭，曰田家原。五里，下峪中，有水自南来入洛。溯之入，十五里，为景村[③]。山复开，始见稻畦。过此仍溯流入南峪，南行五里，至草树沟。山空日暮，借宿山家。

【注释】

①石门，在洛南县北境。

②洛南县，隶西安府商州，即今陕西洛南县。峪，山谷。

③景村，在洛南县东南境。

【译文】

初五日　行二十里，出了石门，山势重又开阔。又走了七里，转向东南，进入隔凡峪。从此往西南二十里，就是洛南县城所在的山谷；往东南三里，越过山岭，在山谷中行走。走了十里路，方才出了山，而洛水从西向东流，就是在河南所渡河水的上游。渡过洛水后又上岭，名田家原。走五里，下到山谷中，有水从南边流来注入洛水。顺着水流往里走十五里到了景村。山势重又开阔起来，开始看见周围的稻田。过了景村后仍然溯流而行，进入南峪，往南行五里，到草树沟。山上空荡荡的，太阳又落山了，在山里人家借宿。

自岳庙至木枢，俱西南行，过华阳川则东南矣。华阳而南，溪渐大，山渐开，然对面之峰峥峥[1]也。下秦岭，至杨氏城，两崖忽开忽合，一时互见，又不比木枢峪中，两崖壁立，有回曲无开合也。

【注释】

①峥峥，高峻的样子。

【译文】

从岳庙到木枢，一直往西南走，过了华阳川则往东南走。从华阳川往南，溪水渐渐变宽变急，山势渐渐开阔，然而对面的山峰却十分高峻。下秦岭，到杨氏城，沿路行走时，见两旁的山崖忽分忽合，短时间内交错出现。这里的景致与木枢的山谷不一样，那里两边的山崖壁立，虽迂回曲折，却没有山势时而分开、时而合拢的景观。

初六日　越岭两重，凡二十五里，饭坞底岔。其西行道，即向洛南者。又东南十里，入商州[1]界，去洛南七十余里矣。又二十五里，上仓龙岭[2]。蜿蜒行岭上，两溪屈曲夹之。五里，下岭，两溪适合。随溪行老君峪中，十里，暮雨忽至，投宿于峪口。

【注释】

①商州，隶属西安府，即今陕西商洛市商州区。

②仓龙岭，即今蟒岭。疑“仓龙”为“苍龙”。

【译文】

初六日　翻越两重岭，一共走了二十五里，到坞底岔吃饭。坞底岔往西去的路，是通向洛南县的。又往东南走了十里，进入商州境内，此处距离洛南县有七十多里。又走了二十五里，登上仓龙岭。在曲折蜿蜒的岭上行走，两边是弯弯曲曲的溪流。走五里，下岭，两条溪水恰巧汇合。顺着溪流在老君峪中行走了十里，天色已近黄昏，雨水忽然而至，遂在老君峪口投宿。

初七日　行五里，出峪。大溪[1]自西注于东，循之行十里，龙驹寨[2]。寨东去武关[3]九十里，西向商州，即陕省间道[4]，马骡商货，不让潼关道中。溪下板船，可胜五石舟。水自商州西至此，经武关之南，历胡村，至小江口[5]入汉者也。遂趋觅舟。甫[6]定，雨大注，终日不休，舟不行。

【注释】

①大溪，明代称为“丹水”，即今丹江。

②龙驹寨，隶属商州，为陕西丹凤县治。

③武关，在陕西丹凤县东隅，有公路经过。

④间（jiàn）道，偏僻的或抄近的小路。

⑤小江口，今称“江口”，在湖北均县丹江汇入汉水处。

⑥甫（fǔ），方才。

【译文】

初七日　行五里，走出山谷。一条大溪从西向东流，沿着溪走十里，到了龙驹寨。寨东边距离武关九十里，西边通向商州，就是去陕西的小路，路上往来的骡马、商人、货物，不比潼关大路上的少。溪流中的板船，可以承受五石重量。溪水从商州西边流到这里，经过武关后往南流，过胡村，到小江口汇入汉水。于是前去寻找船。刚刚定好船只，却下起大雨，一整天没停，船只未能启程。

初八日　舟子以贩盐故，久乃行。雨后，怒溪如奔马，两山夹之，曲折萦回，轰雷入地之险，与建溪无异。已而雨复至。午抵影石滩[1]，雨大作，遂泊于小影石滩。

【注释】

①影石滩，即今月日滩，在丹凤县稍南。

【译文】

初八日　船夫因贩盐之故，许久才起航。大雨过后，溪流水势大，如万马奔腾，夹在两边的山崖之中，曲折盘旋，响如雷鸣地流入险要地段，和建溪没有什么不同。不一会儿，天又下起了雨。下午到达影石滩，雨大起来，于是停泊在小影石滩。

初九日　行四十里，过龙关[①]。五十里，北一溪来注，则武关之流[②]也。其地北去武关四十里，盖商州南境矣。时浮云已尽，丽日乘空，山岚重叠竞秀。怒流送舟，两岸秾桃艳李，泛光欲舞，出坐船头，不觉欲仙也。又八十里，日才下午，榜人[③]以所带盐化迁柴竹，屡止不进。夜宿于山涯之下。

【注释】

①龙关，即今竹林关，在丹凤县南境，银花河汇入丹江处。

②武关之流，即今武关河。

③榜（bàng）人，摇船的人。榜，即桿，摇船的工具。

【译文】

初九日　航行四十里，经过龙关。又过了五十里，一条溪水从北边流入，是武关的河流。这里往北距离武关四十里，是商州的南部边境。此时浮云散尽，丽日当空，雾气笼罩的山峰层峦叠嶂，争相秀美。奔腾的水流推动航船，两岸盛放的桃花、李花浓淡相宜，沐浴在阳光中似翩翩起舞般，走出船舱到船头坐下，不觉飘飘欲仙。又航行了八十里，时间才到下午，船家用所带的盐交换柴火、竹枝等物，多次停船，船行颇慢。当晚即住在船上，停靠在山崖下方。

初十日　五十里，下莲滩。大浪扑入舟中，倾囊倒箧，无不沾濡[①]。二十里，过百姓滩，有峰突立溪右，崖为水所摧，岌岌欲堕[②]。出蜀西楼[③]，山峡少开，已入南阳淅川境[④]，为秦、豫[⑤]界。

三十里，过胡村。四十里，抵石庙湾[6]，登涯投店。东南去均州[7]，上太和，盖一百三十里云。

【注释】

①沾濡（zhān rú），被水沾湿，意思多指恩泽普及。

②岌岌（jí），山势高峻危险的样子。堕，倒下。

③蜀西楼，今作“梳洗楼”，在商南县东南隅。

④南阳，明置南阳府，治南阳，即今河南南阳市。淅川，成化六年（1470）析内乡县地置淅川县，隶属南阳府，治所在今河南淅川县西南境，丹江北岸的老城，今亦称“淅川”。

⑤秦，陕西省的简称。豫，河南省的简称。

⑥石庙湾，在河南淅川县西隅，丹江西岸。

⑦均州，即今湖北省丹江口市。均州城原址在丹江口市均县镇关门岩附近。不过，原有的千年古均州因为修建丹江口大坝而淹没，永远沉没在汉江丹江口水库河底。

【译文】

初十日　航行五十里，到莲滩。大浪打进船舱，包袱、箱柜翻倒，全都被水打湿了。航行二十里，过了百姓滩，河右岸突立着山峰，峰崖被水流冲击，一副岌岌欲堕的样子。船出了蜀西楼，山谷稍稍开阔，不久便驶入南阳府的淅川县境，为陕西、河南两省的分界处。船行三十里，过胡村。四十里，到达石庙湾，上岸找旅店投宿。这里距离东南方的均州，太和山，约一百三十里。

游太和山日记　湖广襄阳府均州

太和山即武当山，相传真武曾修炼于此，为道教名山，亦以传授武当派拳术著称。明永乐中尊为太岳，亦称“玄岳”。太和山在湖北丹江口市南境，有七十二峰、三十六岩、二十四涧等自然风景。明初殿宇规模甚大，其建筑体系现今依然保持，有太和、南岩、紫霄、遇真、玉虚、五龙等六宫，复真、元和二观，铜铸的金殿颇具特色。湖广为明代十三布政司之一，辖境大体包括今湖北、湖南两省地，布政司治所武昌府，即今湖北武汉市长江南岸的武昌。襄阳府治今湖北襄阳市汉水南岸的襄城区，城墙今存。

《游太和山日记》是天启三年（1623）徐霞客游太和山留下来的游记。开篇即对太和山地区的行政区划予以记叙，并对其风物景色给予了令人爽心悦目的描绘。从“第一山”之米芾书法写起，寻找紫霄宫，对天柱峰、金顶之幽绝赞不绝口，对山中异品榔梅亦有所记载。描写滴水、仙侣二岩时，已是游踪将止，但意兴之浓，未减丝毫。

太和山因是道教名山，一方面，徐霞客笔下透露出其仙观玉宇的“规制宏整”，对各祠、殿的描绘也精练纯粹；另一方面，也隐约表示对统治者“需索香金，不啻御夺”行为的不认同。同时，把嵩山、华山、太和山地区的植被和气候进行对比，指出不同地域植被的水平差异、平原山地间植被的垂直差异及社会因素对森林保护的影响，从各方面探讨“山谷川原，候同气异”的道理。结尾处更有对杏花美景、桃雨烟柳的再现，显示出一种对名山仙道的美好情感。

十一日　登仙猿岭。十余里，有枯溪小桥，为郧县[①]境，乃河南、湖广界。东五里，有池一泓，曰青泉，上源不见所自来，而下流淙淙，地又属淅川。盖二县界址相错，依山溪曲折，路经其间故也。五里，越一小岭，仍为郧县境。岭下有玉皇观、龙潭寺。一溪滔滔自西南走东北，盖自郧中来者。渡溪，南上九里冈，经其脊而下，为蟠桃岭。溯溪行坞中十里，为葛九沟。又十里，登土地岭，岭南则均州境。自此连逾山岭，桃李缤纷，山花夹道，幽艳异常。山坞之中，居庐相望，沿流稻畦[②]，高下鳞次，不似山、陕间矣。但途中蹊径狭，行人稀，且闻虎暴，日方下舂[③]，竟止坞中曹家店[④]。

【注释】

①郧（yún）县，郧本乡名，置关于乡，曰“郧关”，即今湖北郧县。郧县以汉水“长利”有“郧关”而得名。明统治者在残酷镇压了规模巨大的荆襄流民起义后，于成化十二年（1476）设郧阳府，辖郧县、房县、竹山、竹溪、上津、郧西、保康等七县。

②畦（qí），田园中划分的小区。

③舂（chōng），把东西放在石臼或乳钵里捣，使破碎或去皮壳。此处意为太阳落山。

④曹家店，在丹江口市北隅。

【译文】

十一日　攀登仙猿岭。走了十多里，见到枯溪小桥，已至郧县境内，是河南、湖广布政司的分界处。往东走五里，有一片澄澈的池水，池名青泉，不见水源从哪里流来，却见下游淙淙流淌。这地方又属于淅川县了。原来是因为郧县、淅川两县边界互相交错，依照山势、溪流曲折划分，所以道路在两县之间穿行。走五里，翻过一道小岭，仍然属于郧县境。岭下有玉皇观、龙潭寺。一股溪水滔滔不绝地从西南往东北奔流，大概是郧县中部流过来的。渡过溪水，往南登九里冈，越过山脊往下走，就到了蟠桃岭。顺着溪水沿山坞行十里，为葛九沟。又走十里，攀登土地岭，岭南边属于均州境内。从这里接连不断地翻山越岭，沿途桃李缤纷，山花在道路两旁盛开，景色异常幽静艳丽。山坞之中，茅屋两两相望，溪流两岸的一块块稻田，高低分布如鱼鳞一般整齐，与山西、陕西一带的稻田不一样。只是途中所走的小路很狭窄，行人稀少，而且听说有老虎伤人，太阳快要落山，于是就在坞中的曹家店住宿。

十二日　行五里，上火龙岭。下岭随流出峡，四十里，下行头冈。十五里，抵红粉渡，汉水汪然[①]西来，涯下苍壁悬空，清流绕面。循汉东行，抵均州[②]。静乐宫当州之中，踞城之半，规制宏整。停行李于南城外，定计明晨登山。

【注释】

①汪然，水深广的样子。

②均州，隶属襄阳府，因武当山而著明，原名武当县。

【译文】

十二日　行五里，登上火龙岭。下岭后顺着水流走出峡谷，四十里，下到行头冈。又走十五里，抵达红粉渡，汉水浩浩荡荡地从西边流来，悬崖下峭壁悬空，清流环绕。沿着汉水往东走，到达均州。静乐宫位于州城正中，占据了一半城，规模宏大，建筑庄严。我们将行李放在南城外，决定明天早晨登山。

十三日　骑而南趋，石道平敞。三十里，越一石梁，有溪自西东注，即太和下流入汉者。越桥为迎恩宫，西向。前有碑大书“第一山”三字，乃米襄阳笔[①]，书法飞动，当亦第一。又十里，过草店[②]，襄阳来道，亦至此合。路渐西向，过遇真宫[③]，越两隘下，入坞中。从此西行数里，为趋玉虚[④]道；南跻上岭，则走紫霄间道也。登岭。自草店至此，共十里，为回龙观[⑤]。望岳顶青紫插天，然相去尚五十里。满山乔木夹道，密布上下，如行绿幕中。

【注释】

①米襄阳，即米芾（fú），宋代著名画家和书法家。初名黻，字元章，号襄阳漫士、鹿门居士等。世居太原，后迁樊城，后又定居润州（今江苏镇江）。米芾的居地与襄阳城隔河相对，抬头即可欣赏汉水的烟波和重叠的山峦，故世称“米襄阳”。米公祠在樊城西隅，珍藏有数十块米芾书法碑刻，为湖北省重点文物保护单位。笔，笔迹。

②草店，在丹江口市西境，铁路北侧。

③遇真宫，在武当山北麓，武当山大门石制玄岳坊南一公里处，殿内供张三丰坐像。

④玉虚，即玉虚宫，是武当山建筑群中最大的宫城之一。玉带河潆回，红墙环绕，碑亭高耸。据说明末农民起义军领袖李自成曾在此扎营，至今仍称“老营宫”。

⑤回龙观，即今之元和观，是由老路上山必经之地。

【译文】

十三日　骑马往南急行，石路平坦宽敞。走三十里，越过一座石桥，河水从西向东流，就是从太和山流入汉水的溪流。过桥后就见到迎恩宫，宫门朝西。前面有一块书写着“第一山”三个大字的石碑，是米芾的手笔，书法飞扬灵动，堪称当世第一。又走十里，经过草店，襄阳方向的来路，也在此处会合。道路渐渐转向西，经过遇真宫，越过两处险要的地方往下走，进入山坞。

从这里往西行数里，是去玉虚宫的路；往南登岭，则是去紫霄宫的小路。登岭。从草店到这里共走了十里，就到了回龙观。遥望山顶，呈一片青紫色，插入云天，但相距还有五十里。满山都是高大的树木，夹在道路两旁，行走犹如在绿幕中穿行。

从此沿山行，下而复上，共二十里，过太子坡①。又下入坞中，有石梁跨溪，是为九渡涧②下流。上为平台十八盘，即走紫霄登太和大道；左入溪，即溯九渡涧，向琼台观及八仙罗公院诸路也。峻登十里，则紫霄宫③在焉。紫霄前临禹迹池，背倚展旗峰，层台杰殿，高敞特异。入殿瞻谒。由殿右上跻，直造④展旗峰之西。峰畔有太子洞、七星岩，俱不暇问。共五里，过南岩之南天门。舍之西，度岭，谒榔仙祠。祠与南岩对峙，前有榔树特大，无寸肤，赤干耸立，纤芽未发。旁多榔梅⑤树，亦高耸，花色深浅如桃杏，蒂垂丝作海棠状。梅与榔本山中两种，相传玄帝插梅寄榔，成此异种云。

【注释】

①太子坡，即复真观，今存，为登金顶的孔道。

②九渡涧，又称“剑河”。河上桥名“天津桥”，又称“剑河桥”，是三孔石桥，建于明永乐年间。

③紫霄宫，背倚展旗峰，为武当山保存较完整的宫观之一，有龙虎殿、碑亭、十方堂、紫霄殿、父母殿，两侧有东宫、西宫，崇台依山迭砌，殿宇雄，环境幽。周围山峦天然形成一把二龙戏珠的宝椅，明永乐皇帝封之为“紫霄福地”。

④造，到，往。

⑤榔梅，果名。见《襄阳志》：“榔梅在太和山。相传真武折梅枝寄榔树上，仰天誓曰：‘吾道若成，花开果结。’后竟如其言。今树尚存。”

【译文】

从这里沿着山势行走，下了又上，一共二十里，经过太子坡。又下到坞中，有座石桥横跨溪水，这里是九渡涧的下游。往上为平台十八盘，就是去紫霄宫、攀登太和山的大路；往左边顺着溪水往里走，就是沿着九渡涧逆流而上，到琼台观和八仙罗公院等处的路。攀登了十里陡峻的山路，就到了紫霄宫所在地。紫霄宫前面正对着禹迹池，背后倚靠展旗峰，平台层叠，殿宇非凡，特别高大宽敞。进殿观览、祭拜。从殿右侧往上攀，直接上到展旗峰的西面。展旗峰附近有太子洞、七星岩，都没有时间观览。一共走了五里，经过南岩的南天门。放弃游览南天门而往西走，越过山岭，到榔仙祠谒拜。榔仙祠和南岩相对峙，祠前有棵特别高大的榔树，没有树皮，光滑地耸立着，也没有萌生新芽。旁边有很多榔梅树，也都高耸着，榔梅花的颜色与桃花杏花一般深浅，垂丝的花蒂和海棠花的形状相似。梅树和榔树本来是山中的两种树，相传真武帝折梅花寄生在榔树上，形成了榔梅这奇异的树种。

共五里，过虎头岩。又三里，抵斜桥。突峰悬崖，屡屡而是，径多循峰隙上。五里，至一天门，过朝天宫，皆石级曲折上跻，两旁以铁柱悬索。由一天门而二天门、三天门，率取径峰坳间，悬级直上。路虽陡峻，而石级既整，栏索钩连，不似华山悬空飞度也。太和宫在三天门①内。日将晡②，竭力造金顶，所谓天柱峰也。山顶众峰，皆如覆钟峙鼎，离离③攒立；天柱中悬，独出众峰之表，四旁崭绝④。峰顶平处，纵横止及寻丈⑤。金殿⑥峙其上，中奉玄帝及四将，炉案俱具，悉以金为之。督以一千户、一提点⑦，需索香金，不啻御夺。余入叩匆匆，而门已阖，遂下宿太和宫⑧。

【注释】

①三天门，分别为古神道上的三座天门，均为明永乐十年在

元代旧址上敕建，气势恢宏，依次屹立在数千级饰栏石阶之间。

②晡（bū），申时，即午后三点至五点。通常指黄昏。

③离离，盛多貌。据《诗·小雅·湛露》：“其桐其椅，其实离离。”

④崭绝，亦作“嶄绝”，形容险峻陡峭。见宋陆游《感怀》诗：“骞腾立奇石，崭绝瞻危亭。”

⑤寻丈，泛指八尺到一丈之间的长度。见《管子·明法》：“有寻丈之数者，不可差以长短。”

⑥金殿，建在武当山主峰天柱峰上，俗称“金顶”，建造于永乐十四年（1416），为我国古建筑中的珍品，全国重点文物保护单位。其中神像、几案、供器，全为铜铸鎏金，仿木结构，分件铸造装配。殿前两楼，一曰“金钟”，一曰“玉磬”，均是铜铸建造，铸于明代嘉靖四十二年（1563）。殿下山腰绕石城一周，名“紫金城”，长1.5公里，开四门。

⑦千户，金时初置，为世袭武官，元、明相沿。明代卫所兵制设有千户所，驻守要地，下辖十个百户所，统隶于卫。“千户”为一所的长官。提点，宋、元以来所设的官名，有提举、检点之意。明代仅有神乐观提点，管理道士。清代废除。

⑧太和宫，在武当山天柱峰腰紫金城南天门外。殿内存元大德十一年（1307）铸的铜殿一座，永乐十四年（1416）从天柱峰顶移至该处。

【译文】

走了五里，经过虎头岩。又走了三里，到达斜桥。陡峰悬崖，比比皆是，所走之路大多是沿着峰崖之间的缝隙而上。走了五里，来到一处天门，经过朝天宫，都是曲折向上的石阶路，两旁有铁柱悬索。从一天门到二天门，再到三天门，大多取道山峰间的坳地，陡梯直上。道路虽然陡峻，但石阶很整齐，还有栏索牵引，不像攀登华山那般悬空飞越。太和宫在三天门内。临近黄昏时，我竭尽全力登金顶，也就是所说的天柱峰。山顶上诸多山峰，都如同倒立的钟、峙立的鼎一般，成行成列般汇聚在一起；天柱峰悬立在正中间，独自突出于众峰之上，四周险峻陡峭。峰顶上有块平地，长宽均在八尺到一丈之间。金殿峙立在平地上，殿中供奉真武帝及其四员大将，香炉、几案齐备，全都是用铜铸造。朝廷设一个千户、一个提点在此监督，索取香金，这无异于强取豪夺。我匆匆忙忙想进殿叩拜，无奈殿门已关，于是下到太和宫住宿。

十四日　更衣上金顶。瞻叩毕，天宇澄朗，下瞰诸峰，近者鹄峙[①]，远者罗列，诚天真奥区[②]也！遂从三天门之右小径下峡中。此径无级无索，乱峰离立，路穿其间，迥觉幽胜。三里余，抵蜡烛峰右，泉涓涓溢出路旁，下为蜡烛涧。循涧右行三里余，峰随山转，下见平丘中开，为上琼台观。其旁榔梅数株，大皆合抱，花色浮空映山，绚烂岩际。地既幽绝，景复殊异。余求榔梅实，观中道士噤不敢答。既而曰："此系禁物。前有人携出三四枚，道流[③]株连破家者数人。"余不信，求之益力，出数枚畀余，皆已黝烂，且订无令人知。及趋中琼台，余复求之，观主仍辞谢弗有[④]。因念由下琼台而出，可往玉虚岩，便失南岩、紫霄，奈何得一失二；不若仍由旧径上，至路旁泉溢处，左越蜡烛峰，去南岩应较近。忽后有追呼者，则中琼台小黄冠[⑤]以师命促余返。观主握手曰："公渴求珍植，幸得两枚，少慰公怀。但一泄于人，罪立至矣。"出而视之，形侔[⑥]金橘，漉[⑦]以蜂液，金相玉质，非凡品也。珍谢别去。复上三里余，直造蜡烛峰坳中。峰参差廉利[⑧]，人影中度，兀兀欲动。既度，循崖宛转，连越数重。峰头土石，往往随地异色。既而闻梵颂声，则仰见峰顶遥遥上悬，已出朝天宫右矣。仍上八里，造南岩之南天门，趋谒正殿。右转入殿后，崇崖嵌空，如悬廊复道，蜿蜒山半，下临无际，是名南岩[⑨]，亦名紫霄岩，为三十六岩之最，天柱峰正当其面。自岩还至殿左，历级坞中，数抱松杉，连阴挺秀。层台孤悬，高峰四眺，是名飞升台。暮返宫，贿其小徒，复得榔梅六枚。明日再索之，不可得矣。

【注释】

①鹄（hú）峙，形容周围诸峰如天鹅引颈般屹立恭候。鹄，即为天鹅。

②天真，未受人世礼俗影响的大自然的原貌。奥区，即中心、腹地之意。

③道流，道士。

④观（guàn），道教的庙宇，即道观。大道观称“道宫”，比宫、观小者称“道院”。弗有，即没有。

⑤黄冠，道士的别称。因道士所戴束发的冠为黄色，故有此别称。

⑥侔（móu），相同，齐等。

⑦漉（lù），渗出，润湿。

⑧廉利，棱角锋利。

⑨南岩，又名“紫霄岩”，因它朝向南方，故称作南岩。其全称是大圣南岩宫。南岩是道教所称真武得道飞升之“圣境”，武当山中风景最美的一岩，其上是危崖，下临深壑。现存元代建的天乙真庆宫，梁柱门窗全用石砌，仿木结构，故又称“石殿”。明建南天门亦存。

【译文】

十四日　换衣服登金顶。游览叩拜完毕时，天空澄碧晴朗，往下俯瞰众峰，近处的好似天鹅引颈屹立，远处的层层排列，着实可见大自然的幽深玄妙！于是沿着三天门右边的小路下到峡谷中。这条小路没有石阶，也没有拦索，山峰散乱无序地各自耸立，小路在山峰间穿行，令人觉得特别幽邃。走了三里多，来到蜡烛峰右侧，涓涓泉水从小路旁溢出，下面是蜡烛涧。沿着涧右岸走了三里多远，峰随着山转，往下就看见平整的山丘中有一块开阔地，是上琼台观。琼台观旁边的几株榔梅，都有一人围抱那么粗，满树榔梅花竞相开放，花色映照山冈，使山岩边显得绚丽灿烂。这地方幽静到了极点，景物又特别不同寻常。我恳求能否给予榔梅的果实，观中的道士闭口不敢答应。过了一会儿才说：“这是禁物。从前有人带出去三四枚，有数名道士因此受株连累及家人。”我不相信，益发索求，言辞恳切，道士取出几枚送我，都已变黑腐坏，而且叮嘱千万不要让别人知道。等走到中琼台观时，我又索要榔梅果实，观主仍然辞谢，说没有。因为考虑到要从下琼台观走，而玉虚岩，与南岩、紫霄宫便不可兼得，为何要得一失二；不如仍然从原路上走，走到路旁泉水溢出的地方，往左翻越蜡烛峰，距离南岩应当比较近。忽然后面有人呼叫追赶，原来是中琼台观的小道士奉师傅命令，催我返回去。观主握着我的手说：“您渴求的珍贵树种，幸好有两枚，可以稍稍满足您的愿望。只是一旦泄露出去，就会立刻获罪。”取出后仔细观察，形状和金橘相同，渗出蜂蜜一样的液汁，金的外表、玉的质地，不是凡品。我真诚地道谢然后离去。又往上走三里多，直达蜡烛峰山坳中。山峰高低不齐，棱角锋利，人在峰间穿行，远观影影绰绰，仿佛山峰在晃动。穿越蜡烛峰后，沿着山崖转来转去，接连越过数重山崖。峰顶上的土石，皆随地势变换颜色。不一会儿，听见教徒诵读经文的声音，抬头一看，见峰顶悬立在遥远的上空，已经出到朝天宫右侧了。仍旧往上走，走了八里，到达南岩的南天门，赶忙去正殿祭拜。往右转到正殿背后，高峻的崖石似镶嵌在空中，如同长廊悬空、阁道凌空，弯弯曲曲地延伸至山腰，下临无底深壑，这就是南岩，也叫紫霄岩，是武当山三十六岩中最美的，天柱峰正好就在其对面屹立。从南岩返回到正殿左侧，顺着石阶在坞中走，有棵几人围抱粗的松杉，枝叶遮天蔽日，挺拔秀丽。一座平台孤悬而立，向四周眺望高峰，这就是飞升台。傍晚回到宫中，用财物收买小道士，又得到六枚榔梅。第二天再去索要，就没能要到了。

十五日　从南天门宫左趋雷公洞。洞在悬崖间。余欲返紫霄，由太子岩历不二庵，抵五龙。舆者谓迂曲不便[1]，不若由南岩下竹笆桥，可览滴水岩、仙侣岩诸胜。乃从北天门下，一径阴森，滴水、仙侣二岩，俱在路左，飞崖上突，泉滴沥于中，中可容室，皆祠真武[2]。至竹笆桥，始有流泉声，然不随涧行。乃依山越岭，一路多突石危岩，间错于乱蒨[3]丛翠中，时时放榔梅花，映耀远近。

【注释】

①舆（yú）者，即轿夫。舆，肩舆，俗称“轿子”。迂曲，迂回曲折。便，便利。

②真武，原称“玄武”，为我国古代神话中的北方之神，形象为龟或龟蛇合体。后为道教所信奉，宣称其是古净乐国王的太子，在武当山修炼成仙。宋时因避讳，改“玄”为“真”，并尊为“镇天真武灵应祐圣帝君”，简称“真武帝君”。

③蒨（qiàn），草木茂盛的样子。

【译文】

十五日　从南天门宫往左直奔雷公洞。雷公洞在悬崖中间。我想返回紫霄岩，由太子岩经过不二庵，到达五龙宫。轿夫说那样迂回绕路不方便，不如从南岩下竹笆桥，可以观赏滴水岩、仙侣岩等胜景。于是从北天门往下走，小路略阴森，滴水岩、仙侣岩两景都在小路左侧，悬崖向上飞突，泉水滴沥其中，悬崖中能容纳静室，供奉的都是真武帝。下到竹笆桥，开始听到泉水流淌的声音，但不能沿着山涧而行。于是靠着山走，翻越山岭，一路上多是突起的石头、高高的岩石，大都杂乱地分布在繁茂的草木丛中，不时有开放的榔梅花，绚丽的色彩映照远近。

过白云、仙龟诸岩，共二十余里，循级直下涧底，则青羊桥也。涧即竹笆桥下流，两崖蓊葱蔽日，清流延回，桥跨其上，不知流之所去。仰视碧落[①]，宛若瓮口。度桥，直上攒天岭。五里，抵五龙宫[②]，规制与紫霄、南岩相伯仲。殿后登山里许，转入坞中，得自然庵。已还至殿右，折下坞中，二里，得凌虚岩。岩倚重峦，临绝壑，面对桃源洞诸山，嘉木尤深密，紫翠之色互映如图画，为希夷[③]习静处。前有传经台，孤瞰壑中，可与飞升作匹[④]。还过殿左，登榔梅台，即下山至草店。

【注释】

①碧落，道家称东方第一层天，碧霞满空，叫作“碧落”。这里泛指天上。

②五龙宫，在武当山天柱峰以北。始建于唐贞观年间，称“五龙祠”，历代皆重建。近代已大部分被毁，现仅存宫门、红墙、碑亭、古井、泉池。

③希夷，即陈抟（871—989），字图南，自号扶摇子，亳州真源（今属安徽）人。著名的道家学者、养生家，尊奉黄老之学。唐末举进士不第，隐居于武当山。太平兴国中出山，宋太宗对其很是看重，赐号“希夷先生”。

④作匹，相媲美。匹，即匹敌，媲美。

【译文】

经过白云岩、仙龟岩等处，一共走了二十多里，顺着石阶一直下到涧底，就是青羊桥。涧水就是竹笆桥水的下游，两岸山崖上草木繁盛，几乎能遮蔽阳光，清流蜿蜒曲折，一座桥横跨其上，也不知涧水会流到什么地方。抬头仰望天空，形状宛若瓮口一般。过了桥，径直登上攒天岭。走了五里，抵达五龙宫，宫殿的规模和格式与紫霄宫、南岩相仿。从宫殿背后登山，走了一里多，转进山坞，到达自然庵。不久返回五龙宫殿右面，转下坞中，走二里，到凌虚岩。凌虚岩背倚重重山峦，直面极深的沟壑，正对着桃源洞众山峰，满山树木生长得特别茂密，紫色翠色互相辉映，犹如图画般，此处正是希夷先生修炼的地方。前面有传经台，孤零零地俯视深壑，可以和飞升台相媲美。返回时经过五龙宫殿左面，攀登榔梅台，然后就下山到达草店。

华山四面皆石壁，故峰麓无乔枝异干；直至峰顶，则松柏多合三人围者；松悉五鬣①，实大如莲，间有未堕者，采食之，鲜香殊绝。太和则四山环抱，百里内密树森罗，蔽日参天；至近山数十里内，则异杉老柏合三人抱者，连络山坞，盖国禁也。嵩、少之间，平麓上至绝顶，樵伐无遗，独三将军树巍然杰出耳。山谷川原，候同气异。余出嵩、少，始见麦畦青；至陕州，杏始花，柳色依依向人；入潼关，则驿路既平，垂杨夹道，梨李参差矣；及转入泓峪，而层冰积雪，犹满涧谷，真春风所不度也。过坞底岔，复见杏花；出龙驹寨，桃雨柳烟，所在都有。忽忆日已清明，不胜景物悴②情。遂自草店，越二十四日，浴佛③后一日抵家。以太和榔梅为老母寿④。

【注释】

①五鬣（liè），即五粒松，松的一种，多年生木本植物，植株高70厘米以上，整体形态成放射状，植株较矮，但在其他地区变种植株较高大，因一丛五叶如钗形而得名。

②悴（cuì），忧伤。

③浴佛，即浴佛日，相传中历四月初八日为释迦牟尼生日，佛寺常于此日设会诵经，并洗浴佛像，故称这一天为“浴佛节”。

④寿，用物献给长者祝寿。

【译文】

华山四周都是石壁，所以山脚没有高大奇特的树木；一直上到峰顶，生长在此间的松柏大多有三人围抱粗；松树全是五粒松，果实和莲子一般大，间或遇到没掉落的松果，采下来吃，很新鲜，有异香。太和山四面群山环抱，百里内皆是茂盛的森林丛密，大树遮天蔽日、高耸入云；靠近太和山的数十里范围内，三人围抱粗的奇异杉树和老柏树，长满山坞，是因为朝廷禁止砍伐才长得如此茂盛。嵩山、少室山之间，从平缓的山脚上到绝顶，树木被砍伐得所剩无几，只有三棵将军树巍然耸立着。山峰、峡谷、河川、平原各种地势，季节相同而气候殊异。我从嵩山、少室山出来时，才看到田里麦苗青青；到了陕州，杏树刚刚开花，嫩绿的柳枝随风摇摆，十分可人；进入潼关，大路平坦，高大的杨树立在道路两旁，梨树、李树高低不齐；等走到泓峪，发现山谷沟涧依然满是层层的冰冻积雪，真是春风都无法到达的地方啊。经过坞底岔时，重又看到杏花开放；出了龙驹寨，看到桃红柳绿弥漫在烟雨中，所到之处一片春色。忽然想起已到清明时节，不由得触景生情。于是从草店启程，经过二十四天，在浴佛节后第二天到家。用太和山的榔梅为老母亲祝寿。

游五台山日记　山西太原府五台县

五台山又称“台山”，位于山西五台县东北处。五峰高耸，峰顶平坦宽阔如台，故称“五台”。东台称“望海峰”，南台称“锦绣峰”，西台称“挂月峰”，北台称“叶斗峰”，中台称“翠岩峰”。五座山峰环抱，山中气候凉爽，九月积雪，四月解冻，故又称“清凉山”。五台山与浙江普陀山、安徽九华山、四川峨眉山合为我国佛教四大名山。五台山有规模宏大的古建筑群，其中显通寺、菩萨顶、塔院寺、罗喉寺、殊像寺合称五台山五大禅寺，殿堂、楼阁、宝塔、牌坊兼备，历史和艺术价值甚高。太原府为明代山西布政司的治所，治阳曲，即今山西太原市。五台县隶太原府代州，即今山西五台县。

《游五台山日记》是崇祯六年（1633）徐霞客游五台山留下来的游记。徐霞客于七月二十八日离开北京，途经保定，八月初四日过阜平县，初五日进入山西界。徐霞客用四天时间，游遍南、西、中、北四台。他对几座山峰的不同之处皆有描绘，对各峰走势、林木、水溪也有记录。如“天花菜”等特产，还有形状特殊的清凉石，终年不化的“万年冰”，由于季节性的冰冻与解冻交替作用而形成的“龙翻石”，为我们留下了宝贵的地貌学资料。且游记对寺庙建筑的关注突出，对万佛阁的描绘更形细致。

癸酉[①]七月二十八日　出都[②]为五台游。越八月初四日，抵阜平[③]南关。山自唐县[④]来，至唐河始密，至黄葵[⑤]渐开，势不甚穹隆[⑥]矣。从阜平西南过石梁，西北诸峰复嵱嵷[⑦]起。循溪左北行八里，小溪自西来注，乃舍大溪，溯西溪北转，山峡渐束。又七里，饭于太子铺[⑧]。北行十五里，溪声忽至。回顾右崖，石壁数十仞，中坳如削瓜直下。上亦有坳，乃瀑布所从溢者，今天旱无瀑，瀑痕犹在削坳间。离涧二三尺，泉从坳间细孔泛滥出，下遂成流。再上，逾鞍子岭。岭上四眺，北坞颇开，东北、西北，高峰对峙，俱如仙掌插天，惟直北一隙少杀[⑨]。复有远山横其外，即龙泉关也，去此尚四十里。岭下有水从西南来，初随之北行，已而溪从东峡中去。复逾一小岭，则大溪[⑩]从西北来，其势甚壮，亦从东南峡中去，当即与西南之溪合流出阜平北者。余初过阜平，舍大溪而西，以为西溪即龙泉之水也，不谓西溪乃出鞍子岭坳壁，逾岭而复与大溪之上流遇，大溪则出自龙泉者。溪有石梁曰万年，过之，溯流望西北高峰而趋。十里，逼峰下，为小山所掩，反不睹嶙峋之势。转北行，向所望东北高峰，瞻之愈出，趋之愈近，峭削之姿，遥遥逐人，二十里之间，劳于应接。是峰名五岩寨，又名吴王寨，有老僧庐其上。已而东北峰下，溪流溢出，与龙泉大溪会，土人构石梁于上，非龙关道所经。从桥左北行八里，时遇崩崖矗立溪上。又二里，重城当隘口，为龙泉关[⑪]。

【注释】

①癸酉，指崇祯六年，即1633年。

②都，指明朝京师，在今北京。

③阜平，明时为县，隶属真定府，即今河北阜平县。

④唐县，隶属保定府，即今河北唐县。

⑤黄葵，今作“王快”，在阜平县东境，唐河北岸，附近有王快水库。

⑥穹隆，中间高而四周下垂的样子。

⑦崆嵷（yǒng sǒng），上下众多的样子。

⑧太子铺，在阜平县稍西，沙河西面。

⑨杀（shài），减少，收束。

⑩大溪，明代称“沙河”，即今大沙河。

⑪龙泉关，在阜平县西隅，有上、下二关。下关在东，上关在西，相距二十里。

【译文】

癸酉年七月二十八日　从京师出发去游览五台山。八月初四，到达阜平县南关。山初见于唐县，到唐河开始密集，到黄葵又渐渐开阔，山势不太高大。从阜平县往西南走过石桥，西北众多山峰又高低起伏地耸起来。沿着溪流左岸往北行八里，有条小溪从西边流来注入，于是离开大溪，沿着西边的小溪往北走，山谷渐渐狭窄。又走了七里，在太子铺吃饭。往北行十五里，忽然听到溪流声。回头看向右边的山崖，石壁有数十丈高，中间的山坳像削瓜一样直直下去。崖壁上面也有坳，是瀑布所流经的地方，今年天旱没有水，但瀑布冲泻的痕迹仍留在削坳之间。离涧底二三尺，泉水从坳间的小孔中涌出，往下汇成溪流。再往上走，越过鞍子岭。在岭上眺望四周，北面的山坞比较开阔，东北、西北两方高峰两两相对，山峰都像直插云天的仙人巨掌，只有正北的山坞稍有间隙。再远处还有山横亘在群峰之外，那就是龙泉关，距离此处还有四十里。岭下有溪水从西南方向流来，我开始顺着溪水往北走，不久溪水从东边峡谷中流走。我又翻过一座小岭，见到一条从西北方向流来的大溪，水势很壮观，也是向着东南峡谷中流去，想来应该是和西南流来的小溪汇合，然后流出阜平县北。我当初经过阜平县时，离开大溪往西走，以为西边的溪流是龙泉关之水，没想到却是出自鞍子岭坳壁，我翻过岭后又遇上大溪的上游，大溪才是从流自龙泉关。溪流上的石桥名为万年，过了桥，沿着溪流遥望着西北的高峰奔赴前行。走了十里，直达高峰下，山峰被小山掩映，反而看不见最开始那山石重叠、高低不平的气势。转向北走，刚才见到的东北边的高峰，显得越发突出，越是靠近，那高峻陡峭的形态就越是凸显，就像远远地追随人而来似的，二十里的路程都忙于观赏。这座峰名为五岩寨，又名吴王寨，有个老僧人在峰上结庐而居。不久，来到东北边的高峰下，溪水流出，和龙泉关流来的大溪会合，当地人在溪上搭有石桥，但不是去龙泉关要过的路。从石桥左边行八里，不时遇到崩塌的崖石矗立在溪边。又走了二里，一座重镇位于关隘口，这就是龙泉关。

初五日　进南关，出东关。北行十里，路渐上，山渐奇，泉声渐微。既而石路陡绝，两崖巍峰峭壁，合沓攒奇，山树与石竞丽错绮，不复知升陟之烦也。如是五里，崖逼处复设石关二重。又直上五里，登长城岭绝顶。回望远峰，极高者亦伏足下，两旁近峰拥护，惟南来一线有山隙，彻目百里。岭之上，巍楼雄峙，即龙泉上关也。关内古松一株，枝耸叶茂，干云俊物。关之西，即为山西五台县界。下岭甚平，不及所上十之一。十三里，为旧路岭，已在平地。有溪自西南来，至此随山向西北去，行亦从之①。十里，五台水②自西北来会，合流注滹沱河。乃循西北溪数里，为天池庄③。北向坞中二十里，过白头庵村，去南台止二十里，四顾山谷，犹不可得其仿佛。又西北二里，路左为白云寺④。由其前南折，攀跻四里，折上三里，至千佛洞，乃登台间道。又折而西行，三里始至，宿。

【注释】

①“有溪”三句，此溪为清水河。

②五台水，又称“台山河”“虒阳河”。二水汇合后仍称“清水河”。

③天池庄，在五台县东南境，台河右岸。

④白云寺，在白头庵北，现今黄土嘴村附近。

【译文】

初五日　由龙泉关的南关进入，往东出关。往北行十里，道路渐渐向上延伸，山势渐渐奇异，泉水声渐渐消失。不久，陡峭的道路断绝，两旁的山崖峰高壁峭，重重叠叠，奇景聚集，山中的树木和岩石争奇斗艳，交错绮丽，让人忘却登山的疲劳。在这样的美景中走了五里，崖石狭窄处还设有两道石关。又直直往上走了五里，登上长城岭绝顶。回头眺望远处的山峰，最高处仿佛也低伏在脚下，两旁近处的山峰簇拥而来，只有南部山中有一线缝隙，从缝隙中放眼看去几乎可观百里之外。长城岭上高楼巍峨耸立，那便是龙泉上关。关内有一棵古松，树干高耸，枝叶茂盛，高触云霄俊秀不凡。龙泉关西面，就是山西省五台县境。下岭的路很是平缓，坡度不及上岭时的十分之一。走了十三里，到了旧路岭，这里已经是平地了。有条溪水从西南方向流来，流到此处顺着山往西北方向流去，我也跟着溪流方向走。走了十里，看见五台水从西北方流入汇合，合流之后注入滹沱河。于是往西北沿着河水走了几里，到达天池庄。往北在坞中走了二十里，经过白头庵村，距离南台只有二十里了，环视山谷四周，还看不出五台山的形貌。又往西北方走了二里，道路左侧为白云寺。从寺前往南转，往上攀登四里，转来转去地往上走了三里，来到千佛洞，这是登五台山的小路。又转向西行，走了三里才抵达，晚间在这里投宿。

初六日　风怒起，滴水皆冰。风止日出，如火珠涌吐翠叶中。循山半西南行，四里，逾岭，始望南台在前。再上为灯寺[①]，由此路渐峻。十里，登南台绝顶，有文殊[②]舍利塔。北面诸台环列，惟东南、西南少有隙地。正南，古南台在其下[③]，远则盂县[④]诸山屏峙，而东与龙泉峥嵘接势。从台右道而下，途甚夷[⑤]，可骑。循西岭西北行十五里，为金阁岭⑥。又循山左西北下，五里，抵清凉石⑦。寺宇幽丽，高下如图画。有石为芝形，纵横各九步，上可立四百人，面平而下锐，属于下石者无几。从西北历栈拾级而上，十二里，抵马跑泉。泉在路隅山窝间，石隙仅容半蹄，水从中溢出，窝亦平敞可寺，而马跑寺反在泉侧一里外。又平下八里，宿于狮子窠⑧。

【注释】

①灯寺，即金灯寺，在南台东北麓，与白云寺隔村相对。

②文殊，为梵文“文殊师利”的略称，意即“妙德”，为佛教菩萨之一。五台山传为文殊道场，有关文殊的传说甚多。

③“正南”二句，古今所指五台的位置，不同时期曾稍有变化。此古南台在“台南二里”，更古的南台，则在今中台。

④盂县，隶属太原府，即今山西盂县。

⑤夷，平坦，平安。

⑥金阁岭，位于由太原入五台山必经的路上。岭畔今存金阁寺，距台怀镇十五公里。阁内有高十七米的观音铜像，各殿满布塑像近千尊。

⑦清凉石，此石又称“文殊床”。石长五米，宽二米半，厚两围十五米，石面青色，有云纹，人坐其上，顿生凉意。

⑧狮子窠（kē），在五台山台怀镇西南十公里的山腰，即文殊寺，俗称“狮子窝”。现仅存琉璃塔一座，八角十三级，塔身镶嵌佛像万尊，故又称“万佛塔”。窠，鸟兽昆虫栖息的巢穴。

【译文】

初六日　狂风怒号，滴水成冰。大风停歇之后，太阳像火球一样从青翠的山林中喷薄而出。沿着山腰往西南行了四里，翻越山岭，才看到南台就在前面。再上面是灯寺，从这里开始，山路渐渐陡峻起来。走了十里，登上南台绝顶，顶上有文殊菩萨的舍利塔。北面，其他各台环抱耸列，只有东南、西南稍微有空隙处。正南面，古南台位于下方，远处则有盂县的群山如屏障般峙立着，并且东端还和龙泉关高峻的峰峦山势连接。顺着南台右侧的道路下去，地势很平坦，可以骑马。沿着西岭往西北行十五里，到达金阁岭。又沿着金阁岭左侧往西北下，走了五里，来到清凉石。清凉寺庙宇深幽，环境秀丽，景物高低错落，美如图画一般。有一块灵芝形的石头，长宽都是九步，上面可以站四百个人，上面平整而下面陡然缩窄尖锐，和下面的石头相连的部分不多。从西北边穿越栈道沿着石阶往上，走了十二里，到达马跑泉。马跑泉在路边的山窝中间，石缝只能容得下半只马蹄，泉水从石缝中溢出，山窝则平坦宽敞，可以建盖寺庙，而马跑寺却建在泉水一里之外。又平缓地下行了八里路，在狮子窠住宿。

初七日　西北行十里，度化度桥。一峰从中台下，两旁流泉淙淙，幽靓[①]迥绝。复度其右涧之桥，循山西向而上，路欹[②]甚。又十里，登西台之顶。日映诸峰，一一献态呈奇。其西面，近则闭魔岩[③]，远则雁门关[④]，历历可俯而挈[⑤]也。闭魔岩在四十里外，山皆陡崖盘亘[⑥]，层累而上，为此中奇处。入叩佛龛，即从台北下，三里，为八功德水[⑦]。寺北面，左为维摩[⑧]阁，阁下二石耸起，阁架于上，阁柱长短，随石参差，有竟不用柱者。其中为万佛阁，佛俱金碧旃檀[⑨]，罗列辉映，不啻万尊。前有阁二重，俱三层，其周庐环阁亦三层，中架复道[⑩]，往来空中。当此万山艰阻，非神力不能运此！从寺东北行，五里，至大道，又十里，至中台。望东台、南台，俱在五六十里外，而南台外之龙泉，反若更近，惟西台、北台，相与连属。时风清日丽，山开列如须眉。余先趋台之南，登龙翻石。其地乱石数万，涌起峰头，下临绝坞，中悬独耸，言是文殊放光摄影处。从台北直下者四里，阴崖悬冰数百丈，曰“万年冰”。其坞中亦有结庐者。初寒无几，台间冰雪，种种而是。闻雪下于七月二十七日，正余出都时也。行四里，北上澡浴池。又北上十里，宿于北台⑪。北台比诸台较峻，余乘日色，周眺寺外。及入寺，日落而风大作。

【注释】

①靓（jìng），通“静”，安静。

②攲（qī），倾侧不平。

③闭魔岩，又作“秘魔岩”。在今繁峙县岩头村东北，为西路进台通道。

④雁门关，在山西代县西北。

⑤挈（qiè），提。

⑥盘亘，指山互相连接。

⑦八功德水，即西来寺，是一座具有一千五百多年历史的千年古刹，位于五台山西台的北侧三里，海拔二千五百米。按佛经，八功德水，一澄清，异此方混浊；二清冷，异寒热；三甘美，异咸淡劣味；四轻软，异沉重；五润泽，异臭腐褪色；六安和，异急暴；七除饥渴，异生冷；八长养诸根，异损坏诸根，及沴戾增病没溺等。

⑧维摩，梵文音译的略称，意为“净名”或“无垢称”。佛经中说他是释迦牟尼同时代的人，长于辩才。

⑨旃（zhān）檀，梵语，又名檀香、白檀，是一种古老而又神秘的珍稀树种，收藏价值极高。檀香木香味醇和，历久弥香，素有“香料之王”之美誉。

⑩复道，高楼之间或山岩险要处架空的通道，因上下皆有道，故称“复道”。

⑪北台，五台之中，以北台顶最高，海拔3058米。

【译文】

初七日　往西北行十里，过了化度桥。一座山峰从中台延伸下来，山峰两旁泉水淙淙，景色幽静到了极点。又越过山峰右涧上的桥，沿着山峰往西而上，山路十分倾斜不平。又走了十里，登上西台顶。阳光辉映下的群峰，都呈现出美好的姿态和奇异的风貌。西台西面，近处是闭魔岩，远处则是雁门关，山峰都历历在目，仿佛俯身就可以抓住。闭魔岩在四十里外，山上全是盘旋连接的陡崖，层层叠叠地堆砌上去，是这座山的奇特之处。入寺叩拜佛像后，顺着台北侧往下走了三里，到达八功德水。寺的北面，左边是维摩阁，阁下方耸立着两块石头，阁就建在石头上，阁柱的长短随石头高低而参差不齐，有些地方甚至完全不用柱子。最中间的是万佛阁，佛像都是檀香木的，色彩金碧辉煌，层层排列互相映衬，不止一万尊。万佛阁前有两排阁楼，都是三层高，阁楼周围环绕的房屋楼阁也都是三层的，各阁楼之中架有上下通道，人从空中来来往往。在这艰难险阻的万山之中，要不是神力，又怎能将楼阁建在这里呢！顺着寺往东北方向走了五里，来到大路上，又走十里，到达中台。遥望东台、南台，都在五六十里之外；而南台之外的龙泉关，反倒像离得更近，这是因为西台、北台都和龙泉关的山脉相连。此时风清日丽，两边的山分开而列，如须眉一般。我先去中台南面，登上龙翻石。这里足有数万块乱石，堆积成峰头，下面是很深的山坞，峰头独自悬空耸立，传说是文殊菩萨放光显影的地方。从中台往北直下四里，阴森的崖壁上悬挂着几百丈冰，名为“万年冰”。这坞中也有人家居住。刚寒冷没几日，五台山中的冰雪竟已有如此的形态。听说是七月二十七日下的雪，正是我从京城出发的日子。走了四里，往北登上澡浴池。又往北行十里，在北台住宿。北台比其他各台都要陡峻，我趁着日光，到寺外眺望四周。等进到寺中，太阳落山，刮起大风。

初八日　老僧石堂送余，历指诸山曰：“北台之下，东台西，中台中，南台北，有坞曰台湾[①]，此诸台环列之概也。其正东稍北，有浮青特锐者，恒山也。正西稍南，有连岚[②]一抹者，雁门

也。直南诸山，南台之外，惟龙泉为独雄。直北俯内外二边，诸山如蓓蕾，惟兹山之北护，峭削层叠，嵯峨[3]之势，独露一斑。此北台历览之概也。此去东台四十里，华岩岭在其中。若探北岳，不若竟由岭北下，可省四十里登降。”余颔之。别而东，直下者八里，平下者十二里，抵华岩岭[4]。由北坞下十里，始夷。一涧自北，一涧自西，两涧合而群峰凑，深壑中“一壶天”也。循涧东北行二十里，曰野子场[5]。南自白头庵至此，数十里内生天花菜[6]，出此则绝种矣。由此，两崖屏列鼎峙，雄峭万状，如是者十里。石崖悬绝中，层阁杰起，则悬空寺也，石壁尤奇。此为北台外护山，不从此出，几不得台山神理云。

【注释】

①台湾，即今台怀镇，在五台县城东北一百二十公里处，为游览五台山的中心。很多寺庙都集中在此处。每年中历六月，一年一度的五台山骡马大会也在这里举行，附近农民及各省旅客云集于此，进行交易的同时尽情游览。

②岚，本义是山林中的雾气。

③嵯（cuó）峨，山势高峻的样子。

④华岩岭，由北面进入五台山的门户。

⑤野子场，今作“野子厂”，在繁峙县东南境。

⑥天花菜，又称“台山香蘑”，简称“台蘑”，五台山特产，西南地区甚多。据《清凉志》载：“菌类，生于柴木，台山佳品也。”《滇略·产略》亦载：“蒙榆山中亦产天花，而土人不识，谓之八担柴。”

【译文】

初八日　老僧人石堂送我出来，他指着一座座山峰说：“北台的下面，东台的西面，中台的正中，南台的北面，有个山坞名叫台湾，是众台环绕的中心。正东稍北，有座特别尖锐的青山，那就是恒山。正西稍南，有座与云雾相连的山峰，是雁门关。一直向南延伸的群山，除南台之外，只有龙泉关可称雄。直直往北俯视内外两边，群山都如花蕾一般矮小，只有这座山从北面护着群山，陡峭层叠，其高峻的山势由此可见一斑。这是全面观看北台的概貌。此处距离东台四十里，沿途经过华岩岭。如果探访北岳恒山，不如直接沿华岩岭往北下，可以省掉上下四十里的路程。”我点头同意，和石堂老僧告别后往东走，陡直地下了八里，然后平缓地下了十二里，来到华岩岭。又沿着北坞往下走了十里，才到平路。一道涧沟从北边伸来，一道涧沟由西边伸来，两道涧沟合拢后群峰凑集，成为高山深壑中的“一壶天”。沿着涧沟往东北行二十里，名野子场。从南边的白头庵一直到这里，数十里内都长着天花菜，再往外就没有这种植物了。从这里开始，两旁的山崖如屏障般排列，鼎足似的耸立，雄壮陡峭，千姿百态，这样的景观大概有十里。石崖绝壁之中，有层层楼阁突起，那是悬空寺，石壁尤其奇异。这是北台外围的护山，不从这条路出五台山，几乎体会不到五台山的神奇。

游恒山日记　山西大同府浑源州

恒山在山西浑源县东南，原称“玄岳”“紫岳”，明代列为“五岳”之一，始称“北岳恒山”。今有朝殿、会仙府、九天宫等建筑。

《游恒山日记》是崇祯六年（1633）徐霞客旅游恒山的游记。徐霞客八月初八日离五台山赴恒山，初九日入浑源州境。徐霞客观察细致，详析了龙泉、五台、恒山一带山势雁形排列的特点及缓峭高低、土石变化。他指出“是山土山无树，石山则有，北向俱石，故树皆在北”，概括了植物与坡向、地表组成物质的关系。同时，还记述了关隘形势及交通路线，从阁道遗迹探寻水位的变化，还重视浑源煤田的采掘情况。对悬空寺的描绘，比之为蜃楼阁宇，足见景点之美。

此篇游记记录翔实，不但山景风光尽显笔下，而且刻画出登山之人的极力求索，表现其为登顶峰，不惜弃衣践棘，鼓勇而上，一览众山之小，登临的乐趣由此可见。与《游雁宕山日记（后）》之形象刻画有异曲同工之妙。

去北台七十里，山始豁然，曰东底山。台山北尽，即属繁峙[①]界矣。

【注释】

①繁峙，明代时为县，隶属太原府代州，即今山西繁峙县。五台和繁峙县界古今有变化，依照今之地图，西台以北已属繁峙县。

【译文】

离开北台七十里，山谷才逐渐开阔起来，此处名为东底山。五台山北边尽头处，就隶属于繁峙县境了。

初九日　出南山。大溪从山中俱来者，别而西去。余北驰平陆中，望外界之山，高不及台山十之四，其长缭绕如垣[①]，东带平邢[②]，西接雁门[③]。横而径者十五里，北抵山麓，渡沙河即为沙河堡[④]。依山瞰流，砖甃[⑤]高整。由堡西北七十里，出小石口[⑥]，为大同西道；直北六十里，出北路口[⑦]，为大同东道。余从堡后登山，东北数里，至峡口，有水自北而南，即下注沙河者也。循水入峡，与流屈曲，荒谷绝人。数里，义兴寨。数里，朱家坊。又数里，至葫芦嘴。舍涧登山，循嘴而上，地复成坞，溪流北行，为浑源界。又数里，为土岭[⑧]，去州尚六十里，西南去沙河，共五十里矣。遂止[⑨]居民同姓家。

【注释】

①缭绕，回环盘旋，曲折围绕。垣（yuán），矮墙。

②平邢，即今平型关，在山西繁峙、灵丘二县界上。

③雁门，即今雁门关，在山西代县西北方向。

④沙河堡，今作“砂河堡”，在繁峙县东境，滹沱河北岸。沙河，指滹沱河上游。

⑤甃（zhóu），以砖砌物皆称“甃”。见明冯梦龙《醒世恒言》中：“起百尺琉璃宝殿，甃九层白玉瑶台。”

⑥小石口，在应县东南。其东北有大石口。

⑦北路口，今作“北楼口”，在大石口东北。

⑧土岭，地名，在浑源县南隅。

⑨止，栖止，居住。

【译文】

初九日　走出南山。大溪与我一道从山中出来，在此处与我分道往西流去。我在平地上往北急行，遥望平地外部的山峦，高度不到五台山的十分之四，长长的山峦如矮墙一般回环曲折，东边和平邢相接，西边和雁门相接。横穿平地十五里，往北走到山麓，渡过沙河就到了沙河堡。沙河堡依傍山麓，俯瞰河流，砖砌的围墙又高又整齐。从沙河堡往西北走七十里，出到小石口，是大同府西边的大路；直着向北走六十里，到北路口，是大同府东边的大路。我从堡后登山，往东北走了几里来到峡口，有水流从北往南流，最终注入沙河。沿着水流走进峡谷，道路随着流水弯转曲折，峡谷荒凉，空无人烟。走了数里，到义兴寨。又走数里，到朱家坊。再走数里，到葫芦嘴。离开沟涧登山，沿着山嘴而上，地势又变成山坞，顺着溪流往北行，进入浑源州境。又走数里，到土岭，土岭距离州城还有六十里，西南处距离沙河共五十里。于是在土岭一户姓同的居民家住下。

初十日　循南来之涧北去三里，有涧自西来合，共东北折而去。余溯西涧入，又一涧自北来，遂从其西登岭，道甚峻。北向直上者六七里，西转，又北跻而上者五六里，登峰两重，造其巅，是名箭筸岭。自沙河登山涉涧，盘旋山谷，所值皆土魁荒阜[①]；不意至此而忽跻[②]穹隆，然岭南犹复阿蒙[③]也。一逾岭北，瞰东西峰连壁瞶，翠蜚[④]丹流。其盘空环映者，皆石也，而石又皆树；石之色一也，而神理又各分妍；树之色不一也，而错综又成合锦。石得树而嵯峨倾嵌者，幕以藻绘而愈奇[⑤]；树得石而平铺倒蟠者，缘以突兀而尤古。如此五十里，直下至阬[⑥]底，则奔泉一壑，自南注北，遂与之俱出坞口，是名龙峪口，堡临之。村居颇盛，皆植梅杏，成林蔽麓。既出谷，复得平陆。其北又有外界山环之，长亦自东而西，东去浑源州三十里，西去应州⑦七十里。龙峪之临外界，高卑远近，一如东底山之视沙河、峡口诸山也。于是沿山东向，望峪之东，山愈嶙嶒斗峭⑧，问知为龙山⑨。龙山之名，旧著于山西，而不知与恒岳比肩；至是既西涉其阃域⑩，又北览其面目，从不意中得之，可当五台桑榆之收⑪矣。东行十里，为龙山大云寺，寺南面向山。

【注释】

①土魁（kuí），即土堆。阜（fù），土山。

②跻（jī），登，上升。

③阿蒙，三国时鲁肃称吕蒙为"阿蒙"，说："三日不见，非复吴下阿蒙矣。"此处借用，有依然是往日形态之意。

④蜚，通"飞"。

⑤幕，覆盖。藻绘，即文采。

⑥阬（gāng），同"坑"，洼下去的地方。

⑦应州，隶属大同府，治今山西应县。

⑧嶙嶒（lín céng），形容山石突兀。斗峭（dòu qiào），突兀。斗，通"陡"。

⑨龙山，亦称"封龙山"，在今浑源县西南四十里处，顶峰称"萱草坡"，风景甚佳。金末，元好问、李治、张德辉曾到这里游览，时称"龙山三老"。

⑩阃（kǔn）域，内境。阃，特指郭门的门槛。

⑪桑榆（yú）之收，喻指弥补缺憾。桑榆，皆为植物。日落时，阳光尚留桑榆上，故借为"西方"之称。《后汉书》有"失之东隅，收之桑榆"。

【译文】

初十日　顺着从南方延伸来的沟涧往北走了三里，有道沟涧从西面前来会合，然后一齐朝东北方而去。我沿着西边的沟涧往里走，又有一道沟涧从北伸来，于是从沟涧西边登岭，路很陡。往北直直上了六七里，往西转，又往北向上攀登五六里，翻越两重山峰，直达峰顶，峰名箭筸岭。从沙河开始登山涉涧，在山谷中盘旋前进，所经之处都是土堆荒山；想不到这里地势突然升高，山岭突然高大，只是岭南依旧如故。翻越到岭北，俯瞰东西两边，只见峰峦连绵，崖壁崩塌，红绿色交相辉映。岩石盘绕映照空中；岩石上又都有树；岩石的色彩相一致，但自然形态与纹理又各得其妙；树木的颜色不一致，但各种颜色互相交错，如同织成的彩色锦缎。岩石上有树，而且树木往往高大，且倾斜着嵌入，就像岩石上覆盖着一层美丽的幕布，愈发显得奇妙；树木因长在岩石上，或平躺、或盘曲倒挂，因山势高峻而更加显得古雅。在这样的景致中走了五十里，一直下到坑底，沟壑中有一股奔流的泉水，从南往北流，于是随着泉水一起到了坞口，此处名为龙峪口，对面即是坞堡。村庄比较大，家家户户都种着梅树、杏树，果林掩映着山麓。走出山谷后，又到了平地。北部外围还有群山环绕，长长的，自东向西延伸，东边距离浑源州三十里，西边距离应州七十里。龙峪口所对着的外界，高处远、低处近，如同在东底山看沙河、峡口的群山一般。于是沿着山往东走，远看龙峪口东边，山势益发高峻陡峭，询问后得知是龙山。龙山的名称，旧时书中写着属于山西省，却不知原来是和恒山并肩相靠；走到这里时已经从西边越过了龙山内境，又从北面观览了龙山的风貌。在无意之中得以游龙山，可以算作游五台山所得到的意外收获。往东行十里，到龙山大云寺，寺庙南面向山。

又东十里，有大道往西北，直抵恒山之麓，遂折而从之，去山麓尚十里。望其山两峰亘峙，车骑接轸[①]，破壁而出，乃大同入倒马、紫荆大道也[②]。循之抵山下，两崖壁立，一涧中流，透罅而入，逼仄如无所向，曲折上下，俱成窈窕，伊阙双峰、武彝

九曲，俱不足以拟之也。时清流未泛，行即溯涧。不知何年两崖俱凿石坎，大四五尺，深及丈，上下排列，想水溢时插木为阁道者，今废已久，仅存二木悬架高处，犹栋梁之巨擘③也。三转，峡愈隘，崖愈高。西崖之半，层楼高悬，曲榭④斜倚，望之如蜃吐重台⑤者，悬空寺⑥也。五台北壑亦有悬空寺，拟此未能具体⑦。仰之神飞，鼓勇独登。入则楼阁高下，槛路屈曲。崖既矗削，为天下巨观，而寺之点缀，兼能尽胜。依岩结构，而不为岩石累者，仅此！而僧寮位置适序，凡客坐禅龛⑧，明窗暖榻，寻丈之间，肃然中雅。既下，又行峡中者三四转，则洞门豁然，峦壑掩映，若别有一天者。又一里，涧东有门榜三重⑨，高列阜上，其下石级数百层承之，则北岳恒山庙之山门也。去庙尚十里，左右皆土山层叠，岳顶杳不可见。止门侧土人家，为明日登顶计。

【注释】

①车骑接轸（zhěn），车马络绎不绝。轸，车后的横木。

②倒马，即倒马关，在河北唐县北隅，唐河南岸。紫荆，即紫荆关，在河北易县西部，拒马河南岸。明时，“倒马”“紫荆”与“居庸”合称“内三关”。

③巨擘（bò），喻指杰出于众。擘，大拇指。

④榭（xiè），建在高土台上的敞屋。

⑤蜃（shèn）吐重台，即蜃景。由于气温在垂直方向上的剧烈变化，使得空气密度的垂直分布随之显著变化，不同密度的大气层对于光线产生折射，把远处景物反映到天空或地面而形成幻景，在沿海或沙漠地带有时能看到，故称“海市蜃楼”，又称“蜃云”。蜃，即蛤蜊。

⑥悬空寺，始建于北魏，具有独特的建筑风格，保存至今。在浑源县城南五公里处。从半山崖上用木柱支撑建起楼阁，仿佛悬在空中。高低错落的殿宇再用栈道或天桥联结，给人以迷宫仙景般的感觉。

⑦拟此未能具体，与恒山这个悬空寺相比，还不算齐备。拟，模拟，比拟。具体，事物的各个组成部分都齐备。

⑧禅龛（kān），供佛的小屋。

⑨涧，河流。此涧从悬空寺到恒山，途经恒山水库，由浑河源的唐峪河修成。门榜，悬挂有匾额的大门。榜，即匾额。

【译文】

又往东走了十里，有条大路通向西北，直达恒山山麓，于是转头从大路走，距离恒山山麓还有十里。遥望恒山两峰横贯对峙，路上车马络绎不绝，穿山而过，原来这是从大同府到倒马关、紫荆关的大路。沿着大路来到恒山下，两旁崖壁耸立，一条涧水从中流过，穿行在缝隙一般的峡谷中，前路狭窄，好像无路可去，山涧弯曲、崖壁起伏，一派深远幽邃的景象，伊阙两山相对的风光和武夷山回环九曲的溪水，都不能和这里的景色相比。此时清澈的溪流还没涨水，可以溯溪从涧中行走。不知何时，两边崖壁都凿了石坎，有四五尺宽，近一丈深，上上下下地排列着，想来是涨水时插木头修栈道用的，如今已经废弃了很久，只剩下两根像梁柱一样的大木头悬空架在高处。转了三次后，峡谷越来越窄，崖壁越来越高。西边崖壁的半腰悬着层层叠叠的楼阁，看上去弯转曲折，而建在高处的敞屋斜倚着山崖，看上去像是海市蜃楼中重叠的亭台，这便是悬空寺了。五台山北面的壑谷中也有悬空寺，但和这里的就无从相比了。抬头观看景色，令人神往，于是鼓足勇气独自攀登。进寺后见到楼阁高低错落，围着栏杆的路弯转曲折。崖壁高峻陡峭，足以称得上是天下大观，再加上有悬空寺点缀，让整个胜景更加完美无缺。倚靠岩壁建盖楼阁，且能不受岩石的限制，只有悬空寺啊！而僧人住的房屋位置次第适当，接待来客的地方和供奉佛像的小屋，全都窗明几净、卧榻温暖，小小的屋榻内显得庄严肃穆，舒适幽雅。从悬空寺下来后，又在峡谷中转了三四道弯，在峡谷口豁然开朗，峰峦壑谷互相掩映，仿佛是另外一个世界。又走了一里，见到涧东面有三道悬挂着匾额的大门，高高地排列在大山上，门下有数百级石阶和之相连，这便是北岳恒山庙的山门。距离恒山庙还有十里，左右两边都是层叠的土山，北岳顶还遥不可见。在山门旁边的当地人家中住宿，为明天攀登北岳顶做准备。

十一日　风翳[①]净尽，澄碧如洗。策杖登岳，面东而上，土冈浅阜，无攀跻劳。盖山自龙泉来，凡三重。惟龙泉一重峭削在内，而关以外反土脊平旷；五台一重虽崇峻，而骨石耸拔，俱在东底山一带出峪之处；其第三重自峡口入山而北，西极龙山之顶，东至恒岳之阳，亦皆藏锋敛锷[②]，一临北面，则峰峰陡峭，悉现岩岩[③]本色。一里转北，山皆煤炭，不深凿即可得。又一里，则土石皆赤，有虬松离立道旁，亭曰望仙。又三里，则崖石渐起，松影筛阴，是名虎风口。于是石路萦回，始循崖乘峭而上。三里，有杰坊曰“朔方[④]第一山”，内则官廨[⑤]厨井俱备。坊右东向拾级上，崖半为寝宫[⑥]，宫北为飞石窟，相传真定府恒山从此飞去[⑦]。再上，则北岳殿也。上负绝壁，下临官廨，殿下云级插天，庑[⑧]门上下，穹碑[⑨]森立。从殿右上，有石窟倚而室之，曰会仙台。台中像群仙，环列无隙。余时欲跻危崖，登绝顶。还过岳殿东，望两崖断处，中垂草莽者千尺。为登顶间道，遂解衣攀蹑而登。二里，出危崖上，仰眺绝顶，犹杰然天半，而满山短树蒙密，槎桠[⑩]枯竹，但能钩衣刺领，攀践辄断折，用力虽勤，若堕洪涛，汩汩不能出。余益鼓勇上，久之棘尽，始登其顶[⑪]。时日色澄丽，俯瞰山北，崩崖乱坠，杂树密翳。是山土山无树，石山则有；北向俱石，故树皆在北。浑源州城一方，即在山麓，北瞰隔山一重，苍茫无际；南惟龙泉，西惟五台，青青与此作伍；近则龙山西亘，支峰东连，若比肩连袂，下扼沙漠者。既而下西峰，寻前入峡危崖，俯瞰茫茫，不敢下。忽回首东顾，有一人飘摇于上，因复上其处问之，指东南松柏间。望而趋，乃上时寝宫后危崖顶。未几，果得径，南经松柏林。先从顶上望，松柏葱青，如蒜叶草茎，至此则合抱参天，虎风口之松柏，不啻百倍之也。从崖隙直下，恰在寝宫之右，即飞石窟也，视余前上隘，中止隔崖一片耳。下山五里，由悬空寺危崖出。又十五里，至浑源州⑫西关外。

【注释】

①翳（yì），原指用羽毛做的华盖，后引申为起障蔽作用的东西，也指病症名，另指一种鸟。也作动词，意为遮蔽、隐藏。作形容词时意为晦暗不明。

②锋，刀的刃端。锷（è），刃旁。

③岩岩，意指高大、高耸。

④朔（shuò）方，北方。

⑤官廨（xiè），指旧时官吏办公的地方。使用于汉代，常称郡廨、公廨。

⑥寝宫，即寝庙。古代的宗庙有“庙”和“寝”两部分，前殿称“庙”，后殿称“寝”，合称“寝庙”。

⑦真定府，即今河北正定县。恒山，即真定府恒山，又称“河北恒山”“常山”“大茂山”，明代以前是“五岳”之一的北岳。传说最初北岳在今恒山，尧时曾建岳庙于此，每年都巡视到这里。舜时，有一年行至今曲阳县西北部，因大雪封山无法前进，忽然一块大石飞落地面，知是从恒山飞来，后来就把恒山迁到今曲阳县，在那里另建岳庙。因此浑源恒山上留有飞石窟。

⑧庑（wǔ），在高台基址上，周边连续建屋，以围成一个内向空间的院落，其周长屋，即古文献所谓的“庑”。一般是指古代正房对面和两侧的屋子。

⑨穹（qióng）碑，很高的石碑。

⑩槎枒（chá yā），枝柯歧出，即树枝的分叉。

⑪始登其顶，方才登顶。恒山绝顶称“天峰岭”，海拔2017

米。从北岳殿到绝顶有东西两条路，东路便捷，而小道绝险。徐霞客是从东路间道登顶。

⑫浑源州，隶属大同府，即今山西浑源县。

【译文】

十一日　风吹过后，云雾散尽，天空澄碧如洗。拄着手杖攀登北岳，朝东往上走，山丘低缓，攀登不太劳累。山脉大体上是从龙泉关延伸过来，共有三重，只有龙泉关这一重山势陡峭尖削，关外反倒是平坦宽阔的泥土山脊；五台山这一重虽然高峻，但高耸挺拔的岩石都在东底山一带的山谷出口处；第三重顺着峡谷口延伸到山中然后往北去，西边尽头到龙山顶，东边到恒山南面，都像刀剑入鞘一样不露锋芒，而到了北面，则每一座山峰都很陡峭，全都显露出其高峻的本来面目。走了一里后往北转，山中都是煤炭，不用深挖就可获得。又走了一里，土石都呈赤色，盘曲得像虬龙一般的松树立在路旁，旁边有望仙亭。又走三里，崖石渐渐突起，松影都像是从筛孔中透下来一样，此处名为虎风口。从这里开始，石头路变得曲折盘旋，于是沿着山崖迎着峭壁而上。走了三里，有一块特大的牌坊，坊上题名“朔方第一山”，坊内的官署里厨房水井齐备。从牌坊右侧往东顺着台阶上去，山崖半腰有寝宫，寝宫北面是飞石窟，相传真定府的恒山是从这里飞去的。再往上，就是北岳殿了。上面是绝壁，下临官署，殿前的石阶直通云天，正殿两侧的房门上下，高大的石碑林立。从殿右侧上去，有石窟傍靠着大殿被建成屋室，名为会仙台。台中群仙的塑像环列于石屋之中，中间没有一点儿空隙。我此时打算上陡崖，登绝顶。返回时经过北岳殿东，远看两座山崖的断裂处，中间垂顺几有千尺，杂草丛生。这是登绝顶的小路，于是脱掉外衣，攀扯踩踏着杂草往上登。走了二里，出到陡崖上面，抬头眺望绝顶，仍然高高地耸立在半空中，而满山的茂密矮树，歧出的枝条枯竹，只会钩住衣服、刺破脖颈，稍微攀扯践踏就折断了，我虽然努力地攀登，却像落进汹涌的浪涛之中，只听得到汩汩的水声，却无法脱困而出。我鼓足勇气而上，许久才走完荆棘地带，登上了北岳绝顶。这时天色清朗而明丽，俯瞰恒山北边，崩塌的崖壁往下坠陷，杂草树木丛生。这里的山是土山，上面没有长树，而石山上却有树；北边都是石山，所以树木都长在北边。浑源州城一带，树木就长在山麓，往北看隔着一重山，苍茫一片，看不到边际；南边是龙泉关，西边是五台山，均是青翠的山峰与恒山相伴：近处是往西横贯的龙山，龙山的支脉往东伸去，和东边的山峰肩并肩、袖挨袖地紧密相连，阻扼住下面的沙漠。不久下到西边的山峰，寻找先前进入峡谷时的陡崖，往下看只见茫茫一片，不敢下山。忽然间回头向东看，有个人轻快地走在山间，于是我又上去向他询问，他指向东南的松柏间。我朝着松柏奔过去，确是上来时寝宫背后的陡崖顶。没多久，果然找到小路，往南穿过松柏林。先前我在绝顶上眺望，青翠的松柏好像蒜叶草茎一般细小，到这里才知道都是两人合抱粗的参天大树，和虎风口的松柏相比，大了不止百倍。顺着崖缝直下，恰好在寝宫右侧，就是飞石窟，仔细观察我先前攀登的狭窄险要之处，与飞石窟之间只相隔着一块崖石。下山五里，从悬空寺的陡崖出山。又走了十五里，到达浑源州西关外。

游秦人三洞日记

崇祯九年（1636）九月十九日，徐霞客已年届五十，一行四人踏上了漫漫长途。在浙江，长随王二逃走。之后，同行者仅有仆人顾行和江阴迎福寺僧人静闻。崇祯十年（1637）正月十一日，他们进入湖南。《游秦人三洞日记》是徐霞客在湖南茶陵县游记的一部分。

茶陵县西部有秦人三洞，包括秦人洞、上清洞、麻叶洞。洞穴中景色各异，探洞时碰到的困难各不相同。随着这些困难的逐步展现，徐霞客不畏险阻、勇往直前、追求真理的精神也益发在我们面前彰显。

十六日　东岭坞内居人段姓，引南行一里，登东岭，即从岭上西行。岭头多漩窝成潭，如釜之仰，釜底俱有穴直下为井，或深或浅，或不见其底，是为九十九井。始知是山下皆石骨玲珑，上透一窍，辄水捣成井。窍之直者，故下坠无底；窍之曲者，故深浅随之。井虽枯而无水，然一山而随处皆是，亦一奇也。又西一里，望见西南谷中，四山环绕，漩成一大窝，亦如仰釜，釜之底有涧，涧之东西皆秦人洞也。由灌莽[①]中直下二里，至其处。其涧由西洞出，由东洞入，涧横界窝之中，东西长半里，中流先捣入一穴，旋透穴中东出，即自石峡中行。其峡南北皆石崖壁立，夹成横槽；水由槽中抵东洞，南向捣入洞口。洞有两门，北向，水先分入小门，透峡下倾，人不能从，稍东而南入大门者，从众石中漫流，其势较平；第[②]洞内水汇成潭，深浸洞之两崖，旁无余隙可入。循崖则路断，涉水则底深，惜无浮槎可觅支矶片石。惟小门之水，入峡后亦旁通大洞，其流可揭厉[③]而入。其窍宛转而披透，窍中如轩楞别启[④]，返瞩捣入之势，亦甚奇也。西洞洞门东穹[⑤]，较东洞之高峻少杀；水由洞后东向出，水亦较浅可揭。入洞五六丈，上嵌围顶，四围飞石驾空，两重如庋[⑥]悬阁，得二丈梯而度其上。其下再入，水亦成潭，深与东洞并，不能入矣。是日导者先至东洞，以水深难入而返，不知所谓西洞也。返五里，饭于导者家，日已午矣。其长询知洞水深，曰："误矣！此入水洞，非水所从出者。"复导予行，始抵西洞。余幸兼收之胜，岂惮往复之烦！既出西洞过东洞，共一里，逾岭东望，见东洞水所出处；复一里，南抵坞下，其水东向涌出山麓，亦如黄雩之出石下也。土人环石为陂[⑦]，壅为巨潭以灌山塍[⑧]。从其东，水南流出谷，路北上逾岭，共二里始达东岭之上，此由州入坞之大道也。登岭，循旧路一里，返宿导者家。

【注释】

①灌莽，丛生的草木。见《文选·鲍照〈芜城赋〉》："灌莽杳而无际，丛薄纷其相依。"

②第，文言连词，意为但是。

③揭厉（qì lǐ），水浅处提起衣裤涉水，水深处穿着衣服涉水。

④轩，古代一种有窗的长廊或小屋。楞（léng），同"棱"。本义为四方木、棱角，物体上不同方向的两个平面连接的部分。

⑤穹（qióng），本意是指穷尽，也指中间隆起的拱形，亦代

指天空。

⑥庋（guǐ），依托屋柱搭建成的储物木架。

⑦陂，山坡。

⑧壅（yōng），堵塞。山塍（shān chéng），指山上田地。

【译文】

十六日　东岭坞内一个姓段的农户，领着我往南走一里，登上东岭，然后便从岭上往西行。岭头上有许多水流回旋下落冲出的深水坑，如同仰放着的锅，锅底都有洞穴直通向下成为井，它们有的深有的浅，有的几乎见不到底，这里就是九十九井。这才知道这山的下面都是玲珑的石头，上面有一个洞，就会被水冲捣成井。有的洞垂顺直下，所以下坠无底；有的洞曲折，所以深浅也随情形的变化而不同。这些井皆干枯无水，整座山几乎都是这样，也可称得是一个奇观。又往西一里，望见西南面山谷中四面山峰环绕，水流回旋下落冲成一个大洼坑，也如一口仰放着的锅，坑底有涧流，涧的东西两边都是秦人洞。从茂密的草木中直往下走二里，到了那大洼坑处。涧流横亘在洼坑中间，从秦人洞西洞流出，进入东洞，东西长达半里，流到中途先捣入一个洞穴中，旋即穿过洞穴从东面流出，便从石峡中流走。那山峡南北两边都是耸立如壁的石崖，夹峙形成一条横槽；水从横槽中流抵东洞，向南捣入洞口。东洞有两个门，朝向北面，水流先分入小门，透过夹壁向下倾泻，人不能随水而入，稍往东而向南流入大门内的水，因从众多石头中间漫流，水势较为平缓；只是洞内水流汇聚成潭，深深地浸没了洞内的两边崖壁，旁边没有别的缝隙可以让人通过。顺着山崖走则道路断绝，欲涉水而过却发现水太深，可惜没有木筏可以搭乘进去以觅取潭水边的支矶片石。只有小门中的水，流入夹壁后也可向旁边通到大洞，那里水流较浅的地方可以提起衣裤走进去。那通往大洞的孔穴曲折，缝隙中透着光，孔穴内如另有一间开着门的、有栏杆的小屋子，从那里转身观看水流捣入的态势，也很奇特。西洞的洞门朝东高高隆起，比起东洞洞门的高峻来稍微逊色一些；水从洞后面向东流出去，而且水也较浅可以提起衣裤走入其中。进入洞内五六丈后，上面镶嵌着围顶，四周石头凌空飞突，洞壁上方如同悬空架着楼阁，若是有两丈高的梯子便可攀到上面。再往下走，水流也汇聚成潭，潭的深度与东洞一样，因而不能再往里走了。这天，向导先带我到东洞，因为洞中水深难以进入，便返回了，不知道还有所谓的西洞。往回走五里，在向导家吃过饭，已是中午了。向导家的一个长者询问后得知我们所到的那个洞里水深，便说："错了！这是入水洞，不是水从其中流出的那个洞。"于是又领着我前行，这才抵达西洞。我庆幸能够游览两个洞的优美景观，又怎会担心路途往返的麻烦呢！出了西洞后经过东洞，共走了一里，越过山岭往东望去，看到东洞的水流出山腹之处；又走了一里，往南抵达山坞下，见那水从山麓向东涌出，就像黄雩江从石头下边涌出来的那样。当地人用石块砌成一个圆形的池子，堵起一大潭水用以灌溉山中的田畦。从池子的东面起，水往南流出山谷，道路往北越岭而去，共走了二里才到达东岭上，这是从茶陵州城进入东岭坞的大路。登上岭头，沿着原路走一里，返回向导家住宿。

十七日　晨餐后，仍由新庵北下龙头岭，共五里，由旧路至络丝潭下。先是，余按志有"秦人三洞，而上洞惟石门不可入"之文，余既以误导兼得两洞，无从觅所谓上洞者。土人曰："络丝潭北有上清潭，其门甚隘，水由中出，人不能入，入即有奇胜。此洞与麻叶洞俱神龙蛰[1]处，非惟难入，亦不敢入也。"余闻之，益喜甚。既过络丝潭，不渡涧，即傍西麓下。盖渡涧为东麓，云阳之西也，枣核故道；不渡涧为西麓，大岭、洪碧之东

也，出把七道。北半里，遇樵者，引至上清潭。其洞即在路之下、涧之上，门东向，夹如合掌。水由洞出，有二派：自洞后者，汇而不流；由洞左者，乃洞南旁窦，其出甚急。既逾洞左急流，即当伏水而入。导者止供炬爇②火，无肯为前驱者。余乃解衣伏水，蛇行以进。石隙既低而复隘，且水没其大半，必身伏水中，手擎火炬，平出水上，乃得入。西入二丈，隙始高裂丈余，南北横裂者亦三丈余，然俱无入处。惟直西一窦，阔尺五，高二尺，而水没其中者亦尺五，隙之余水面者，五寸而已。计匍匐水中，必口鼻俱濡③水，且以炬探之，贴隙顶而入，犹半为水渍。时顾仆守衣外洞，若泅水入，谁为递炬者？身可由水，炬岂能由水耶？况秦人洞水，余亦曾没膝浸服，俱温然不觉其寒，而此洞水寒，与溪涧无异。而洞当风口，飕飗④弥甚。风与水交逼，而火复为阻，遂舍之出。出洞，披衣犹觉周身起粟，乃爇火洞门。久之，复循西麓随水北行，已在枣核岭之西矣。

【注释】

①蛰（zhé），虫类伏藏。

②爇（ruò），点燃，焚烧。

③濡（rú），沾湿，沾染。

④飕飗（sōu liú），象声词，指寒气，寒风。出自《小桃红·姚江夜泊》。

【译文】

十七日　早餐后，仍从新庵往北下了龙头岭，共走五里，从原路到达络丝潭下。起初，我查到志书上有“秦人洞分三个洞，而上洞只有石门，不可进入其中”的记载，而我因为被误导而得以游览两洞，就无所谓寻觅所谓的上洞。当地人说：“络丝潭北面有个上清潭，它的门很狭窄，水由门中流出，人不可能进去，若进去便能看到奇异优美的景观。这个洞与麻叶洞都是神怪龙蛇潜伏之处，并不只是难以进入，而且也不敢进去。”我听了这话，更加欣喜。过了络丝潭后，不渡涧流，顺着西麓往下走。因为渡过涧流就到了岭的东麓，那里在云阳山的西面，就是来时所走的、经过枣核岭的那条路；不渡涧流就是在岭的西麓，在大岭、洪碧山的东面，那是通往把七铺的路。往北走了半里，遇上樵夫，他领我到了上清潭。那洞就在路的下方、涧流上边，洞门朝东，两边相夹如同两掌相合。水从洞中出来，分为两股：从洞后出来的，汇聚成潭而不流动；从洞的左边，即洞南的支洞出来的，流得很急。随后我越过洞左边的急流，从水中走进洞去。向导只提供火把，不肯为我引路。于是我便脱了衣服在水中像蛇一样匍匐前进。石头间的缝隙既低矮又狭窄，而且被水淹没了大半，必须身体没入水中，手举着火把平伸出水面上，才能进去。往西进去两丈，石头间的缝隙才高高地裂开一丈多，南北横向裂开的也有三丈多，然而都没有进入缝隙的通道。唯独正西面有个小洞，宽一尺五，高有两尺，然而水淹没着的部分也有一尺五，水面上剩余的缝隙不过五寸而已。我心下琢磨，若是从水中匍匐着爬进去，口鼻必然都被沾湿，而且用火把试探了一下，即便贴着缝隙顶端往里爬，火把仍有一半被水浸泡。顾仆在洞外守着衣服，若游水进去，谁给我递火把？身体可以从水中过，火把又怎能从水中过呢？而且秦人洞中的水，也曾淹过膝盖浸湿大腿，但感觉温暖不寒冷，而此洞中的水寒冷，与溪涧中的水没有差别。又加之洞正当风口，风飕飕地刮得很猛。风与水交相侵逼，而火又成为阻止我往里进的一个因素，于是放弃探险返身出来。出了洞，披上衣服还是觉得全身颤抖，于是在洞门边烧了堆火烤干衣服取暖。过了好久，依旧顺着岭西山麓随水往北行，这时已经是在枣核岭的西面了。

去上清三里，得麻叶洞。洞在麻叶湾，西为大岭，南为洪碧，东为云阳、枣核之支，北则枣核西垂。大岭东转，束涧下

流，夹峙如门，而当门一峰，耸石屼突[①]，为将军岭；涧捣其西，而枣核之支，西至此尽。涧西有石崖南向，环如展翅，东瞰涧中，而大岭之支，亦东至此尽。回崖之下，亦开一隙，浅不能入。崖前有小溪，自西而东，经崖前入于大涧。循小溪至崖之西胁乱石间，水穷于下，窍启于上，即麻叶洞也。洞口南向，大仅如斗，在石隙中转折数级而下。初觅炬倩导，亦俱以炬应，而无敢导者。曰："此中有神龙。"或曰："此中有精怪。非有法术者，不能摄服。"最后以重资觅一人，将脱衣入，问余乃儒者，非羽士，复惊而出曰："予以为大师，故欲随入；若读书人，余岂能以身殉[②]耶？"余乃过前村，寄行李于其家，与顾仆各持束炬入。时村民之随至洞口数十人，樵者腰镰，耕者荷锄，妇之炊者停爨[③]，织者投杼，童子之牧者，行人之负载者，接踵而至，皆莫能从。余两人乃以足先入，历级转窦[④]，递炬而下，数转至洞底。洞稍宽，可以侧身矫首，乃始以炬前向。其东西裂隙，俱无入处，直北有穴，低仅一尺，阔亦如之，然其下甚燥而平。乃先以炬入，后蛇伏以进，背磨腰贴，以身后耸，乃度此内洞之第一关。其内裂隙既高，东西亦横亘，然亦无入处。又度第二关，其隘与低与前一辙，进法亦如之。既入，内层亦横裂，其西南裂者不甚深。其东北裂者，上一石坳，忽又纵裂而起，上穹下狭，高不见顶，至此石幻异形，肤理顿换，片窍俱灵。其西北之峡，渐入渐束，内夹一缝，不能容炬。转从东南之峡，仍下一坳，其底砂石平铺，如涧底沽溜，第干燥无水，不特免揭厉，且免沾污也。峡之东南尽处，乱石轰驾，若楼台层叠，由其隙皆可攀跻而上。其上石窦一缕，直透洞顶，光由隙中下射，若明星钩月，可望而不可摘也。层石之下，涧底南通，覆石低压，高仅尺许；此必前通洞外，涧所从入者，第不知昔何以涌流，今何以枯涸也，不可解矣！由层石下北循涧底入，其隘甚低，与外二关相似。稍从其西攀上一石隙，北转而东，若度鞍历峤[⑤]。两壁石质石色，光莹欲滴，垂柱倒莲，纹若镂雕，形欲飞舞。东下一级，复值涧底，已转入隘关之内矣。于是辟成一衖[⑥]，阔有二丈，高有丈五，覆石平如布幄，涧底坦若周行。北驰半里，下有一石，庋出如榻[⑦]，楞边匀整；其上则莲花下垂，连络成帏，结成宝盖，四围垂幔，大与榻并，中圆透盘空，上穹为顶；其后西壁，玉柱圆竖，或大或小，不一其形，而色皆莹白，纹皆刻镂：此衖中第一奇也。又直北半里，洞分上下两层，涧底由东北去，上洞由西北登。时余所赍火炬已去其七，恐归途莫辨，乃由前道数转而穿二隘关。抵透光处，炬恰尽矣。穿窍而出，恍若脱胎易世。洞外守视者，又增数十人，见余辈皆顶额[⑧]称异，以为大法术人。且云："前久候以为必堕异吻，故余辈欲入不敢，欲去不能。兹安然无恙，非神灵摄服，安能得此！"余各谢之，曰："吾守吾常，吾探吾胜耳，烦诸君久伫，何以致之！"然其洞但入处多隘，其中洁净干燥，余所见洞，俱莫能及，不知土人何以畏入乃尔！乃取行囊于前村，从将军岭出，随涧北行十余里，抵大道。其处东向把七尚七里，西向还麻止三里，余初欲从把七附舟西行，至是反溯流逆上，既非所欲，又恐把七一时无舟，天色已霁，遂从陆路西向还麻。时日已下舂，尚未饭，索酒市中。又西十里，宿于黄石铺，去茶陵西已四十里矣。是晚碧天如洗，月白霜凄，亦旅中异境，竟以行倦而卧。

【注释】

①屼（wù）突，突兀。屼，出自左思《吴都赋》，形容山光秃的样子。

②殉，殉葬。

③爨（cuàn），烧火煮饭；灶。

④窦（dòu），洞，孔。

⑤峤，尖而高的山，或指山道。

⑥衖（xiàng），古同"弄"，即小巷、胡同。

⑦庋（guì），托出。榻（tà），床。

⑧顶额，以手加额。表示敬意。

【译文】

离开上清潭三里，找到麻叶洞。此洞在麻叶湾，西面是大岭，南面是洪碧山，东面是云阳山、枣核岭的分支，北面则是枣核岭的西边。大岭折往东延伸，夹立在涧的下游，峰岭夹峙如同门一般，而正对着山门有座山峰，峰上石头高耸突兀，那就是将军岭；涧流捣贯将军岭的西侧，而枣核岭的分支往西延伸到这里已是尽头。涧流西面有座石崖朝南环绕，如同鸟雀展开的翅膀，向东俯瞰涧流中，而大岭的分支也往东延伸到此处尽头。回旋的石崖下，也裂开一条缝隙，但缝隙很浅，人无法进入。石崖前面有条小溪，自西向东流，经石崖前汇入大涧流中。我顺着小溪到达石崖西侧的乱石中间，水在石崖下面流尽，上面有一个洞穴，这就是麻叶洞。麻叶洞洞口朝南，仅如斗般大小，在石头缝隙中转折了几层而往下。起初找火把请向导时，当地人都只答应提供火把，而没有人敢导引我游览洞穴。他们中有的人说："这洞中有神龙。"有的说："这洞中有精怪。除非是有法术的人，否则不能使那精怪畏惧顺服。"最后出重资找到一人，正要脱衣进洞时，问知我是读书人，不是道士，又惊骇地退出，说道："我以为你是能降服神怪的道士，所以想随你进去；若是读书人，我岂不是要以身殉葬？"我于是到前村，将行李寄存在那人家中，与顾仆各持火把进洞。当时跟随我们到洞口的村民有几十人，打柴的腰插镰刀，耕田的肩扛锄头，妇女们停下了灶上的活计，织布的将梭子抛在一边，还有放牧的童子、背东西的行人等都跟着来了，但没有人跟随我们进去。我们二人先将脚伸进洞内，然后踩着小石坑，在一些小洞中绕行，互相传递着火把朝下走，转了好几次后方才到达洞底。洞底稍微宽一些，可以侧身抬头，于是才将火把举到前边。洞东西两侧崖壁上裂开的缝隙都没有通道可以进去，正北方有个孔穴，很是低矮，只有一尺高，宽度也是一样，然而那孔穴下干燥而平坦。于是先将火把伸进去，之后像蛇一样往里爬，脊背摩擦着孔穴顶部，腰部贴着孔壁，下身向后翘起，才通过了这内洞中的第一关。孔穴里面的缝隙很高，又是东西贯通，然而也没有进入的通道。又通过第二关，它的狭窄和低矮程度与第一关如出一辙，进入里边的方法也相同。进去后，内层同样横向裂开，西南侧裂开的缝隙不很深。而东北侧裂开的缝隙，斜向上过了一个石坳后，忽然又纵向裂开，上面高耸下面狭窄，高不见顶，到了此处，岩石变化出不同的形态，表层纹理时时更换，每一片石每一个孔都显得灵异。西北面的洞峡越往里越窄，两壁夹着一条缝，窄得连火把都容不下。折往东南面的洞峡，依然下了一个石坳，洞峡底部砂石平铺，如同涧流底一般洁净光滑，只是干燥无水，这不仅省了提起衣裤的麻烦，而且避免了水流弄湿弄脏衣服。洞峡的东南尽头处，乱石崩裂堆积，像楼台一样层层叠累，从石头的缝隙间可以攀登着上去。那上面有一小道石缝，直通洞顶，光从缝隙中照射下来，宛若明亮的星星和如钩的月亮，可望而不可即。层层叠累的石头下面，涧底通向南方，覆盖的石头低低地遮在沟涧上面，仅有一尺左右高；这必定是以前通向洞外的通道，只是不知为何从前流水奔涌，而如今却这般干涸，真是难以理解！从层层叠累的石头下往北顺着涧底进去，那狭窄的通道很低矮，与外面经过的两个关相似。从它稍西侧一点的位置攀上一条石缝，先转往北而后转往东，像翻过马鞍似的尖而高的山头。两壁石头的质地颜色似玉般光洁欲滴，那垂悬的石柱、倒挂的石莲花，花纹好像是雕刻出来的，形态飘逸，像是要飞舞起来一般。往东走下一个石阶，又到了涧底，便已经转入隘关以内了。从这里进去是一个小石巷，宽两丈，高一丈五，上面覆盖的石头平得如同布篷，涧底平且宽广如同大路。往北急行半里，下面有一块石块横伸出来，如同一张床，棱边匀称整齐；顶上有石莲花下垂，纵横的石条网织成石帐，结成宝盖，四周垂悬着帐幕，大小与床相当，帐幕中间圆而贯通，向上回旋，上面穹隆形成顶；它的后侧西边，一根根像是用玉石做成的圆形石柱直立着，有大有小，形态各不相同，而颜色都晶莹洁白，花纹都像是雕刻而成：这是小石巷中的第一奇景。又直往北半里，洞分为上下两层，涧底朝东北延伸而去，到洞上层从西北侧攀登。这时我带的火把已经燃去了十分之七，担心回去的路途分辨不清，从前面所走的道路转了几次，穿过了两道隘关。抵达透光处时，火把恰好燃尽了。穿过孔穴出洞，仿佛投胎转世一般。洞外守着观看的人此时又增加了几十个，见到我俩都将手举到额上行礼，大称奇异，把我们视为有大法术的得道之人，并且说："我们守候很久，以为你们必定落入怪物口中，所以我等想进去看却又不敢，想离开又不能。现在你们安然无恙，若不是神灵畏惧而顺服你们，怎会有如此结果！"我向诸位道谢，对他们说："我遵从我的规则行事，探游所喜爱的风景名胜，劳烦各位久候，诸位的情谊真是无以报答呀！"然而那洞只是入口处颇为狭窄，洞中却洁净干燥，我之前见过的洞都无法与之相比，不知道当地人为什么那样害怕进去！之后到前村取了行李，从将军岭出来，顺着山涧往北走了十多里，到达大路。那里向东距把七铺还有七里，向西到还麻只有三里，我最初想从把七铺搭乘船只西行，而现在去把七铺反倒是溯流而上，已经不是我所希望的，又担心把七铺一时间没船，见此时天色已经放晴，于是从陆路向西朝还麻走。当其时，太阳已经落山，我们尚未吃饭，于是在集市中弄了些酒。又往西走了十里，在黄石铺投宿，这时距离茶陵州城西已有四十里了。当晚碧空如洗，月白霜寒，也是旅行途中的不常见到的情况，但因为走得太疲倦，倒下后就睡着了。

黄石铺之南，即大岭北峙[①]之峰，其石嶙峋插空，西南一峰尤

甚，名五凤楼，去十里而近，即安仁道。余以早卧不及询，明日登途，知之已无及矣。

【注释】

①峙（zhì），本义为稳固地、高高地立起，引申为相对耸立，对立。

【译文】

黄石铺的南面，就是大岭北面耸起的山峰，山峰上怪石嶙峋，直插云霄，西南面的一座山峰尤其突出，名为五凤楼，距此峰不足十里，就是通往安仁县城的路。我因为头天晚上早早睡下，没能打听到这些，第二天踏上路途，知道时已经来不及了。

黄石西北三十里为高暑山，又有小暑山，俱在攸县东，疑即司空山也。二山之西，高峰渐伏。茶陵江北曲，经高暑南麓而西，攸水[1]在山北。是山界茶、攸两江云。

【注释】

①攸（yōu）水，属于湘江水系。源出江西省莲花县六市乡武功山，在汉代时流入湖南境内，向南流至攸县，汇入洣水，在攸县当地也有人叫其伯水，古名叫攸溪。

【译文】

黄石铺西北面三十里为高暑山，另外又有座小暑山，它们都在攸县东境，我怀疑这就是司空山。两山的西面，高峻的山峰渐渐低伏下去。茶陵江折往北，经高暑山南麓流向西去，攸水在高暑山的北面。是这座山分隔了茶陵江、攸水两条江流。

湘江遇盗日记

《湘江遇盗日记》是徐霞客在湖南湘江船上遇盗的真实记录，见《楚游日记》。

徐霞客西游途中，历尽艰险，曾多次绝粮，多次遇盗，而以湘江遇盗所受的打击最大。崇祯十年（1637）二月初十，徐霞客乘船离开衡阳，十一日泊于新塘站附近。深夜，群盗冲入船上，杀人放火，洗劫财物。徐霞客一行的钱物皆被焚劫，只有静闻拼死救出徐霞客游记的手稿及部分经籍，徐霞客落水，静闻及顾仆皆被盗贼戳伤。十三日，徐霞客重回衡阳，已身无分文。朋友为其筹措衣装，劝他回乡，徐霞客却仍“不欲变余去志”。他常说：“吾荷一锸来，何处不可埋吾骨耶？”其后经过多方努力和朋友筹措，徐霞客一行终于又踏上了旅程。

《湘江遇盗日记》记录经过甚详。静闻为他人挡刃、水里来火里去的崇高精神令人敬佩；另一些人却趁火打劫，冒认财物，或见死不救，令人鄙夷。这些危难时刻的众生相，都被徐霞客一一记录下来。他的坚定信念和不屈意志，令人肃然起敬！

十一日　五更复闻雨声，天明渐霁。二十五里，南上钩栏滩，衡南首滩也，江深流缩，势不甚汹涌。转而西，又五里为东阳渡[1]，其北岸为琉璃厂，乃桂府烧造之窑也。又西二十里为车江[2]，或作“汉江”。其北数里外即云母山。乃折而东南行，十里为云集潭，有小山在东岸。已复南转，十里为新塘站[3]。旧有驿，今废。又六里，泊于新塘站上流之对涯。同舟者为衡郡艾行可、石瑶庭，艾为桂府礼生[4]，而石本苏人，居此已三代矣。其时日有余照，而其处止有谷舟二只，遂依之泊。已而，同上水者又五六舟，亦随泊焉。其涯上本无村落，余念石与前舱所搭徽人俱惯游江湖，而艾又本郡人，其行止余可无参与，乃听其泊。迨暮，月色颇明。余念入春以来尚未见月，及入舟前晚，则潇湘夜雨，此夕则湘浦月明，两夕之间，各擅一胜，为之跃然。已而忽闻岸上涯边有啼号声，若幼童，又若妇女，更余不止。众舟寂然，皆不敢问。余闻之不能寐，枕上方作诗怜之，有“箫管孤舟悲赤壁，琵琶两袖湿青衫”之句，又有“滩惊回雁天方一，月叫杜鹃更已三”等句。然亦止虑有诈局，俟怜而纳之，即有尾其后以挟诈者，不虞其为盗也。迨二鼓，静闻心不能忍，因小解涉水登岸，静闻戒律甚严，一吐一解，必俟登涯，不入于水。呼而诘之，则童子也，年十四五，尚未受全发，诡言出王阉之门，年甫十二，王善酗酒，操大杖，故欲走避。静闻劝其归，且厚抚之，彼竟卧涯侧。比静闻登舟未久，则群盗喊杀入舟，火炬刀剑交丛而下。余时未寐，急从卧板下取匣中游资移之。越艾舱，欲从舟尾赴水，而舟尾贼方挥剑斫尾门，不得出。乃力掀篷隙，莽投之江中，复走卧处，觅衣披之。静闻、顾仆与艾、石主仆，或赤身，或拥被，俱逼聚一处。贼前从中舱，后破后门，前后刀戟乱戳，无不以赤体受之者。余念必为盗执，所持绌[5]衣不便，乃并弃之。各跪而请命，贼戳不已，遂一涌掀篷入水。入水余最后，足为竹纤所绊，竟同篷倒翻而下，首先及江底，耳鼻灌水一口，急踊而起。幸水浅止及腰，乃逆流行江中，得邻舟间避而至，遂跃入其中。时水浸寒甚，邻客以舟人被盖余，而卧其舟。溯流而上三四里，泊于香炉山，盖已隔江矣。还望所劫舟，火光赫然，群盗齐喊一声为号而去。已而同泊诸舟俱移泊而来，有言南京相公身被四创者[6]，余闻之暗笑其言之妄。且幸乱刃交戟之下，赤身其间，独一创不及，此实天幸！惟静闻、顾奴不知其处，然亦以为一滚入水，得免虎口，资囊可无计矣。但张侯宗琏所著《南程续记》一帙[7]，乃其手笔，其家珍藏二百余年，而一入余手，遂罹此厄[8]，能不抚膺[9]！其时舟人父子亦俱被戳，哀号于邻舟。他舟又有石瑶庭及艾仆与顾仆，俱为盗戳，赤身而来，与余同被卧，始知所谓被四创者，乃余仆也。前舱五徽人俱木客，亦有二人在邻舟，其三人不知何处。而余舱尚不见静闻，后舱则艾行可与其友曾姓者，亦无问处。余时卧稠人中，顾仆呻吟甚，余念行囊虽焚劫无遗，而所投匣资或在江底可觅。但恐天明为见者取去，欲昧爽[10]即行，而身无寸丝，何以就岸？是晚初月甚明，及盗至，已阴云四布，迨晓，雨复霏霏。

【注释】

①东阳渡，在衡阳市南境，位于湘江东岸。

②车江，在衡南县中部，位于湘江西岸。

③新塘站，即今衡南县南的新塘站。

④礼生，祭祀时赞礼司仪的执事。

⑤紬（chóu），为大丝抽缯，粗茧织成。

⑥相公，旧时对读书人的敬称。创，伤口。

⑦帙（zhì），用布帛制成的包书的套子，因称书一套为“一帙”。

⑧罹（lí），遭遇不幸的事。厄，厄运。

⑨抚膺（yīng），抚胸。表示痛惜、气愤之情。膺，胸。

⑩昧爽，即拂晓、黎明。

【译文】

十一日　五更时又听到雨声，天亮后雨渐渐停下。行二十五里，往南上了钩栏滩，它是衡州府城南面湘江上的第一滩，行到此处，江流变深，水面变窄，水势不很汹涌。折往西，又行五里为东阳渡，其北岸为琉璃厂，是桂府烧造各种器皿的窑厂。又往西行二十里为车江（或写作“汊江”）。它北面几里以外就是云母山。而后就折往东南，行十里为云集潭，有座小山在潭东岸上。随后又转往南，行十里为新塘站（先前有驿站，如今已废弃）。又行六里，停泊在新塘站上游对岸。同船的有衡州府的艾行可、石瑶庭，艾姓者是桂府祭祀时赞礼司仪的执事，石姓者本是苏州府人，移居此地已有三代了。当时太阳还有余晖，该地只有两艘载着谷粮的船，于是靠拢上去停泊在一起。不久，同往上游航行的船又有五六条，也在此处停泊。此处岸上本无村落，但我想石姓者与前舱中搭乘的徽州府人都惯游江湖，而艾姓者又是本府人，或走或停皆心中有数，我无需干预，于是听凭船只停泊。待太阳落山后，天空中月色很明亮。我回想起入春以来还未见到月亮，自前天晚上登船，潇湘江下了一夜的雨，今夜却是明月照耀，两晚各欣赏不同的江上美景，心中不禁感到愉悦。旋即听到江岸边有啼哭声，像是幼童，又像是妇女，哭了一更多还未止歇。众船中静悄悄的，都不敢随便询问。我听着哭声不能安睡，便在枕头上作了一首诗表达怜悯之情，诗中有“箫管孤舟悲赤壁，琵琶两袖湿青衫”这样的句子，又有“滩惊回雁天方一，月叫杜鹃更已三”等句子。然而我也只是考虑怕有骗人的圈套，待船上的人可怜他而收留他时，便有尾随其后挟持诈骗的人到来，没有料到会是盗贼。到两更时，静闻不能抑制住怜悯之心，于是乘涉水登岸小解的机会（静闻对教中的戒律遵守得很严，吐痰及解大、小便等，一定等到上岸，从不在水中进行），招呼询问那啼哭的人，发现是个童子，年龄十四五岁，还没有留全发，骗说他自己是王宦官门下的人，年方十二，因为王宦官酗酒，常拿重棍责罚他，因此想逃跑。静闻劝他回去，并且用好言抚慰他，而他竟然躺卧在岸边不动。静闻登船后不久，就见一群盗贼喊叫着冲入船中，火把刀剑交错密集地砍下。我当时还未睡，急忙从铺板下取出匣子中装着的旅费，转移到其他地方。我越过艾行可所在的那舱，想从船尾投入水中，可那里盗贼正挥剑砍着船尾的门，不能出去。于是用力掀起船篷，露出缝隙，莽撞地将匣子投到江中，又跑回睡卧处，找了衣服披在身上。静闻、顾仆和艾行可、石瑶庭以及他俩的仆人，或光着身，或裹着被子，都被逼到一起。船头的盗贼从中舱向后，船尾的盗贼砍开船的后门往前，前后刀戟乱刺，船上的人无不是赤身露体地挨着。我想我必定会被盗贼抓住，所拿着的绸子衣服不便于行动，于是通通丢弃。大家都跪在盗贼前请求保全性命，盗贼却砍戳个不停，于是大家一涌而起，掀起船篷跳入水中。我是最后一个入水，脚被竹船索绊着，竟然同船篷一起倒翻下去，头先触着江底，耳鼻都灌了水，然后急向上浮起。幸好水浅，只到腰部，于是逆流从江中走，见到旁边一艘船为避开盗贼开了过来，便登上那船中。当时水浸得我全身异常寒冷，那船上的一个乘客将船夫的被子盖在我身上，我便躺在船中。船逆流而上行了三四里，停泊在香炉山下，这里已经是湘江的另一岸了。回身望去，那只被抢劫的船上火光大起，众盗贼齐声喊叫一声为号，就离去了。随即，先前一同停泊的各船都移到香炉山停泊，船中有人说南京的读书人身上被刺伤四处，我听了暗笑那人所说之话的虚妄。我赤身躲在乱刀棍剑下，竟没有被戳伤，这实在是大幸！只是不知道静闻、顾仆在何处，他们也一同滚入水中，应能免于虎口，钱财之类就无需去计较了。只是张侯宗琏所著的一套《南程续记》是亲笔手迹，张氏宗族珍藏了两百多年，而一到我手中，便遭此等厄运，怎能不痛惜！当时船夫父子俩也都被刺伤，在邻船上哀号着。另一只船上又有石瑶庭、艾行可的仆人与顾仆，他们都被盗贼刺伤，光着身体来到我的船上，与我同盖一床被子，我这才知道所说的被弄伤四处的是我的仆人。原先所乘那只船前舱中的五个徽州府人都是做木工活的，其中有两个在邻船上，其余三人不知在何处。后舱中则是艾行可与他的一个姓曾的朋友，不知静闻在何处，也没有能打听的地方。我当时躺在众人中，顾仆呻吟得很厉害，我心想行李袋虽然被焚烧抢劫得什么都不剩了，而投到江中的匣子里装着的旅费或许可在江底找到。只怕天亮后被见到的人拿了去，想黎明就前往寻找，但身上无寸丝遮掩，何以上岸？当晚，初始月色明亮，待盗贼来时，已经阴云密布，及天亮时，雨又霏霏地下了起来。

十二日　邻舟客戴姓者，甚怜余，从身分里衣、单裤各一以畀[①]余。余周身无一物，摸髻中犹存银耳挖一事，余素不用髻簪，此行至吴门，念二十年前从闽返钱塘江浒[②]，腰缠[③]已尽，得髻中簪一枝，夹其半酬饭，以其半觅舆，乃达昭庆金心月房。此行因换耳挖一事，一以绾发，一以备不时之需。及此堕江，幸有此物，发得不散。艾行可披发而行，遂至不救。一物虽微，亦天也！遂以酬之，匆匆问其姓名而别。时顾仆赤身无蔽，余乃以所畀裤与之，而自着其里衣，然仅及腰而止。旁舟子又以衲一幅畀予，用蔽其前，乃登涯。涯犹在湘之北东岸，乃循岸北行。时同登者余及顾仆，石与艾仆并二徽客，共六人一行，俱若囚鬼。晓风砭骨，砂砾裂足，行不能前，止不能已。四里，天渐明，望所焚劫舟在隔江，上下诸舟，见诸人形状，俱不肯渡，哀号再三，无有信者。艾仆隔江呼其主，余隔江呼静闻，徽人亦呼其侣，各各相呼，无一能应。已而闻有呼予者，予知为静闻也，心窃喜曰："吾三人俱生矣。"亟欲与静闻遇。隔江土人以舟来渡余，及焚舟，望见静闻，益喜甚。于是入水而行，先觅所投竹匣。静闻望而问其故，遥谓余曰："匣在此，匣中之资已乌有矣。手摹《禹碑》及《衡州统志》犹未沾濡也。"及登岸，见静闻焚舟中衣被竹笈犹救数件，守之沙岸之侧。怜予寒，急脱身衣以衣予；复救得余一裤一袜，俱火伤水湿，乃益取焚余炽火以炙之。其时徽客五人俱在，艾氏四人，二友一仆虽伤亦在，独艾行可竟无踪迹。其友、仆乞土人分舟沿流捱觅，余辈炙衣沙上，以候其音。时饥甚，锅具焚没无余，静闻没水取得一铁铫[4]，复没水取湿米，先取干米数斗，俱为艾仆取去。煮粥遍食诸难者，而后自食。迨下午，不得艾消息，徽人先附舟返衡，余同石、曾、艾仆亦得土人舟同还衡州。余意犹妄意艾先归也。土舟颇大，而操者一人，虽顺流行，不能达二十余里，至汉江已薄暮。二十里至东阳渡，已深夜。时月色再明，乘月行三十里，抵铁楼门，已五鼓矣。艾使先返，问艾竟杳然[5]也。

【注释】

①畀（bì），给，给予。

②浒（hǔ），水边。

③腰缠，随身携带的财物。

④铫（diào），一种用以煮开水熬东西的有柄小锅。

⑤杳（yǎo）然，消失，不见踪影。

【译文】

十二日　邻船一个姓戴的客人很同情我，从身边分出内衣、单裤各一件给了我。我身无一物，摸摸发髻上还插着一个银耳挖（我向来不用髻簪，此次旅行到苏州时，想起二十年前从福建返回钱塘江时，随身携带的财物已经用完，从发髻中摸到一枝簪，剪下一半付了饭钱，用另一半雇了一乘轿子，才到达昭庆寺金心月房。于是此次旅行换了一个耳挖，一是用来盘束头发，一是用来防备不时之需。现在落入江中，幸亏有这耳挖，头发得以不散开。艾行可披发而行，以至于无救。一件物品虽然微小，也会成为赖以保全性命的东西啊！），我便用耳挖酬谢了他，匆匆问了他的姓名就告别了。当时顾仆赤身裸体，没有一点儿衣物遮身，我便把戴姓者所给的裤子给了他，自己就穿着那件内衣，仅能遮至腰间。旁边一只船的船夫又将一块打过补丁的布给了我，我用它遮着身前，就朝岸上登去。所登之处仍然在湘江的东北岸上，于是沿岸往北行。当时一同登岸的有我和顾仆、石瑶庭和艾行可的仆人以及两个徽州府人，一行共六人，个个都像是囚犯鬼怪。拂晓的风寒冷刺骨，碎石子划破了脚板，往前难行，想停下又不能。走了四里，天色渐亮，望见那只被焚烧抢劫的船在江对面，顺着江面往来的众多船只，看到我们这一行人的形状，都不肯为我们摆渡，再三哀求哭喊，都没有相信的。艾行可的仆人隔着江呼叫他的主人，我隔着江呼喊静闻，徽州府人也呼喊着他们的同伴，众人各各相呼，没人一声应答。不久，听到有喊我的声音，我知道是静闻，心中暗喜道："我们三人都还活着。"更迫切地想与静闻相会。江对面的一个当地人划船过来接我，到被焚毁的船边，望见静闻，更是欢喜。我从船的残骸处入水而行，想先寻找投入江中的竹匣子。静闻望见后问我为何如此，然后远远地对我说："匣子在这里，但匣中的钱物已经没有了。你亲手临摹的《禹碑》和《衡州统志》还没有沾湿。"待登上岸，见到静闻从被烧的船中还救得衣服、被子、竹书箱等几件物品，守在沙岸边。他怜惜我寒冷，急忙脱下身上的衣服给我穿上；又救得我的一条裤子一双袜子，都被火烧被水浸湿了，于是再取了些那船上仍燃烧得很旺的残火来烘烤被子、袜子。这时，徽州府的五个乘客都在此处，艾行可一行四人中，他的两个友人和一个仆人虽然受伤，但也都在，唯独艾行可竟然全无踪迹。他的友人和仆人乞求当地人分别乘船沿江去一处一处挨着找寻，而我们在沙地上烘烤衣服，等候他的音讯。当时非常饥饿，但锅具都被烧毁或没入江中，静闻潜入水中捞到一个铁铫锅，然后再潜入水中捞起些湿米（先是弄到几斗干米，但都被艾行可的仆人拿了去），煮了粥分给各个遭难的人吃，然后才自已吃。直等到下午，都没有艾行可的消息，徽州府的几个人先搭乘船只返回衡州城，随后我们三人同石瑶庭、曾姓者以及艾行可的仆人也找到一只当地人的船，返回衡州城。我还期望艾行可说不定先回城了。我们所乘的那只本地船很大，而驾船的只有一人，虽是顺流而下，路程不足二十余里，到汉江已是傍晚了。又行二十里到东阳渡，已至深夜。当时月色更加明亮，趁着月色驶行三十里，抵达铁楼门，已经五更了。艾行可的仆人先返回桂府打探情况，结果艾行可竟然全无影踪。

先是，静闻见余辈赤身下水，彼念经笈在篷侧，遂留，舍命乞哀，贼为之置经。及破余竹撞，见撞中俱书，悉倾弃舟底。静闻复哀求拾取，仍置破撞中，盗亦不禁。撞中乃《一统志》诸书，及文湛持、黄石斋、钱牧斋与余诸手柬，并余自著日记诸游稿。惟与刘愚公书稿失去。继开余皮厢[①]，见中有尺头，即阖置袋中携去。此厢中有眉公与丽江木公叙稿，及弘辨、安仁诸书，与苍梧道顾东曙辈家书共数十通，又有张公宗琏所著《南程续记》乃宣德初张侯特使广东时手书，其族人珍藏二百余年，予苦求得之。外以庄定山、陈白沙字裹之，亦置书中。静闻不及知，亦不暇乞，俱为携去，不知弃置何所，真可惜也！又取余皮挂厢，中有家藏《晴山帖》六本，铁针、锡瓶、陈用卿壶，俱重物，盗入手不开，亟取袋中。破予大笥[②]，取果饼俱投舡[③]底，而曹能始《名胜志》三本、《云南志》四本及《游记》合刻十本，俱焚讫。其艾舱诸物，亦多焚弃。独石瑶庭一竹笈[④]竟未开。贼濒行，辄放火后舱。时静闻正留其侧，俟其去，即为扑灭，而余舱口亦火起，静闻复入江取水浇之。贼闻水声，以为有人也，及见静闻，戳两创而去，而火已不可救。时诸舟俱遥避，而两谷舟犹在，呼之，彼反移远。静闻乃入江取所堕篷作筏，亟携经笈并余烬余诸物，渡至谷舟；冒火再入取艾衣、被、书、米及石瑶庭竹笈，又置篷上，再渡谷舟；及第三次，则舟已沉矣。静闻从水底取得湿衣三四件，仍渡谷舟，而谷舟乘黑暗匿紬衣等物，止存布衣布被而已。静闻乃重移置沙上，谷舟亦开去。及守余辈渡江，石与艾仆见所救物，悉各认去。静闻因谓石曰："悉是君物乎？"石遂大诟静闻，谓："众人疑尔登涯引盗。谓讯哭童也。汝真不良，欲掩我之篋。"不知静闻为彼冒刃、冒寒、冒火、冒水，守护此篋，以待主者，彼不为德，而反诟之。盗犹怜僧，彼更胜盗哉矣，人之无良如此！

【注释】

①厢，同"箱"。

②笥（sì），装饭食或衣物的竹器。

③舡（chuán），同"船"。

④笈（jí），书箱。

【译文】

先前，静闻见我等赤身跳入水中，他因想着佛经、书箱在船篷侧边，便留在了船上，舍命乞求，盗贼才丢下经书。等破开我的竹箱，盗贼见箱中尽是书籍，就全部倾倒在船底上。静闻又向盗贼哀求，拾起来仍旧放在破箱中，盗贼也不禁止。（箱中是《大明一统志》等书籍，以及文湛持、黄石斋、钱牧斋给我的诸多亲笔信，还有我自己写作记录的许多游记手稿。只有写给刘愚公的书稿丢失了。）接着盗贼又打开我的皮箱，见其中有块绸缎布料，便全部装在袋中抢走了。此箱中有陈眉公向丽江木公叙谈各事的信稿，以及弘辨、安仁的几封信件，还有苍梧道顾东曙等人的几十封家信。另外又有张公宗琏所著的《南程续记》，是宣德初年张侯担负特别使命出使广东时亲自撰写的，他的族人珍藏了两百多年，我苦苦相求才得到它。书的外面用庄定山、陈白沙写的字幅裹着，也放在书信中间。静闻不知道这些，也无暇求讨回来，都被盗贼带了去，不知丢在何处，真可惜啊！盗贼又取了我的皮挂箱，箱中有我家私藏的《晴山帖》六本，以及铁针、锡瓶、陈用卿的壶等，都是些笨重的物件，盗贼拿到后没能打开，就都赶忙装进袋中。然后又打破我的大笥，果饼都被抛到船底，而曹能始的《名胜志》三本、《云南志》四本以及《游记》的合刻本十本，都被火烧掉。艾行可舱中的各种物件，也大多被烧毁。唯独石瑶庭的一个竹书箱盗贼竟然未打开。盗贼临走时，在后舱放了火。当时静闻正好留在旁边，等盗贼一离开，就将火扑灭，而那时我所在舱的舱口也起了火，静闻便又入江取水来浇火。盗贼听到水声，以为有人来，等见到是静闻，就刺了他两下后离去，而火势已经不可救。当时其他船都驶到远处躲避了，但两艘运谷子的船还在，静闻向他们呼喊求助，谷船反而移向远处。于是静闻跃入江中捞取落入水中的船篷作为筏子，赶忙将佛经、书箱以及火烧后残留的各样物品放入筏中，渡到谷船处；又冒火再到船上取了艾行可的衣服、被子、书箱、米以及石瑶庭的竹书箱，又放在船篷上，再次渡到谷船处；等第三次返回时，船已经沉了。静闻从水底捞起三四件湿衣服，仍渡回谷船处，而那谷船乘暗隐匿了我的绸子衣服等物品，只剩些布衣布被而已。于是静闻重新将它们移到沙滩上，谷船也随之开走。等我们渡过江到达静闻那里时，石姓者和艾行可的仆人见到救下的物件，尽都各自认领了去。静闻问石姓者说："全是你的东西吗？"石姓者便大骂静闻，说："大家都怀疑是你登陆引来盗贼（指询问啼哭的童子那件事）。你真是品性不良，还想偷我的箱子。"他不知道静闻为了他冒着刀剑、寒凉和火水，守护了这箱子，以等待主人来领取，他不感谢别人的恩德，反倒辱骂别人。盗贼都还同情僧人，这家伙比盗贼更狠毒啊，无良心的人就是如此！

十三日　昧爽登涯，计无所之。思金祥甫为他乡故知，投之或可强留。候铁楼门开，乃入。急趋祥甫寓，告以遇盗始末，祥甫怆然。初欲假数十金于藩府[①]，托祥甫担当，随托祥甫归家取还，而余辈仍了西方大愿。祥甫谓藩府无银可借，询余若归故乡，为别措以备衣装。余念遇难辄返，缺。觅资重来，妻孥必无放行之理，不欲变余去志，仍求祥甫曲济[②]。祥甫唯唯[③]。

【注释】

①金，银一两称为一金。藩府，指衡阳的桂王府。藩，封建王朝分封在各地的诸王。

②曲济，意为救济、周济。

③唯唯（wěi wěi），恭敬的应答声。引申为恭顺谨慎之义。

【译文】

十三日　黎明登岸，我担心无处可去，心想金祥甫虽是他乡异地中结交之人，投奔他或许可以收留我等。等铁楼门一开，我们就走进去，急忙奔到祥甫的寓所，将遇盗的情形告诉了他，祥甫显出悲伤的神态。我起初想向桂王府借几十两银子，托祥甫担保，同时托付祥甫回老家时到我家中取了来还给桂王府，而我等则仍可用借得的费用完成西游的心愿。但祥甫说桂王府没有银两可借，他征求我的意见，说若回故乡，他会替我另外筹集银钱备办衣服行装。我考虑到若遇难就返回家（此处有缺文），若筹措资金重新出发，妻子儿女一定不会让我走，于是不愿改变我继续旅游的意志，依然恳求祥甫曲意周济我们，祥甫表示应允。

游七星岩日记

崇祯十年（1637）闰四月初七，徐霞客进入广西境内。《游七星岩日记》是徐霞客在广西桂林第一次游七星岩的游记，时在当年五月初二，具体见《粤西游日记一》。

七星岩位于桂林东郊、漓江东岸，是桂林的奇特岩洞之一。徐霞客从北口入洞，经獭子潭、红毡、白毡等，往南贯穿到曾公岩出洞。然后又另觅导游，再入曾公岩，先北向行，在红毡、白毡处折而往东，深入到无底深潭附近返回，由曾公岩出。饭后考察七星山外部，傍晚还远眺西山形势，详析各山位置。

七星岩是一个巨大而复杂的溶洞体系，也是徐霞客洞穴考察的典型例子。他六月初二第二次游七星岩。经过全面勘察，终于查明七星山西面有五洞，东南面有五洞，北面也有五洞，即“一山凡得十五洞云”。徐霞客对洞穴内部和山体外部考察的精确描述，与近年我国学者用科学仪器测量绘制的平面图和素描图对照而言，惊人的相同。《徐霞客游记》是世界上关于喀斯特洞穴的最早的宝贵文献。

初二日　晨餐后，与静闻、顾仆裹蔬粮，携卧具，东出浮桥门。渡浮桥，又东渡花桥[1]，从桥东即北转循山。花桥东涯有小石突临桥端，修[②]溪缀村，东往殊逗人心目。山峙花桥东北，其嵯峨之势，反不若东南夹道之峰，而七星岩[③]即峙焉，其去浮桥共里余耳。岩西向，其下有寿佛寺，即从寺左登山。先有亭翼然迎客，名曰摘星，则曹能始[④]所构而书之。其上有崖横骞，仅可置足，然俯瞰城堞[⑤]西山，则甚畅也。其左即为佛庐，当岩之口，入其内不知其为岩也。询寺僧岩所何在[⑥]，僧推后扉导余入。历级而上约三丈，洞口为庐掩黑暗；忽转而西北，豁然中开，上穹下平，中多列笋悬柱，爽朗通漏，此上洞也，是为七星岩。从其右历级下，又入下洞，是为栖霞洞。其洞宏朗雄拓，门亦西北向，仰眺崇赫。洞顶横裂一隙，有石鲤鱼从隙悬跃下向，首尾鳞鬣[⑦]，使琢石为之，不能酷肖乃尔。其旁盘结蟠盖，五色灿烂。西北层台高叠，缘级而上，是为老君台。由台北向，洞若两界，西行高台之上，东循深壑之中。由台上行，入一门，直北至黑暗处，上穹无际，下陷成潭，澒洞[⑧]峭裂，忽变夷为险。时余先觅导者，燃松明于洞底以入洞，不由台上，故不及从，而不知其处之亦不可明也。乃下台，仍至洞底。导者携灯前趋，循台东壑中行，始见台壁攒裂绣错[⑨]，备诸灵幻，更记身之自上来也。直北入一天门，石楹垂立，仅度单人。既入，则复穹然高远，其左有石栏横列，下陷深黑，杳不见底，是为獭子潭。导者言其渊深通海，未必然也。盖即老君台北向下坠处，至此则高深易位，丛辟交关[⑩]，又成一境矣。其内又连进两天门，路渐转而东北，内有“花瓶插竹”“撒网”“弈棋”“八仙”“馒头”诸石，两旁善才童子，中有观音诸像。导者行急，强留谛视，顾此失彼。然余所欲观者，不在此也。又逾崖而上，其右有潭，渊黑一如獭子潭，而宏广更过之，是名龙江[⑪]，其盖与獭子相通焉。又北行东转，过红毡、白毡，委裘垂毯，纹缕若织。又东过凤凰戏水，始穿一门，阴风飕飕，卷灯冽肌，盖风自洞外入，至此则逼聚而势愈大也。叠彩风洞亦然，然叠彩昔无风洞之名，而今人称之；此中昔有风洞，今无知者。出此，忽见白光一圆，内映深壑，空濛若天之欲曙。遂东出后洞，有水自洞北环流，南入洞中，想下为龙江者，小石梁跨其上，则宋相曾公布⑫所为也。度桥，拂洞口右崖，则曾公之记在焉。始知是洞昔名冷水岩，曾公帅桂⑬，搜奇置桥，始易名曾公岩，与栖霞盖一洞潜通，两门各擅耳。

【注释】

①花桥，今名同，现为广西壮族自治区重点文物保护单位。其横跨小东江上，有水洞四孔，西端连接旱桥，上有长屋，可避风雨，形态美观。

②修，修长。

③七星岩，位于广东省肇庆市，因七座石灰岩峰排列状如天上北斗七星而得名，以峰林、溶洞、湖泊、碑刻、寺观为主体景观，素有“岭南第一奇观”的美誉。七星岩有八个厅堂似的石灰岩溶洞，由一条长八百余米的狭窄甬道连为一体，最宽处四十三米，最高处二十七米，洞内温度冬暖夏凉，常年在20℃左右。依石景特点配上不同的彩色灯光，犹如缥缈的仙景。

④曹能始，即曹学佺，字能始，号石仓，福建侯官（今福州）人。是明代著名文学家。

⑤堞（dié），呈齿状的矮城墙。

⑥“询寺僧岩”句，《游记》中的七星岩是现今碧虚亭洞和七星岩洞的总称，入洞后有上下两层洞穴，时上洞称“七星岩”，高出游览洞道十多米，下洞称“栖霞洞”，即今游览洞道。曾公岩即今马平街洞口。徐霞客从七星岩北口即今入口处入洞，向南入三天门，即今白玉长廊一带。所经獭（tǎ）子潭即今癞（lài）子潭。

⑦鬛（sāi），多须也。

⑧澒洞（hòng tóng），弥漫无际。

⑨攒裂绣错，指岩壁石纹忽聚忽裂，如锦绣灿烂，如金银

镶嵌。

⑩丛辟交关，与上句“高深易位”相对，意为开合交错。

⑪龙江，指七星岩内的地下河。

⑫曾公布，即曾布（1035—1107），字子宣，南丰人，官至翰林学士兼三司使，元丰初，以龙图阁待制知桂州。

⑬桂，即桂州。北宋置桂州，治临桂，即今桂林市。

【译文】

初二日　早餐后，与静闻、顾仆包了蔬菜粮食，带上卧具，往东出了浮桥门。走过浮桥，又往东过了花桥，从桥东立即转向北顺着山走（花桥东岸桥头有座小石峰突起，绵延的溪流点缀着村庄，往东流去，周遭景色令人心旷神怡）。山耸峙在花桥东北方，其巍峨的气势反倒不及东南方夹道而立的山峰，然而七星岩就耸立在那里，距离浮桥不过一里多。岩洞向西，下面有座寿佛寺，即刻从寺左边登山。先有座亭台如飞檐凌空般张臂迎客，其名为摘星亭，是曹能始建造的，并题写了亭名。摘星亭上方有石崖横举，宽度仅能放脚，然而在此处可俯瞰城池西山，极其畅快。摘星亭左边就是佛寺，正当岩洞的入口处，入寺时尚不知已进岩洞矣。询问寺里的僧人七星岩在何处，和尚推开后门领我进去。顺着石阶上行约三丈，洞口被房屋遮住，内里黑暗；忽又转向西北，洞中豁然开阔起来，顶上穹隆凸起下面平坦，洞中多有石笋和悬垂的石柱，但却高爽清朗，通风透亮，这里是上洞，就是七星岩。从洞右侧沿石阶往下走，又进入下洞，此为栖霞洞。该洞宏大明朗，雄壮开阔，洞口也是朝向西北，仰面眺望其高度惊人。洞顶横着裂开一条裂缝，有条石鲤鱼从裂缝中向下悬跃，头尾和鳞甲鱼腮俱齐，即使是用石头雕琢而成，也不会如此酷似。它旁边盘结着蟠龙状的伞盖，五色灿烂。西北面层层平台高叠，沿着石阶上去，这是老君台。由台上向北去，洞好像被分成两半，西边行走在高台之上，东边顺着深壑之中走去。由台上走，进入一个石门，一直往北来到黑暗处，上方穹隆无际，下边陷成深潭，弥漫无际，陡峭深裂，突然由平坦变为险阻。当时我事先找了个导引的人，在洞底点燃松明以便进洞，导引的人不从台上走，所以来不及跟随他，却不知道此处也是不能用松明照亮的。于是走下高台，仍来到洞底。导引的人带着灯走在前面，沿着高台东面的壑谷中走，这才看见高台石壁上集聚的裂缝似锦绣花纹般交错在一起，益发显得灵妙变幻，像是自行生出来般。一直往北进入一道天门，石柱垂立，仅能通过一个人。进去之后，就见洞更穹隆高远，左边有石栏杆横列，下边陷入深黑之中，杳然不见底，这是獭子潭。导引的人说这里极深，通着大海。其言未必是真。大概就是老君台向北下坠之处，到了这里就高深换位，繁空交错，又自成一境了。在里面连进两道天门，路渐渐转向东北，里面有“花瓶插竹”“撒网”“弈棋”“八仙”“馒头”诸般名称的石头，两旁有善才童子，中间有观音菩萨等众神之像。导引的人走得很急，强行留住他仔细观看，往往顾此失彼。不过我想要看的并不在此处。又越过石崖往上走，石崖右边有个深潭，渊深漆黑，像獭子潭一样，但大处宽处更超过它，这里名叫龙江，它大概与獭子潭是相通的。又往北走后转向东，经过红毡、白毡，此二处皆似悬挂的裘衣下垂的毛毯，纹缕好像是织出来的。又向东路过凤凰戏水，初始时穿过一个门洞，阴风嗖嗖，吹卷灯火，冷刺肌肤，大概风是从洞外刮进来，到了这狭窄的地方风势就更大了（叠彩山的风洞也是这样，不过叠彩山过去没有风洞之名，而是现在的人这样称呼；此洞中以前有风洞，而今已无人知晓矣）。走出这里，忽然看见有圆圆的一股白光，映照在洞内的深壑中，空蒙缥缈好似天将要露出曙光。于是往东出了后洞，有水流在洞北环流，往南流入洞中，料想流下去就是龙江了，小石桥跨在水流上，是宋朝丞相曾布公所修造的。越过桥，拂拭洞口右侧的石崖，就见有曾公作的碑记在石壁上。这才得知此洞从前名为冷水岩，曾公治理桂林时，搜寻奇景建了桥，才改名叫曾公岩，与栖霞洞大概是一个山洞暗中相通，两个洞口各有特色罢了。

余伫立桥上，见涧中有浣而汲者，余询：“此水从东北来，可溯之以入否？”其人言：“由水穴之上可深入数里，其中名胜，较之外洞，路倍而奇亦倍之。若水穴则深浅莫测，惟冬月可涉，此非其时也。”余即觅其人为导。其人乃归取松明①，余随之出洞而右，得庆林观焉。以所负囊裹寄之②，且托其炊黄粱③以待。遂同导者入，仍由隘口东门，过凤凰戏水，抵红、白二毡，始由岐北向行。其中有弄球之狮，卷鼻之象，长颈盎背④之骆驼；有土冢⑤之祭，则猪鬣⑥鹅掌罗列于前；有罗汉之燕⑦，则金盏银台排列于下。其高处有山神，长尺许，飞坐悬崖；其深处有佛像，仅七寸，端居半壁；菩萨之侧，禅榻一龛，正可趺跏⑧而坐；观音座之前，法藏⑨一轮，若欲圆转而行。深处复有渊黑，当桥涧上流。至此导者亦不敢入，曰：“挑灯引炬，即数日不能竟⑩，但此从无入者，况当水涨之后，其可尝不测乎？”乃返，循红白二毡、凤凰戏水而出。计前自栖霞达曾公岩，约径过者共二里，后自曾公岩入而出，约盘旋者共三里，然二洞之胜，几一网无遗矣。

【注释】

①松明，点燃起来供照明用的松木条或松树枝。

②橐（tuó），袋子。裹，包袱。

③黄粱，小米饭。

④盎（àng）背，形容骆驼的驼峰如倒扣的盎（一种盛器）。

⑤土冢（zhǒng），坟堆。

⑥猪鬣（liè），猪头。

⑦燕，通“宴”，宴饮。

⑧趺跏（fū jiā），双足交叠而坐。

⑨法藏（zàng），这里指佛徒手持以转动的圆筒形佛具。

⑩竟，终了，这里指览遍。

【译文】

我站立在桥上，见山洞中有个洗衣汲水的人，我问他："此条涧水从东北流来，可否溯流进洞去？"那人说："从水洞的上面可以深入进去几里，洞中的名胜与外洞相较，路虽远一倍但奇特的景致也更多一倍。但洞中之水则深浅莫测，唯有冬季的几个月可以涉水进去，此时不是适当的季节。"我马上找那人做向导。那人便回家去取松明，我跟随他出洞后往右走，找到庆林观。我把背着的行囊寄放在观中，并且拜托观里人做好饭等候。于是同向导进洞，仍由隘口东面的石门进，经过凤凰戏水，到达红、白二毡，这才由岔道向北行。内里有舞球的狮子，卷鼻的大象，长颈凸背的骆驼；有土坟丘前的祭坛，有猪鬃鹅掌罗列于前；有罗汉的宴饮，金杯银座排列于下。那高处有山神，高一尺左右，飞坐在悬崖上；那深处有佛像，仅七寸高，端坐在半壁；菩萨的侧边，一个石龛中有坐禅的禅床，正可以盘腿合十而坐；观音法座之前有个圆形的法轮，像是要转动的样子。深处又有漆黑的深渊，位于那条有桥的山涧的上游。来到此处，向导也不敢进去，说："挑着灯笼火把引路，即使是几天也不能走到头，而且没有人进去过，何况正当水涨之后，怎能去尝试这不可估量的危险呢？"只得返回，沿着红白二毡、凤凰戏水原路而出。计算了一下，先前从栖霞洞到曾公岩，大约直线走过的路共二里，之后从曾公岩进去又出来，绕来绕去路程约有三里，然而两个山洞中的优美景致，几乎饱览无遗了。

出洞，饭于庆林观。望来时所见娘媳妇峰即在其东，从间道趋其下，则峰下西开一窍，种圃灌园者而聚庐[①]焉。种金系草[②]，为吃烟药者。**其北复有岩洞种种，盖曾公岩之上下左右，不一而**

足也。于是循七星山之南麓，北向草莽中，连入三洞。计省春当在其北，可逾岭而达，遂北望岭坳行。始有微路，里半至山顶，石骨崚嶒[3]，不容着足，而石隙少开处，则棘刺丛翳愈难跻；然石片之奇，峰瓣[4]之异，远望则掩映，而愈披愈出[5]，令人心目俱眩。又里半，逾岭而下，复得凿石之级，下级而省春岩在矣。

【注释】

①聚庐，许多住房聚集在一起，即聚集而居。

②金系草，即罂粟，可用来制鸦片。后文吃烟药（即鸦片）为其所制。

③崚嶒（léng céng），山石高峻突兀的样子。

④峰瓣，形容山峰像片片花瓣一样。

⑤愈披愈出，意为越是逐片仔细察看，各种奇异就越是呈现出来。

【译文】

出洞后，到庆林观吃饭。望见来时见到的娘娘妇峰就在庆林观东边，从小路赶到峰下，则见峰下向西裂开一个洞，种圃灌园的人家聚居在那里（种植的金系草，是吃烟人的药）。它北边又有种种形态的岩洞，原来曾公岩的上下左右都是岩洞，数也数不清。于是沿七星山的南麓，向北走入草莽之中，一连进了三个岩洞。估计省春岩应当在山北，可翻过山岭走到，于是就望着北边的岭坳走。开始时有条小路，走了一里半后上到山顶，石骨嶙峋，不容落脚，而石缝中稍微分开一些的地方，更有荆棘刺丛密布，更是难以向上攀登；然而石片的奇姿，花瓣状石峰的异态，远望过去交相掩映，而且愈往前景色愈发层出不穷，令人目不暇接，心亦为之震颤。又走了一里半，越岭而下，重新觅得开凿出来的石阶，下了石阶便在省春岩了。

其岩三洞排列，俱东北向。最西者骞云[1]上飞，内深入，有石如垂肺中悬。西入南转，其洞渐黑，惜无居人，不能索炬以入，然闻内亦无奇，不必入也。洞右旁通一窍，以达中洞。居中者外深而中不能远入，洞前亦有垂槎倒龙[②]之石。洞右又透一门以达东洞。最东者垂石愈繁，洞亦旁裂，中有清泉下注成潭，寒碧可鉴[③]。余令顾仆守已行囊于中洞，与静闻由洞前循崖东行。洞上耸石如人，蹲石如兽。洞东则危石亘空，仰望如劈。其下清流潆之，曰拖剑江，即癸水也。源发尧山，自东北而抵山之北麓，乃西出葛老桥而西入漓水焉。时余转至山之东隅，仰见崖半裂窍层叠，若云嘘绡幕[④]，连过三窍，意谓若窍内旁通，连三为一，正如叠蕊阁于中天，透琼楞[⑤]于云表，此一奇也。然而未必可达，乃徘徊其下，披莽隙，梯悬崖，层累而上。既达一窍，则窍内果通中窍。第中窍卑伏，不能昂首，须从窍外横度，若台榭然，不由中奥[⑥]也。既达第三窍，穿隙而入，从后有一龛，前辟一窗，窗中有玉柱中悬。其前正对玉柱，有小乳下垂，珠泉时时一滴。余与静闻分踞柱前窗隙，下临危崖。行道者望之，无不回旋柱左又有龛一圆[⑦]，上有圆顶，下有平座，结跏[⑧]而坐，四体恰适，即刮琢[⑨]不能若此之妙。其下，有再三不能去者。已而有二村樵，仰眺久之，亦攀跻而登，谓余："此处结庐甚便，余村近此，可以不时瞻仰也。"余谓："此空中楼阁，第恨略浅而隘，若少宏深，便可停栖耳。"其人曰："中窍之上，尚有一洞甚宏。"欲为余攀跻而上，久之不能达。余乃下倚松阴，从二樵仰眺处，反眺二樵在上，攀枝觅级，终阻悬崖，无从上跻也。久之，仍西行入省春东洞内，穿入中洞，又从其西腋穿入西洞。洞多今人摩崖[⑩]之刻。

【注释】

①骞（qiān）云，腾飞的云。骞，即高举，飞腾。

②垂搓倒龙，形容怪石有的像下垂的树杈，有的像倒挂的龙。

③鉴，镜子。此处意为可以像镜子似的照人。

④云嘘绡幕，像云吹着薄纱帷幕。此处形容裂窍浮空缥缈之态。

⑤琼楞（léng），如玉般美丽的屋角。楞，同“棱”，即屋角。

⑥奥，屋子的内部、深处。

⑦有龛（kān）一圆，有个像圆形小龛一样的洞穴。

⑧结跏（jiā），佛教徒打坐。

⑨刮琢，刮削琢磨，形容像加工玉器一样精雕细琢。

⑩摩崖，在山崖石壁上镌刻文字。

【译文】

省春岩三个山洞排列，都朝向东北方。最西边的一个洞如飞云漫卷，往里深入进去，见有块岩石如下垂的肺叶般悬在洞中。向西进去转向南，洞中渐渐黑下来，可惜附近没有居民，不能要火把进去，不过听说里面也没有奇特之处，于是就不进去了。洞右侧有一孔洞，可到达中洞。位于中间的山洞从外面看上去很深，却不能深入，洞前也有些如下垂的木筏、倒卷的神龙般的岩石。洞右又有一孔洞可以到达东洞。最东的一个洞垂石愈加繁多，洞旁也有裂缝，洞中有清泉下注成潭，寒冷碧绿可照人影。我让顾仆在中洞守着行李，自己与静闻由洞前沿着山崖往东走。洞上方耸立的岩石似人一般，蹲着的岩石如野兽。洞东就有高石横亘在高空，仰望如刀劈出来一般。高石下方清流潆绕，名为拖剑江，也就是癸水了。发源于尧山，自东北方流抵七星山的北麓，向西流出葛老桥后继续往西流入漓江。此时我转到山的东隅，仰头望见崖壁半中间裂开的洞穴层层叠叠，好似喷吐出的云雾和薄纱做成的帷幕，一连走过三个洞穴，暗想，若是洞内四通八达，三个洞连为一体，恰如叠蕊阁架在空中，玉圭刺穿云天之外，也算是一个奇观了。然而却未能到达，就在它的下方徘徊，见草丛中有一条缝隙，于是就攀着悬崖，逐层而上。到达一个洞穴后，见果然能通到中洞。只是中洞洞顶颇低，不能抬头，必须从洞外横着走过去，好像台榭一样，不经由洞中的深处走。来到第三个洞后，穿过裂缝进去，后面有一个石龛，前边开了一道窗，窗洞中有玉一般的石柱悬吊在当中。石柱左侧又有一个圆形的石龛，上边有圆顶，下边有平平的座位，盘腿而坐，四肢恰好摆放舒适，即使是刀刮斧琢出来的也未见得会有如此奇妙。座位前方正对着玉柱，有个小钟乳石垂下来，珍珠般的泉水不时滴下一滴。我与静闻分别坐在柱前的窗隙中，下临险要的山崖。路上行走的人看见我们，无不在山崖下绕来绕去，还有人再三徘徊不肯离去。不久，有两个村中的樵夫，他们抬头眺望了很久，也攀登上来，告诉我说："在此处建盖房屋十分方便，我们村子靠近这里，可以不时前来瞻仰。"我告诉他们："这里是空中楼阁，可惜的是略微浅窄了些，假如稍稍宽深一些，便可停下来栖身了。"那二人说："中洞的上方，还有一个洞十分宽敞。"他们想要帮我攀登上去，花了很长时间都不行。于是我下山靠在松荫下，从两个樵夫抬头眺望的地方反过来眺望，山上的樵夫正抓着枝条找台阶，却始终被悬崖阻住，无法登上去。良久，我仍旧往西，走进省春岩的东洞内，钻入中洞，又从西侧穿入西洞。洞里有许多今人镌刻的痕迹。

出洞而西，又得一洞，洞门北向，约高五丈，内稍下，西转虽渐昏黑，而崇宏之势愈甚，以无炬莫入，此古洞也。左崖大书"五美四恶"章[①]，乃张南轩笔，遒劲完美，惜无知者，并洞亦莫辨其名，或以为会仙岩，或以为弹丸岩。拂岩壁，宋莆田陈黼[②]题，则渚岩洞也，岂以洞在癸水之渚耶？洞西拖涧水[③]自东北直逼崖下，崖愈穹削，高插霄而深嵌渊，甚雄壮也。石梁跨水西度，于是崖与水俱在路南矣。盖七星山之东北隅也，是名弹丸山，自省春来共一里矣。

【注释】

①"五美四恶"章，该章是子张向孔子请教为官从政的要

领，孔子讲了“五美四恶”，这是他政治主张的基本点，其中包含有丰富的“民本”思想。具体见《论语》：“子张问于孔子曰：‘何如斯可以从政矣？’子曰：‘尊五美，屏四恶，斯可以从政矣。’子张曰：‘何谓五美？’子曰：‘君子惠而不费，劳而不怨，欲而不贪，泰而不骄，威而不猛。’”

②陈黼（fǔ），即陈谠（dǎng），宋孝宗隆兴元年（1163）进士，官至兵部侍郎。

③拖涧水，今称“灵剑溪”。

【译文】

出洞后向西走，又见到一洞，洞口向北，约高五丈，洞内稍稍下洼，向西转，虽然目见慢慢昏黑，却更显出高峻宏大的气势，因为没有火把无法深入探勘，也能看出这洞穴年代久远。左边崖壁上用大字刻着“五美四恶”的一段文章，是张南轩的手笔，笔力遒劲完美，可惜无人知道，就连山洞的名字也无人确切知晓，有人认为是会仙岩，有人认为是弹丸岩。拂拭洞壁，看到宋代莆田人陈黼的题记，却叫渚岩洞，难道是因为洞在癸水边而命名吗？洞西拖涧水自东北流来直逼到山崖下，山崖愈加穹隆陡峭，高插云霄并深嵌进深渊之中，非常雄壮。从石桥跨过江水往西走，山崖与江水都在路南边。大概这是七星山的东北隅，名叫弹丸山，自省春岩走来共一里路。

由其西南渡各老桥[①]，以各乡之老所建，故以为名。望崖巅有洞高悬穹，上下俱极峭削，以为即栖霞洞口也。而细谛其左，又有一崖展云架庐，与七星洞后门有异，亟东向登山。山下先有一刹，盖与寿佛寺、七星观南北鼎峙山前者也。南为七星观，东上即七星洞；中为寿佛寺，东上即栖霞洞；北为此刹，东上即朝云岩也。仰面局膝攀磴，直上者数百级，遂入朝云岩。其岩西向，在栖霞之北，从各老桥又一里矣。洞口高悬，其内北转，高穹愈甚，徽僧太虚叠磴驾阁于洞口，飞临绝壁，下瞰江城，远挹[②]西山，甚畅。第时当返照入壁，竭蹶[③]而登，喘汗交迫。甫投体叩佛，忽一僧前呼，则融止也。先是，与融止一遇于衡山太古坪，再遇于衡州绿竹庵，融止先归桂林，相期会于七星。比余至，逢人辄问，并无识者。过七星，谓已无从物色。至此忽外遇之，遂停宿其岩。因问其北上高岩之道，融止曰："此岩虽高耸，虽近崖右，曾无可登之级。约其洞之南壁，与此洞之北底，相隔只丈许，若从洞内可凿窦以通，洞以外更无悬杙[④]梯之处也。"凭栏北眺，洞为石掩，反不能近瞩，惟洒发[⑤]向西山，历数其诸峰耳。西山自北而南：极北为虞山，再南为东镇门山，再南为木龙风洞山，即桂山也，再南为伏波山。此城东一支也。虞山之西，极北为华景山，再南为马留山，再南为隐山，再南为侯山、广福王山。此城西一支也。伏波、隐山之中为独秀，其南对而踞于水口者，为漓山、穿山。皆漓江以西，故曰西山云。

【注释】

①各老桥，即前之"葛老桥"，今作"国老桥"，跨在灵剑溪上。

②挹（yì），通"揖"，即拱手作揖。

③竭蹶（jué），力竭而颠蹶。

④杙（yì），本字作"弋"，后期成为形声字，意为斜埋在地上的小木桩。

⑤洒发，抬头远望，头发散落的样子。

【译文】

由弹丸山西南走过各老桥（因为是各乡的父老修建的桥，故以此作为桥名），望见山崖顶端有个洞高悬穹隆，上下都极其峻峭陡峭，以为就是栖霞洞的洞口了。然而仔细审视它的左方，又有一座山崖，上有人在云层中建有房屋，与七星洞的后洞口有不同之处，急忙向东登山。山下先有一座寺庙，大概是与寿佛寺、七星观呈南北之势鼎立在山前。在南边的是七星观，往东上去就是七星洞；中间的是寿佛寺，往东上去就是栖霞洞；北面的就是这座寺庙，往东上去就是朝云岩了。仰面屈膝攀登石磴，直上了几百级，便到了朝云岩。岩洞西向，在栖霞洞北边，从各老桥来又是一里了。洞口高悬，在洞里向北转，更显高穹之势，徽州僧人太虚垒砌了石阶，在洞口建了佛阁。在此处飞临绝壁，下瞰江流和城池，远远地向着西山作揖，十分痛快。只是此时正当落日余晖射入绝壁，我竭尽全力跌跌撞撞地登上来，不停喘息，汗水交加。刚刚倒身拜佛，忽然一个僧人在身前呼唤，未想竟是融止。之前，与融止第一次相遇是在衡山的太古坪，再次相遇是在衡州绿竹庵，融止先一步返回桂林，互相约定在七星岩会面。等我到七星岩时，逢人就问，可并没有认识他的人。过了七星岩后，认为已经无法寻到了。不想来到此地竟意外地遇见了他，于是就留下来住在他的岩洞中。询问融止向北上登高处岩洞的道路，融止说："这个岩洞虽然高耸，近在山崖右侧，却没有可以上登的台阶。岩洞南面的洞壁，与此洞北边的洞底，相隔仅一丈左右，或许可以从洞内凿个孔通过去，而洞外再没有可以悬挂木梯的地方了。"凭栏向北远眺，岩洞被岩石挡住了，反而不能从近处观察，唯有抬头向西山远望，历数西山诸峰而已。（西山自北往南：极北边是虞山，再往南是东镇门所在的山，再往南是木龙洞，风洞所在的山即是桂山，再往南是伏波山。这是在城东的一支山脉。虞山的西面，极北边是华景山，往南是马留山，又往南是隐山，再往南是侯山、广福王山。这是在城西的一支山脉。伏波山、隐山之中是独秀峰，它南向而对，且雄踞于江口的，是漓山、穿山。因它们都在漓江以西，所以称为西山。）

游漓江日记

《游漓江日记》是徐霞客在广西漓江上的游记。时在崇祯十年（1637）五月二十一至二十三日。详见《粤西游日记一》。

“桂林山水甲天下，阳朔堪称甲桂林。”漓江犹如一道山水长廊，从桂林到阳朔，皆是山秀水清，洞奇石美，巧妙地汇聚了大自然的精华。徐霞客用一支妙笔，描摹出不同时空的“碧莲玉笋世界”的色相变化，这幅独具一格的山水长卷，实为游记写景的佳作。此时，徐霞客的考察力度已不同于他早期的游赏，而是更加重了地理考察的分量。他把勘探的范围延展到佛力司，完整地考察了地貌。他对阳朔县城的考察甚细，连当时的市井面貌及人们的生活情状等都一一记录在内。同时还每天都附了一则札记，概括地貌范围、江的形态、水的分合等研究心得。

二十一日　候附舟者，日中乃行。南过水月洞东，又南，雉山、穿山、斗鸡、刘仙、崖头诸山，皆从陆遍游者，惟斗鸡未到，今舟出斗鸡山东麓。崖头有石门净瓶胜，舟隔洲以行，不能近悉。去省已十里。又东南二十里，过龙门塘[①]，江流浩然，南有山嵯峨骈立，其中峰最高处，透明如月挂峰头，南北相透。又东五里，则横山岩屼突江右。渐转渐东北行，五里，则大墟[②]

在江右，后有山自东北迤逦来，中有水口，疑即大涧榕村之流南下至此者。于是南转又五里，江右复有削崖屏立。其隔江为逗日井，亦数百家之市也。又南五里，为碧崖，崖立江左，亦西向临江，下有庵。横山、碧崖，二岩夹江右左立，其势相等，俱不若削崖之崇扩也。碧崖之南，隔江石峰排列而起，横障南天，上分危岫，几埒巫山，下突轰崖，数逾匡老③。于是扼江而东之，江流啮其北麓，怒涛翻壁，层岚倒影，赤壁、采矶④，失其壮丽矣。崖间一石纹，黑缕白章，俨若泛海大士，名曰沉香堂。其处南虽崇渊极致，而北岸犹夷豁，是为卖柴埠。共东五里，下寸金滩，转而南入山峡，江左右自是皆石峰巑岏⑤，争奇炫诡，靡不出人意表矣。入峡，又下斗米滩，共南五里，为南田站。百家之聚，在江东岸，当临桂、阳朔界。山至是转峡为坞，四面层围，仅受此村。过南田，山色已暮，舟人夜棹不休。江为山所托，俛⑥东俛南，盘峡透崖，二十五里，至画山，月犹未起，而山色空濛，若隐若现。又南五里，为兴平⑦。群峰至是东开一隙，数家缀江左，真山水中窟色也。月亦从东隙中出，舟乃泊而候曙，以有客欲早起赴恭城⑧耳。由此东行，有陆路通恭城。

【注释】

①龙门塘，今仍作“龙门”，在漓江北岸，桂林市东隅。

②大墟，又作“大圩”，明时为广西四大墟市之一，在灵川县东南隅。

③匡老，即庐山，又名匡山、匡庐，位于江西省九江市庐山市境内。

④赤壁，公元208年，孙权与刘备联军大败曹操的战场。过去认为是在今湖北赤壁市西北赤壁山，近人考证应在今湖北江夏区西的赤矶山。采矶，即采石矶，在安徽马鞍山市，长江东岸。该处江面狭窄，形势险要，自古以来为江防重地和战场。

⑤巑岏（cuán wán），耸立的样子。

⑥佹（guǐ），偶然。

⑦兴平，今作“兴坪”，在阳朔县北境，漓江东岸。熙平河从此汇入漓江。

⑧恭城，明朝时为县，隶属平乐府，即今广西恭城县。

【译文】

二十一日　等人来搭船，日上中天才开船。往南经过水月洞东面，又向南，越过雉山、穿山、斗鸡山、刘仙岩、崖头诸山，都是陆地所游之处，唯有斗鸡山未到过，而今日船经过斗鸡山东麓。崖头有石门、净瓶两处胜景，船隔着小洲航行，不能靠近详看。离开省城已有十里。又往东南行船二十里，经过龙门塘，江流浩浩荡荡，南面有山巍峨并立，此山中峰最高处有亮光透出，犹如明月挂在峰头，南北通达。又向东行五里，就见横山岩在江右突兀而出。渐渐转向东北行，五里，就见大墟在江右，后面有山从东北方逶迤而来，市中有河口，怀疑就是大涧榕村的水流向南下流至此的河口。于是转向南又行五里，江右又有屏风般陡峭的山崖矗立。那隔江之处是逗日井，是数百家人聚居的集市。又向南五里，到了碧崖，石崖立在江左，向西面临江流，下边有寺庵。横山、碧崖两座高峻的山崖夹立在江流左右，它们的山势相若，都不如削崖那样巍峨阔大。碧崖的南边，隔江处石峰排列而起，横向遮挡住南面的天空，上边分出险峰，几乎与巫山相等，下部突出崩裂的石崖，险峻程度超过庐山。石峰在此处扼住江流往东延去，江流啃咬着它的北麓，怒涛翻卷上石壁，层层雾气倒映着山影，赤壁、采石矶与之相比都不显壮丽之色。崖壁间有一条石纹，黑白相间，俨然似漂洋过海的观音大士，其名为沉香堂。此处南面虽高峻渊深，北岸依旧平坦开阔，这里便是卖柴埠。共往东行五里，下了寸金滩，转向南驶入山峡间，江边两岸从该处起边石峰突起，争奇炫异，出人意料。进入峡中，又下了斗米滩，向南行共行了五里，到达南田站。这里是有百户人家聚居的村落，在江的东岸，位于临桂县、阳朔县的交界处。到了这里山势陡然变低，峡谷也变成了山坞，四面层层围住，仅能容纳此村。过了南田站，山色已晚，船夫夜间依然在行船。江流绕着山体流转，忽而往东，忽而往南，绕着峡谷穿过山崖，行二十五里，来到画山，当时月亮还未升起，可山色空蒙，仍旧若隐若现。又向南五里，到了兴平。群峰至此在东面张开一道缝隙，几户人家点缀在江左岸上，真是如同在山水中悠然隐居的美景。月亮也从东面的缝隙中露出来，船便停泊下来静候天明，因为有乘客打算一早起身赶到恭城去。由此往东走，有陆路通到恭城。

漓江自桂林南来，两岸森壁回峰，中多洲渚[1]分合，无翻流之石，直泻之湍，故舟行屈曲石穴间，无妨夜棹；第月起稽缓，暗行明止，未免怅怅。

【注释】

①渚（zhǔ），水中的小块陆地。

【译文】

漓江自桂林往南流去，两岸的山崖石壁森立，峰峦回绕，江中有许多小洲时分时合，没有翻卷江流的岩石和直泻的急流，所以船虽行走在弯弯曲曲的山石洞穴之间，夜里仍可行船，但是月亮升起得太迟缓，黑暗中尚且行船，月明了却停下不走，心中未免有些不愉。

二十二日　鸡鸣，恭城客登陆去，即棹舟南行。晓月漾波，奇峰环棹，觉夜来幽奇之景，又翻出一段空明色相矣。南三里，为螺蛳岩。一峰盘旋上，转峙江右，盖兴平水口山也。又七里，东南出水绿村[1]，山乃敛锋。天犹未晓，乃掩篷就寐。二十里，古祚驿[2]。又南十里，则龙头山铮铮露骨，县之四围，攒作碧莲玉笋世界矣。

【注释】

①水绿村，今作“水洛”，在阳朔县北境，漓江东岸。

②古祚驿，即今高州，在阳朔县北境，漓江西岸。

【译文】

二十二日　鸡鸣时，去往恭城的乘客登岸离开了，于是接着划船往南行。晓月荡漾在碧波之中，奇峰环绕着小船，觉得原先夜里那幽奇的景色，此时又呈现出一片空旷明澈的景象。往南三里，是螺蛳岩。一座山峰盘旋而上，转而面向江右，大概是兴平的水口山。又行七里，从东南方经过水绿村，山体这才收敛了锋芒。天还未亮，我便掩下船篷上床睡觉。行二十里，到古祚驿。又向南行十里，就见龙头山露出铮铮石骨，县城四周山峰攒聚，似是成碧莲玉笋的世界了。

阳朔县[①]北自龙头山，南抵鉴山，二峰巍峙，当漓江上下流，中有掌平之地，乃东面濒江，以岸为城，而南北属于两山，西面叠垣为雉，而南北之属亦如之。西城之外，最近者为来仙洞山，而石人、牛洞、龙洞诸山森绕焉，通省大路从之，盖陆从西而水从东也。其东南门鉴山之下，则南趋平乐，水陆之路，俱统于此。正南门路亦西北转通省道。直南则为南斗山延寿殿，今从其旁建文昌阁焉，无径他达。正北即阳朔山，层峰屏峙，东接龙头。东西城俱属于南隅，北则以山为障，竟无城，亦无门焉。而东北一门在北极宫下，仅东通江水，北抵仪安祠与读书岩而已，然俱草塞，无人行也。惟东临漓江，开三门以取水。从东南门外渡江而东，濒江之聚有白沙湾、佛力司[②]诸处，颇有人烟云。

【注释】

①阳朔县，隶属桂林府，即今广西阳朔县。

②佛力司，今作“福利”，在阳朔县东境，漓江南转处，为阳朔主要圩市之一。

【译文】

阳朔县北面起自龙头山，南边抵达鉴山，两座山峰巍峨雄峙，分别在漓江的上、下游，中间的地势却如手掌般平坦，其东面临江，依着江岸筑城，而南北两面连接着两座山，西面筑墙作为城墙，南北两面连接山的地方也是如此。城西之外，最近的地方是来仙洞山，而石人、牛洞、龙洞诸山森然环绕，通往省城的大路经由那里，是以陆路从西面走而水路从东边走。阳朔县城东南门的鉴山下，是往南通向平乐府的路。水路陆路，皆聚集于此。正南门的道路也是向西北转通到省城。一直往南就是南斗山延寿殿，今天在它旁边建起了文昌阁，没有路通到其他地方。正北就是阳朔山，层层山峰似屏风般耸峙，东边接着龙头山。东西两面的城墙都属于城南隅，北面就以山作为屏障，没建城墙，也没有城门。而东北的一道城门在北极宫下，仅往东通到江水，往北抵达仪安祠与读书岩，然而全被荒草堵塞了，无人行走。唯有在东边濒临漓江处，开了三道城门以便取水。从东南门外渡江往东去，濒江的村落聚集在白沙湾、佛力司各地，人烟颇众。

上午抵城，入正东门，即文庙前，从其西入县治，荒寂甚。县南半里，有桥曰“市桥双月”，八景之一也。桥下水西自龙洞入城，桥之东，飞流注壑。壑大四五丈，四面丛石盘突，是为龙潭，入而不溢。桥之南有峰巍然独耸，询之土人，名曰易山，盖即南借以为城者。其东麓为鉴山寺，亦八景之一。“鉴寺钟声”。寺南倚山临江，通道置门，是为东南门。山之西麓，为正南门。其南崖之侧，间有罅如合掌，即土人所号为雌山者也。从东南门外小磴，可至罅傍。余初登北麓，即觅道上跻，盖其山南东二面即就崖为城，惟北面在城内，有微路级，久为莽棘所蔽。乃攀条扪隙，久之，直造峭壁之下，莽径遂绝。复从其旁蹑巉石，缘飞磴，盘旋半空，终不能达。乃下，已过午矣。时顾仆守囊于舟，期候于东南门外渡埠旁。于是南经鉴山寺，出东南门，觅舟不得，得便粥就餐于市。询知渡江而东十里，有状元山，出西门二里，有龙洞岩，为此中名胜，此外更无古迹新奇着人耳目者矣。急于觅舟，遂复入城，登鉴山寺①。寺倚山俯江，在翠微中，城郭得此，沈彬诗云"碧莲峰里住人家"，诚不虚矣！时午日铄金②，遂解衣当窗，遇一儒生以八景授。市桥双月、鉴寺钟声、龙洞仙泉、白沙渔火、碧莲波影、东岭朝霞、状元骑马、马山岚气。复北由二门觅舟，至文庙门，终不得舟。于是仍出东南门，渡江而东，一里至白沙湾，则舟人之家在焉。而舟泊其南，乃入舟解衣避暑，濯足沽醪，竟不复搜奇而就宿焉。

【注释】

①鉴山，即通常所称"碧莲峰"，在阳朔县城边，漓江西岸。山麓的鉴山寺于抗日战争时被毁，近年重建为鉴山楼，并设有迎江阁。通过阁四周的画窗，能眺览阳朔胜景。

②午日铄（shuò）金，中午的太阳能使金属熔化，用以形容天气酷热。铄，熔化。

【译文】

上午到达县城，进入正东门，就在文庙前，从文庙西边走入县衙，周遭十分荒凉寂寥。县城南面半里，有座桥名为"市桥双月"，是八景之一。桥下的水自西边龙洞岩流入城中，桥的东面有飞流而下，注入壑谷中。壑谷深四五丈，四面成丛的岩石盘结飞突，这是龙潭，水流入却不见溢出。桥的南边有山峰峭然独耸，向本地人打听，方知其名为易山，大概就是南面借以筑城的山。它的东边山脚下是鉴山寺，也是八景之一（名为"鉴寺钟声"）。寺南面依山临江，通有道路，设置了城门，这就是东南门。西边山脚下是正南门。南面山崖的侧边，壁间有裂缝，像是合起来的手掌，就是当地人称为雌山的地方了。攀上东南门外的小石磴，可走到裂缝旁。我起初登上北麓，马上找路往上攀登。

不知此山南、东两面都是就着山崖筑城，唯有北面在城内，有小路石阶，只是长期被丛莽荆棘所遮蔽。而我攀着枝条抠着石缝走，走了很久，才到峭壁之下，杂草丛生的小径便断了。再从峭壁旁踩着高险的岩石，沿着飞空的石磴，盘旋在半空中，却终究不能到达。只好下山，时间已经过了中午。此时顾仆在船上守着行李，按照约定在东南门外的渡口码头旁等候。从此处往南经过鉴山寺，出了东南门，找不到船，在市场上买些简便粥食就餐。询问得知渡江后往东走十里，有座状元山，出了西门走二里，有个龙洞岩，是这一带的名胜，此外再无古迹与新奇的景色能吸引人了。我急于找到船，便再次进城，登上鉴山寺。寺院靠山临江，掩映在一片翠微山色中，城郭中能有此种景色，看来沈彬的诗所说的“碧莲峰里住人家”确实不假呀！这时正午的阳光正烈，便解开衣服站在窗前，遇到一位儒生给我讲述八景奇观（八景即是市桥双月、鉴寺钟声、龙洞仙泉、白沙渔火、碧莲波影、东岭朝霞、状元骑马、马山岚气）。再向北经过两道城门去找船，直走到文庙门，却始终找不到船。于是仍出了东南门，渡江后往东走，走了一里后来到白沙湾，船夫的家就在这里。但船停泊在他家南边，于是进船脱衣避暑，洗脚买酒，当日就不再去搜寻奇景，而是上床休息了。

白沙湾①在城东南二里，民居颇盛，有河泊所在焉。其南有三峰并列，最东一峰曰白鹤山。江流南抵其下，曲而东北行，抱此一湾，沙土俱白，故以“白沙”名。其东南一溪，南自二龙桥来，北入江。溪在南三峰之东，逼白鹤西址出。溪东又有数峰，自南趋北，界溪入江口，最北者，书童山也，江以此乃东北逆转。

【注释】

①白沙湾，在阳朔县城东南，漓江转一大湾。河湾岸上，遍

地白沙，称“白沙湾”。岸上的村子也叫“白沙湾村”。

【译文】

白沙湾在县城东南二里处，聚居民众甚多，周边有河流船只停泊。它的南边有并列的三座山峰，最东面那座名为白鹤山。江流自南流抵山下，曲折向东北流去，围抱着此处水湾，沙土都是白色的，所以以“白沙”来命名。它的东南方有一条溪流，自南面二龙桥流来，往北流入漓江。溪流在南边三座山峰的东面，在靠近白鹤山西面的山脚流出去。溪流东边又有几座山峰，自南向北，横亘在溪流的入江口处，最北边的是书童山，江水从此处便向东北逆转而去。

二十三日　早索晨餐，从白沙随江东北行。一里，渡江而南，出东界书童山之东。由渡口东望，江之东北岸有高峰耸立，四尖并起，障江南趋。其北一峰，又岐分支石，缀立峰头作人形，而西北拱邑，此亦东人山之一也。既渡，南抵东界东麓。陂塘高下，林木翛然[①]，有澄心亭峙焉，可憩。又东一里，过穆山村，复渡江而东，循四尖之南麓趋出其东，山开目旷，奇致愈出。前望东北又起一峰，上分二岐，东岐矮而欹斜，若僧帽垂空，西岐高而独耸，此一山之二奇也。四尖东枝最秀，二岐西岫最雄，此两山之一致也。而回眺西南隔江，下则尖崖并削，上则双岫齐悬，此又即书童之南，群峰所幻而出者也。时循山东向，又五里已出二岐，东南逾一岭而下，是为佛力司。司当江南转处，北去县十里。置行李于旅肆，问状元峰而上，犹欲东趋，居人指而西，始知即二岐之峰是也。西峰最高，故以状元名之。乃仍逾后岭，即从岭上北去，越岭北下，西一里，抵红旗峒。竟峒，西北一里抵山下，路为草没，无从得上，乃攀缘踯躅，渐高渐得磴道，旋复失之，盖或翳或现，俱草之疏密为岐也。西北上一里，逾山西下坳，乃东北上二里，逾山东上坳，此坳乃两峰分岐处也。从坳西北度，乱石重蔓，直抵高峰，崖畔则有洞东向焉。洞门虽高，而中不深广，内置仙妃像甚众，土人刻石于旁，言其求雨灵验，又名富教山焉。洞上悬窍两重，檐覆而出，无由得上。洞前有峰东向，即似僧帽者。其峰亦有一洞西与兹山对，悬崖隔莽，不能兼收。坐洞内久之，东眺恭城，东南瞻平乐，西南睨荔浦[②]，皆重山横亘。时欲一登高峰之顶，洞外南北俱壁立无磴，从洞南攀危崖，缘峭石，梯险踔虚，猿垂豹跃，转从峭壁之南，直抵崖半，则穹然无片隙，非复手足之力所及矣。时南山西市，雨势沛然，计上既无隙，下多灌莽，雨湿枝缪，益难着足。亟投崖而下，三里，至山足，又二里，逾岭，饭于佛力肆中。居人苏氏，世以耕读起家，以明经[③]贡者三四人。见客至，俱来聚观，言此峰悬削，曾无登路。数年前，峰侧有古木一株，其仆三人祷而后登，梯转绠[④]级，备极其险，然止达木所，亦未登巅，此后从无问津者。下午，雨中从佛力返，共十里，仍两渡而抵白沙湾，遂憩舟中。

【注释】

①翛然（xiāo rán），形容无拘无束、自由自在的样子。

②荔浦，明时为县，隶属平乐府，即今广西荔浦县。

③明经，唐时科举制度的科目之一，与进士科并列，主要考经义。明清时用作贡生的别称。

④絙（gēng），古同“緪”，大绳索。

【译文】

二十三日　早晨吃过早餐，从白沙湾顺江往东北行。一里后，渡江往南走，到了东面分界的书童山的东边。由渡口向东望，江的东北岸有高峰耸立，四个山尖并排耸起，挡住江水往南流。它北面的一座山峰，又岔出分支的岩石，似人般缀立在峰头，且面向西北拱手作揖，这也是东人山之一了。渡江后，往南到达东面分界山的东麓。池塘上下林木秀美自然，有个澄心亭屹立在那里，可以歇息。又往东一里，过了穆山村，再渡江往东走，沿着四座尖峰的南麓赶到它的东面，山体开阔眼界宽广，奇异的景致愈发显现出来。望见前边东北方又突起一峰，上边分为两岔，东岔矮而倾斜，好似和尚的帽子垂在空中，西侧高而独耸。这是一座山上的两处奇景。四座尖峰中东面的支峰最秀丽，两岔中西峰最雄壮，这是两座山的相同之处。回头眺望西南方隔江之处，下边尖尖的石崖都很陡峭，上面却双峰一同高悬，这又是书童山的南面群峰变幻出现的景观。此时沿着山向东行，又走五里，已经走出两岔山，往东南越过一岭向下走，这是佛力司。佛力司正当江流向南转之处，距北边县城十里。把行李放在旅店中，问了去状元峰的路就开始攀登，还打算往东赶，在周围居住的人给我们指方向为西，方才知道就是那分出两岔的山峰。其中西峰最高，所以用“状元”来命名。于是仍越过后岭往北而去，向西一里后，抵达红旗峒。走遍全洞，向西北一里来到山下，路被草淹没了，无法上去，只得跌跌绊绊地攀缘而上，到了高处，寻到有石磴的路，随即路又消失了，一路上都或隐或现，应是草从的疏密所致。往西北上山一里，翻过山向西下到山坳中，就往东北上山二里，翻过山向东登上山坳，这个山坳就是两座山峰的分岔处了。从山坳往西北越过去，乱石重叠杂乱，一直抵达高峰，山崖侧旁就有个洞朝向东方。洞口虽高，可洞中不深也不宽，里面放置有很多仙妃像，当地人在旁边刻有石碑，说向她们求雨很是灵验，此洞又有一名为富教山。洞上方悬着两层洞穴，像屋檐般倾覆出来，但人无法登上去。洞前有座山峰向东，就是那座似和尚帽子一般的山峰。那座山峰也有一个洞向西与此山对望，隔着悬崖丛莽，景色不能尽入眼底。坐在洞内良久，向东眺望恭城县，往东南远瞻平乐府，朝西南斜视荔浦县，都有重重山峰横亘着。此时想要一口气登上高峰之顶，洞外南北两面全是绝壁，没有石磴，从洞南攀着险峻的山崖，沿着陡峭的岩石，踏着险要之处，跳过虚空，像猿猴般垂吊着，豹子般跳跃着，转而从峭壁的南边，一直抵达悬崖的半山腰，却发现周围都是穹隆状，没有丝毫缝隙，不再是依靠手脚的力量就能攀缘而上的了。此时南山和西边的集市上空雨势很大，考虑到悬崖上方既没有裂缝，脚下灌木草丛又多，雨水潮湿，枝条纠结，益加难以落脚。于是急忙跳下悬崖下山，三里后，到达山脚，又走二里，越过山岭，到佛力司的旅店中吃饭。这里聚居的是苏姓族人，世代靠种田读书起家（靠考明经科成为贡生的有三四人），见有客人来，都聚过来一起围观，讲说此峰高悬陡峭，从来没有登上去的路。几年前，峰侧有一棵古树，他家的三个仆人祷告后登山，用梯子、粗绳一层层盘旋着上去，备尝艰险，然而只到达树木生长之处，未能登上峰顶，自此后该峰便无人问津。下午，在雨中从佛力司返回来，共走了十里路，仍两次渡江后抵达白沙湾，在船中歇息。

佛力司之南，山益开拓，内虽尚余石峰离立，而外俱绵山亘岭，碧簪玉笋之森罗，北自桂林，南尽于此。闻平乐以下，四顾皆土山，而巉厉之石，不挺于陆而藏于水矣。盖山至此而顽[1]，水至此而险也。

【注释】

①顽，愚钝，引申为浑圆。

【译文】

佛力司的南面，山体益加开阔，里边虽然还有残余的石峰独立，可外围都是绵亘的山岭，似碧玉簪白玉笋般地森然罗列，北边起自桂林，南面则尽于此地。听说平乐府以下，四面环绕的都是土山，而险峻危峭的岩石，不挺拔于陆地上却隐藏在水中。大概是山势至此便圆浑起来，水势至此却险恶起来了。

与静闻永诀日记

《与静闻永诀日记》是徐霞客在广西南宁与静闻诀别的日记。时在崇祯十年（1637）九月二十二、二十三，详见《粤西游日记三》。

静闻“禅诵垂二十年”，刺血写成《法华经》，发愿供鸡足山，因而与徐霞客结伴同行。静闻自六月初八在桂林得病，数月不得痊愈，仍随之赶路。而徐霞客既要继续旅行勘测，又要照顾病人，旅途之艰辛非常人所能想象。南宁崇善寺二人相别，许是都有永诀的预感，因而难舍难分，数度折回。该文写得委婉缠绵，情深意切，是徐霞客抒情散文的名篇。后来，静闻于九月二十四日去世，徐霞客悲痛至极，写了《哭静闻禅侣》诗六首：“别时已恐无时见，几度临行未肯行。”“可怜濒死人先别，未必浮生我独还！含泪痛君仍自痛，存亡分影不分关。”诗中多赞扬静闻矢志不渝、舍己为人、忠诚德厚的品质，道出二人成为挚友的根由。之后，徐霞客重回南宁，决心完成静闻的遗愿，排除万难，把静闻的遗骨带到鸡足山安葬，事详见《粤西游日记四》。徐霞客与静闻生死不渝的真挚友谊，恰恰也从侧面表现出二人的崇高品质。

丁丑[1]九月二十二日　余往崇善寺[2]别静闻，遂下太平[3]舟。余守行李，复令顾仆往候。是晚泊于建武驿前天妃宫下。

【注释】

①丁丑，指崇祯十年，即1637年。

②崇善寺，在今南宁一中处。

③太平，明朝置太平府，在今崇左市江州区。崇左改市前，县治长期称为太平镇。

【译文】

丁丑年九月二十二日　我前往崇善寺与静闻告别，便搭乘了去太平府的船。我守着行李，又让顾仆去侍候。当晚船只停泊在建武驿前的天妃宫下。

二十三日　舟不早发。余念静闻在崇善畏窗前风裂，云白屡许重整，而犹不即备。余乘舟未发，乃往梁寓携钱少许付静闻，令其觅人代整。时寺僧宝檀已归，能不避垢秽，而客僧慧禅、满宗又为整簟[1]蔽风，迥异云白。静闻复欲索余所买布履、衡茶，意甚恳。余语静闻："汝可起行，余当还候。此何必索之今日乎！"慧禅亦开谕再三，而彼意不释。时舟已将行，且闻宝檀在天宁僧舍，余欲并取梁钱悉畀[2]之，遂别之出。同梁主人觅得宝檀，宝檀慨然以扶危自任。余下舟，遂西南行。四里，转西北，又四里，泊于窑头。

【注释】

①簟（diàn），作障蔽之用的竹席。

②畀（bì），给予。

【译文】

二十三日　船早上不开。我挂念住在崇善寺的静闻，担心他受窗前裂洞漏进的风影响身体，云白屡次答应重新修整，可仍然不曾置办好。既然乘的船只暂时不开，我便前去梁家寓所，随身带了少量钱交给静闻，让他找人代为修整。此时寺中的和尚宝檀已经归来，他能够不避污秽之物照顾静闻，而客居的僧人慧禅、满宗又代为修整竹席遮风，不像云白那般拖沓。静闻又想要我买的布鞋、衡阳的茶叶，语意十分恳切。我对静闻说："你能起床行走时，我必将回来问候你。这些东西何必今天要拿到呢！"慧禅也再三开导，但他却不能释愿。此时船已经做好准备将要出发，而且听说宝檀在天宁寺的僧房中，我打算一并把梁家寓所中的钱取来全数交给他，便告别静闻出来。同姓梁的房主找到宝檀，宝檀慷慨地把扶助病危之人当作自己的责任。我登上船后，向西南方向而行。行四里后，转向西北，又行四里，停泊在窑头。

时日色尚高，余展转念静闻索鞋、茶不已，盖其意犹望更生，便复向鸡足，不欲待予来也。若与其来而不遇，既非余心；若预期其必死，而来携其骨，又非静闻心。不若以二物付之，遂与永别，不作转念，可并酬峨眉之愿也。乃复登涯东行，出窑头村①，二里，有小溪自西北来，至此东注，遂渡其北，复随之东。又二里，其水南去入江。又东行一里，渡白衣庵西大桥，入崇善寺，已日薄崦嵫②。入别静闻，与之永诀。亟出，仍西越白衣庵桥，共五里过窑头，入舟已暮，不辨色矣。

【注释】

①窑头村，今作"上尧"，在南宁市西部，邕江东岸。

②日薄崦嵫（yān zī），日已西下。崦嵫，山名，在今甘肃天水市西境，古人常用以指日落的地方。

【译文】

此时天色还早，我辗转反复，思忖着静闻索要鞋子、茶叶的事，也许他求生之意甚强，恢复后可重新走向鸡足山，不想等我回来了。如果回来时遇不上他，不合我的心意；如果预料他必死，而回来带他的遗骨，又非静闻的心愿。不如把两样东西送给他，便与他永别，不考虑转回来，这样可一并实现我去峨眉山的愿望。于是重新登上岸往东行，出了窑头村，行二里，有条小溪自西北流来，到此地后向东流，于是渡到溪北，再顺着溪流往东走。又行二里，那溪水向南流去汇入江中。又东行一里，走过白衣庵西边的大桥，进入崇善寺，已是日薄西山。进寺辞别静闻，与他诀别。急忙出寺，仍向西越过白衣庵桥，共走五里，过了窑头，回到船上时已经天黑，辨不清周围了。

游白水河瀑布日记

崇祯十一年（1638）三月二十七日，徐霞客自广西进入贵州。四月十四日离开贵阳，取滇黔大道西行。四月二十三日游白水河瀑布，记录此游记，详见《黔游日记一》。

白水河瀑布今名黄果树瀑布，是我国最大的瀑布。徐霞客观赏白水河瀑布时通过所听水声的变化、担夫的提示，将瀑布越拉越近，在不同的视角方位，展示瀑布不同的形态。初为远景，“遥闻水声轰轰”，“但见其上横白阔数丈，翻空涌雪，而不见其下截”；“复闻声如雷”，至悬坠处侧身下瞰，则“捣珠崩玉，飞沫反涌，如烟雾腾空，势甚雄厉”；而后绕到对崖望水亭，“正面揖飞流，奔腾喷薄之状，令人可望不可即也”。《徐霞客游记》写景构思、运笔之精妙亦于此可见。

当日下午，徐霞客在关岭守御所的丛山中，所见马跑泉、哑泉、关索岭、关索庙等皆与关索有关。“索为关公子，随蜀丞相诸葛南征，开辟蛮道至此。”这是今黔南布依族苗族自治州命名的由来，徐霞客也留心做了记录。

二十三日　雇短夫遵大道南行。二里，从陇头东望双明西岩，其下犹透明而东也。洞中水西出流壑中，从大道下复西入山麓，再透再入，凡三穿岩腹，而后注于大溪。盖是中洼壑，皆四面山环，水必透穴也。又南逾阜，四升降，共四里，有堡在南山岭头。路从北岭转而西下，又二里，有草坊当路，路左有茅铺一家。又西下，升陟陇壑，共七里，得聚落[①]一坞，曰白水铺[②]，已为中火铺[③]矣。又西二里，遥闻水声轰轰，从陇隙北望，忽有水自东北山腋泻崖而下，捣入重渊，但见其上横白阔数丈，翻空涌雪，而不见其下截，盖为对崖所隔也。复逾阜下半里，遂临其下流，随之汤汤西去，还望东北悬流，恨不能一抵其下。担夫曰："是为白水河。前有悬坠处，比此更深。"余恨不一当其境，心犹慊慊[④]。随流半里，有巨石桥架水上，是为白虹桥。其桥南北横跨，下辟三门，而水流甚阔，每数丈，辄从溪底翻崖喷雪，满溪皆如白鹭群飞，"白水"之名不诬矣。度桥北，又随溪西行半里，忽陇箐亏蔽，复闻声如雷，余意又奇境至矣。透陇隙南顾，则路左一溪悬捣，万练飞空，溪上石如莲叶下覆，中剜三门，水由叶上漫顶而下，如鲛绡[⑤]万幅，横罩门外，直下者不可以丈数计，捣珠崩玉，飞沫反涌，如烟雾腾空，势甚雄厉，所谓"珠帘钩不卷，匹练挂遥峰"，俱不足以拟其壮也。盖余所见瀑布，高峻数倍者有之，而从无此阔而大者，但从其上侧身下瞰，不免神悚。而担夫曰："前有望水亭，可憩也。"瞻其亭，犹在对崖之上，遂从其侧西南下，复度峡南上，共一里余，跻西崖之巅。其亭乃覆茅所为，盖昔望水亭旧址，今以按君道经，恐其停眺，故编茅为之耳。其处正面揖飞流，奔腾喷薄之状，令人可望而不可即也[⑥]。停憩久之，从亭南西转，涧乃环山转峡东南去，路乃循崖拾级西南下。

【注释】

①聚落，定居一年以上的村落。亦省称"聚"。

②白水铺，今仍称"白水"或"白水河"，在镇宁县西境。

③中伙铺，因位于南北驿站的中段，往来之人都落此地打伙

就餐，归宿就铺，故得名中伙铺。

④慊慊（qiàn），遗憾。

⑤鲛绡（jiào xiāo），传说中鲛人所织的绡，亦泛指名贵凉爽的薄纱。

⑥“奔腾”二句，白水河即今打帮河。这部分描述的是黄果树瀑布群，其为我国最大的瀑布群，在打帮河上，瀑漫层叠，滩潭连续，有九级十八布之称。其中黄果树瀑布高六十七米，宽六十米，奔流直泻犀牛潭，规模最大，最为壮观。黄果树瀑布区岩溶现象十分突出，俗称“十山九空”。

【译文】

二十三日　雇了个短途挑夫后顺着大道往南行。走了二里，从陇头向东望双明洞的西岩，其下方仍向东透着亮光。洞中的水向西淌出流到壑谷之中，从大道下方再向西流入山麓，两次渗出两次流入，总共三次穿流过石山腹，然后注入大溪中。大概是因为这里中间下洼成壑谷，四面环山，水流必须得透过洞穴才能外泄。又向南越过山阜，四次攀爬四次下坡，共走了四里，有土堡在南山岭头。路从北岭转向西下走，又行二里，有座茅草牌坊位于路中，路左边有一家茅草店铺。又向西下走，登涉在土垄壑谷之间，走了七里，遇到一个在山坞中的村落，名为白水铺，已经是中火铺了。又往西行二里，远远听见水声隆隆作响，从山垄的缺缝朝北望去，忽见有河水自东北山窝往山崖下倾泻，捣入重重的深渊，只见上半截的白色水流宽有数丈，如涌雪翻空，却被对面的山崖挡住了，见不到下半截。再越过山阜往下走半里，便见瀑布的下游，顺着浩浩荡荡的水流向西走去，我回头望向东北方悬挂着的激流，恨不得到它下面去看一看。挑夫说：“这就是白水河。前边有河水从高处悬空下坠，比这里更深。”我深恨不能亲临其境，心里很遗憾。顺着水流走了半里，有座巨大的石桥架在水上，这是白虹桥。此桥呈南北向横跨河上，下面开有三个桥洞，可水流十分宽阔，每个桥洞有几丈宽，流水时时从河底越过石崖溅起雪白的浪花，满河都似白色的鹭鸶成群飞翔，“白水”之名果然不虚啊。过到桥北，又沿河水向西行半里，忽然山垄亏缺，深箐蔽日，又听见如雷的水声，我料想又到了一处奇景。透过山垄的缺缝回头往南面看去，只见道路左边有一条河流悬空直坠而下，如万条白色的丝绢飞舞在空中，河上的岩石如荷叶一样下覆，中部似有刀剜的三个洞，水流从荷叶上漫过顶部泄下，如万匹薄纱横罩在洞外，下泻的距离无法用丈来计量，似冲捣珍珠，如玉屑迸溅，水沫飞溅，波涛回涌，如烟雾腾空，气势极其雄壮迅猛，所谓“珠帘钩不卷，匹练挂遥峰”的诗句，都不足以用来比拟它的壮观。我所见过的瀑布中，有比它高峻数倍的，却从没见过这样又宽又大的，仅从瀑布上方侧身向下俯瞰，就不免神魂悚然。挑夫说：“前面有个望水亭，可以休息。”远望该亭，还在对面山崖上，便从瀑布西南侧往下走，再越过峡底往南上山，共走了一里多，登上西面山崖的顶端。这亭子是茅草盖成的，大概是从前望水亭的旧址，现在因为巡按大人要路过，担心他要停下来眺览，所以用茅草搭成亭子。此处可正面对着飞流致礼，那奔腾喷薄的样子，令人可望而不可即。停留休息了很久，从亭子南边向西转，山涧绕山转峡往东南方流去，于是沿着山崖上的石阶往西南下山。

又升陟陇壑四里，西上入坞，有聚落一区在东山下，曰鸡公背。土人指其东南峰上，有洞西北向，外门如竖而内可容众，有“鸡公”焉，以形似名也。其洞东透前山，而此坞在其后，故曰“背”。余闻之，乃贾勇先登，冀一入其内。比登，只有一道西南上，随之迤逦攀跻，竟无旁岐。已一里，登岭头矣，是为鸡公岭。坳中有佛宇。问洞何在，僧指在山下村南，已越之而上矣。担夫亦至，遂逾岭西向下，半里，抵壑中。又半里，有堡[①]在南

陇，曰太华哨[②]。又西上岭，逾而西，又一里，乃迤逦西南下，甚深。始望见西界遥峰，自北而南，屏立如障，与此东界为夹，互相颉颃[③]；中有溪流，亦自北而南，下嵌壑底[④]。望之而下，一下三里，从桥西度，是为关岭桥。越桥，即西向拾级上，其上甚峻。二里，有观音阁[⑤]当道左，阁下甃石池一方，泉自其西透穴而出，平流池中，溢而东下，是为马跑泉，乃关索之遗迹也。阁南道右，亦有泉出穴中，是为哑泉，人不得而尝焉。余勺马跑，甘冽次于惠，而高山得此，故自奇也，但与哑泉相去不数步，何良楛[⑥]之异如此！由阁南越一亭，又西上者二里，遂陟岭脊，是为关索岭。索为关公子，随蜀丞相诸葛南征，开辟蛮道至此。有庙，肇自国初，而大于王靖远，至今祀典不废。越岭西下一里，有大堡在平坞中，曰关岭铺，乃关岭守御所[⑦]所在也。计其地犹在山顶，虽下，未及三之一也。至才过午，夫辞去，余憩肆中。

【注释】

①堡（bǔ），有城墙的村镇，泛指村庄（多用于地名）。

②太华哨，今作“大花哨”，在关岭县东境，打帮河与坝陵河间的公路边。

③颉颃（xié háng），原指鸟上下翻飞，引申为不相上下，互相抗衡。

④“中有溪流”三句，溪流今称“坝陵河”，自北而南流入打帮河。

⑤观音阁，即双泉寺，清代又称“龙泉寺”，在关索岭东半山，古驿道北侧，现仅存石基。马跑泉出自半山，流经寺旁。

⑥楛（kǔ），恶劣。

⑦关岭守御所，即今黔南布依族苗族自治州。

【译文】

又在山垄壑谷间跋涉四里，向西上坡走入一个山坞，东山下有一片村落，名为鸡公背。当地人指点，在村东南的山峰上有个朝向西北的山洞，外边的洞口如一道竖缝，而洞内可以容纳许多人，其中有“鸡公”，因形状相似而得名。此洞往东通到前山，而这个山坞在洞后，所以叫“背”。我听闻这话，便鼓足勇气率先登山，希望进洞去看看。等到爬山时，才发现山上只有西南向一条路，顺着这条路曲曲折折地攀登，两旁竟然没有岔道。走了一里，便登上岭头，这就是鸡公岭。山坳中有佛寺。询问洞在哪里，僧人指点在山下村子的南边，我们已经超过山洞走上来了。挑夫也到了，于是越过山岭向西下山，走了半里后，到了壑谷中。又走半里，看见南边的山垄上有堡，名为太华哨。又向西上岭，越岭往西走，又是一里，便弯弯曲曲地向西南方向下山，山谷很深。这才望见西面远处的一列山峰，自北往南，像屏障一样矗立着，与东面一列山相夹而立，互相抗衡；内中有溪流，也是自北往南流，往下流嵌在壑谷底。遥望溪流下山，一下就是三里，从桥上过到西边，这就是关岭桥。过了桥，马上向西沿着石阶往上登，石阶非常陡峻。行二里，有观音阁位于道路左侧，阁下有一个用石块砌成的方形池塘，泉水自池塘西侧透过小孔流出，平缓地流于池中，而泉水溢出水池往东流下，就形成了马跑泉，是关索的遗迹。阁南边路右侧，也有泉水从小孔中流出，这是哑泉，人不能喝这里的水。我舀了马跑泉水喝，滋味甘甜清凉，虽比惠泉略差一点，然而高山上能有这泉水，本来就是奇事了，可哑泉距此不过数步远，为何味道甘苦相差如此之大！由观音阁往南走过一个亭子，又往西上山二里，随即登上岭脊，这就是关索岭。关索是关公的儿子，跟随蜀国丞相诸葛亮南征，开辟蛮区，来到此地。此地神庙始建于开国初期，由王靖远扩建，至今祭祀之礼仍没有废除。越过山岭后向西下行一里，有个大堡在平坦的山坞中，名为关岭铺，是关岭守御所的所在地。估计这里还在山顶区域，往下走了还不到三分之一呢。到关岭铺时刚过中午，挑夫告辞走了，我在旅店歇息。

游盘江桥日记

《游盘江桥日记》是徐霞客在滇黔大道上经过盘江桥一段行程的记录。时在崇祯十一年（1638）四月二十五日，详见《黔游日记二》。

此处“盘江”指北盘江。徐霞客对北盘江的关注已有些时日，此次有机会亲至北盘江上的铁索桥，更是他的考察重点。他对该桥建桥的缘起、形制、结构、环境状况、重要作用等皆有详细记录，更兼具其他铁索桥建桥历史的考证。他以此处所见北盘江的水色、水质与黄河及“三见此流”的情况作比较，后来又以北盘江与澜沧江及之上的铁索桥做比较，对盘江桥的特质概括更加直接准确。

《徐霞客游记》中曾多次提到大象，但在这里，他亲眼看见了经过驯化的象群。沿途对“钦取入京”的地方官，徐霞客也有些评议，由此可让我们从另一途径理解徐霞客的思想。

戊寅[①]四月二十五日　晨起，自鼎站西南行。一里余，有崖在路右，上下各有洞，洞门俱东南向，而上洞尤空阔，以高不及登。路左壑泉已成涧，随之南半里，山回壑尽，脊当其前，路乃上跻，水则自其下入穴。盘折二里，逾坳脊，是为梅子关。越关而西，路左有峡，复坠坑而下，东西径一里，而西复回环连脊。路循其上平行而西，复逾脊，始下陟。二里，又盘坞中山西南转，二里，复西北上，一里，是为黄土坝[2]。盖鼎站之岭，至此中降，又与西岭对峙成峡，有土山中突而连属之，其南北皆坠峡下，中踞若坝然，其云黄土坝者以此。有数家倚西山而当其坳，设巡司以稽察焉。又上逾岭脊，共五里为白云寺[3]。于是遂西南下，迤逦四里，途中扛担络绎，车骑相望，则临安道母忠，以钦取[4]入京也。司道无钦取之例，其牌如此，当必有说。按母，川人，本乡荐[5]，岂果有卓异特达圣聪耶？然闻阿迷之僭据[6]未复，而舆扛之纷纭实繁，其才与操，似俱可议也。又至坞底，西北上一里，为新铺[7]。由铺西稍逾岭头，遂直垂垂下。

【注释】

①戊寅，即崇祯十一年，1638年。

②黄土坝，今作“黄土坡”，又称“黄丰”，在关岭县西境公路旁。

③白云寺，今称“白云”，又作“白英哨”，在黄土坡稍西的公路旁。

④钦取，皇帝钦定。

⑤乡荐，明代每三年一次在各省举行的科举考试称“乡试”，乡试取中为举人者，称“领乡荐”。

⑥僭（jiàn）据，僭越名位，分裂割据。

⑦新铺，今名同，在黔南布依族苗族自治州西隅。

【译文】

戊寅年四月二十五日　清晨起床，自鼎站往西南行。一里多路，有山崖在路右，上下各有一个洞，洞口都朝向东南，而上洞尤其空阔，因为太高来不及攀登。路左壑谷中的泉水已变成了山涧，顺着山涧往南走半里，山体回绕，到了壑谷尽头，山脊挡在前方，道路便上升，涧水则从山下流入洞穴中。盘旋曲折地走了二里，越过山坳上的山脊，这是梅子关。过关往西行，路左边有个山峡，然后又下坠成坑谷，坑谷东西方向直径有一里，而西面又回绕过来与山脊相连。道路沿着峡上平缓地向西行，又越过山脊，这才向下跋涉。走了二里路，又绕着坞中之山往西南转，走了二里，再向西北上山，又走了一里，就到了黄土坝。大概鼎站的山岭，到此处从中下降，又与西岭对峙成峡谷，有座土山在峡中突起并与它相连，土山南北都下坠到峡中，盘踞在中央宛如堤坝一样，它被称为黄土坝就是因为这个原因。有几户人家背靠着西山挡在山坳之间，设了巡检司以便稽查。又往上越过岭脊，共走五里，到达白云寺。然后便向西南下走，逶迤四里，途中扛轿挑担的络绎不绝，车马相望，方知是临安道道员毋忠，被皇帝启用进京。司、道一级的官吏没有皇帝直接征用的成例，他的行道牌上如此写着，肯定有其他解释。据查，毋忠是四川人，本来是乡荐出身，难道果然有卓越特异的政绩传到皇帝耳朵里吗？但是听说阿迷州的非法割据还未收复，而挑担抬轿的喧嚷实在太过奢华，此人的才能与操守似乎值得再议。又来到坞底，往西北上行一里，到了新铺。从铺西稍走一些越过岭头，便直直下山而去。

五里，过白基观。观前奉真武，后奉西方圣人，中颇整洁。时尚未午，驼骑方放牧在后，余乃入后殿，就净几，以所携纸墨，记连日所游；盖以店肆杂沓，不若此之净而幽也。僧檀波，甚解人意，时时以茶蔬米粥供。下午，有象过，二大二小，停寺前久之。象奴下饮，濒去，象辄跪后二足，又跪前二足，伏而候升。既而驼骑亦过，余方草记甚酣，不暇同往。又久之，雷声殷殷[1]，天色以云幕而暗，辞檀波，以少礼酬之，固辞不受。

【注释】

①殷殷，震动声。

【译文】

走了五里，路过白基观。观中前殿供奉着真武大帝，后殿供奉着佛祖，观中十分整洁。此时还未到中午，马帮正在后面放牧，我便进入后殿，就着洁净的几案，用携带着的纸墨记下连日来游览过的地方；这是因为旅店中太杂乱，不如这里清洁幽静。僧人檀波十分了解别人的心意，时时给我提供一些茶水蔬菜米粥。下午，有大象路过，两大两小，停在寺前很长时间。赶象的奴仆下来饮水，临去时，大象就先跪下后面的两条腿，再跪下前面的两条腿，趴伏着等候主人坐上后站起。不久马帮也过去了，我在草记游程兴头正浓，来不及一同走。又过了很久，雷声隆隆，天色因云层遮蔽而暗沉，我辞别檀波，用微博的礼金酬谢他，他坚决推辞，不肯接受。

初，余以为去盘江止五里耳，至是而知驼骑所期旧城，尚在盘江上五里，亟为前趋。乃西向直下三里，有枯涧自东而西，新构小石梁跨之，曰利济桥。越桥，度涧南，又西下半里，则盘江沸然，自北南注。其峡不阔而甚深，其流浑浊如黄河而甚急。万山之中，众流皆清，而此独浊，不知何故？余三见此流：一在武宣入柳江，亦甚浊；一在三镇北罗木渡，则清；一在此，复浊。想清乃涸时也。

【译文】

起初，我以为离盘江只有五里路了，到这里才知道与马帮约定的旧城，还在盘江之上五里处，于是急忙往前赶路。接着向西直下行了三里，有条干枯的山涧自东延向西，新建的小石桥横跨在涧上，名为利济桥。过了桥，来到山涧南面，又往西下走了半里，就见到波涛汹涌的盘江，自北往南流。盘江峡谷不宽但却非常深，水流浑浊如黄河般，而且十分湍急。万山之中，众多河流都很清澈，唯独此江浑浊，不知是什么缘故？（我三次见到盘江：一次是从武宣进入柳江时，也是十分浑浊；一次在三镇以北的罗木渡，则是清的；一次在此处，又浑浊起来。想来只有在枯水之时，水流才清澈。）

循江东岸南行，半里，抵盘江桥[①]。桥以铁索，东西属两崖上为经，以木板横铺之为纬。东西两崖，相距不十五丈，而高且三十丈，水奔腾于下，其深又不可测。初以舟渡，多漂溺之患；垒石为桥，亦多不能成。崇祯四年，今布政[②]朱，名家民，云南人。时为廉宪[③]，命安普游击[④]李芳先四川人。以大铁链维两崖，链数十条，铺板两重，其厚仅八寸，阔八尺余，望之飘渺，然践之则屹然不动，日过牛马千百群，皆负重而趋者。桥两旁，又高维铁链为栏，复以细链经纬为纹。两崖之端，各有石狮二座，高三四尺，栏链俱自狮口出。东西又各跨巨坊。其东者题曰“天堑云航”，督部朱公所标也；其西者题字已不清，傅宗龙[⑤]时为监军御史所标也。傅又竖穹碑，题曰“小葛桥”，谓诸葛武侯以铁为澜沧桥，数千百载，乃复有此，故云。余按，“渡澜沧[⑥]，为他人”乃汉武故事，而澜沧亦无铁桥；铁桥[⑦]故址在丽江，亦非诸葛所成者。桥两端碑刻祠宇甚盛，时暮雨大至，不及细观。度桥西，已入新城门内矣。左转瞰桥为大愿寺。西北循崖上，则新城所环也。自建桥后，增城置所，为锁钥之要云。闻旧城尚在岭头五里，急冒雨蹻蹶跻级而登。一里半，出北门。又北行半里，转而西，逶迤而上者二里，雨乃渐霁。新城内所上者峻，城外所上者坦。西逾坳，循右峰北转，又半里，则旧城悬岭后冈头矣。入东门，内有总府镇焉。其署与店舍无异。早晚发号用喇叭，声亦不扬，金鼓之声无有也。青崖总兵姓班，三汊总兵姓商，此间总兵姓胡。添设虽多，而势不尊矣。是夜，宿张斋公家；军人也。

【注释】

①盘江桥，在今晴隆、关岭两县交界的北盘江上，经过多次重修，现为铁梁吊桥。桥基为明代所建，分两级，第二级两边各

有拱式排洪桥，枯水时节，下一级露出水面约二十五米。两岸石刻“盘江飞渡”“铁锁盘江”“力挽长河”等尚存十余处。其西约一公里处有明代连云城的街市遗址。

②布政，即布政使，为各省的最高行政长官。

③廉宪，明代各省设提刑按察使，主管一省的司法。因元代有肃政廉访使，与按察使职掌略同，故按察使亦尊称“廉宪”。

④游击，明代边区守军设有游击将军，分掌驻地的防守应援。

⑤傅宗龙（？—1641），字仲纶，号括苍，又号云中，昆明人。万历中进士，初为铜梁知县，崇祯中历任贵州巡按、四川巡抚、兵部尚书。后因镇压明末农民起义而死。

⑥渡澜沧，为他人，为汉武帝时的旧事。据《华阳国志·南中志》载：“孝武时，通博南山，度兰仓水、耆溪，置嶲唐、不韦二县，徙南越相吕嘉子孙宗族实之，因名不韦，以彰其先人恶。行人歌之曰：‘汉德广，开不宾，渡博南，越兰津，渡兰仓，为他人。’渡兰仓水以取哀牢地，哀牢转衰。”兰仓水即今澜沧江。

⑦铁桥，唐时有铁桥，为吐蕃所建，在今玉龙县西北塔城关附近的金沙江上，为云南通往西藏的交通要道，当时的铁桥节度和铁桥城皆因此得名。

【译文】

沿着盘江东岸往南行半里，到达盘江桥。桥身使用铁链，东西两头连接在两端的山崖上作为纵向的桥体，用木板横向铺在铁链上。东西两边的山崖相距不足十五丈，可高处距离下方将近三十丈，江水在桥下奔涌，水深不可测。最开始用船摆渡，多有遇难溺水的灾祸发生；用石块垒砌成桥，也多半不能建成。崇祯四年，现在的布政使朱家民（云南人）。当时任提刑按察使，命令安普的游击将军李芳先（四川人）。用大铁链系在两边山崖上，铁链有几十条，铺两层木板，板厚仅八寸，宽八尺多。远望去，桥身飘荡，若隐若现，但踩在桥上却岿然不动，每日过往的牛马千百群，都是载着重物赶路的。桥的两旁又拴着高高的铁链作为栏杆，再用细链子纵横勾连。两边的山崖各有两尊石狮子，高约三四尺，作栏杆用的链子全部从狮子口中出来。巨大的牌坊横跨东西两头。东面的牌坊上题写着“天堑云航”，是总督朱公题写的；西边的牌坊上题字已然不清，是当时任监军御史的傅宗龙写的。傅宗龙又竖立了一块圆石碑，题为“小葛桥”，意思是说武侯诸葛亮用铁链造了澜沧江桥，历数百千年，才又有了此桥，故以此为名。我经考据得知，“渡澜沧为其他人”是汉武帝时的旧事，而且澜沧江上也没有铁索桥；铁索桥的旧址在丽江，也不是诸葛亮建成的。桥两端的碑刻祠堂庙宇很多，当时暮雨骤降，来不及细看。过到桥西，已经进入新城门内了。转向左边俯瞰大桥，旁边是大愿寺。往西北沿着山崖往上登，就是新城环绕的地方了。自从建桥以后，增建了城池并设置卫所，成为军事重镇所在。听说旧城还在五里以外的岭头，急忙冒雨竭力跌跌撞撞地沿着石阶上登。走了一里半，出了北门。又往北行半里，转向西，弯弯曲曲向上走了二里路，雨才慢慢停下，天色放晴。（**从新城内上山的路陡峻，城外上山的路平缓些。**）向西穿越山坳，沿右边的山峰转向北走，又走半里，就看见旧城高悬在岭后的山冈上。进了东门，城内有总兵府镇守。总兵府衙与客店的房舍没有什么差别。早晚发号令用喇叭，声音也不洪亮，锣鼓之声更是从未有过。（**青崖城的总兵姓班，三汊河的总兵姓商，这里的总兵姓胡。**）增设的总兵虽然很多，可权势不重。这天夜里，住宿在张斋公家；斋公乃是军人。

游太华山记

昆明太华山又称“碧鸡山”，因在昆明西南、滇池西岸，元代以来也称“西山”。该山是滇池风景名胜区的主要景点，自古以来就是登山揽海的胜地。北段为层叠的土山，山深林密；南段为陡峭的石山，雄阔壮美；山腰开发较早，寺庵林立。

崇祯十一年（1638）五月初十，徐霞客从滇南胜境关进入云南，驻足昆明，随后在滇东、滇南沿着南盘江转圜。《游太华山记》是徐霞客游昆明西山的游记，详见《滇游日记一》。

明代的交通条件与今不同，有些地方甚至更加便利。徐霞客乘小船横渡草海，在高峣登陆，谒太史祠，游山腰的华亭寺、太华寺、罗汉崖；从千步崖下到龙门村，沿湖岸往南考察金线泉；又攀上小石林，寻黑龙池，登绝顶。徐霞客游览之全，令后来者叹为观止，《游太华山记》成为古代记录西山最详尽的游记名篇，同时启发后世扩大了西山旅游开发的范围。近年来，昆明园林局从龙门附近建隧道通至山顶，人们可以追寻徐霞客的足迹，游览“石萼骈丛”的小石林，登临美女峰。

出省城[①]，西南二里下舟，两岸平畴夹水。十里田尽，萑苇满泽[②]，舟行深绿间，不复知为滇池巨流，是为草海。草间舟道甚狭，遥望西山绕臂东出，削崖排空，则罗汉寺也。又西十五里抵高峣[3]，乃舍舟登陆。高峣者，西山中逊处也。南北山皆环而东出，中独西逊，水亦西逼之，有数百家倚山临水，为迤西[4]大道。北上有傅园，园西上五里，为碧鸡关，即大道达安宁州者。由高峣南上，为杨太史祠[5]，祠南至华亭、太华，尽于罗汉，即碧鸡山南突为重崖者。盖碧鸡山自西北亘东南，进耳诸峰由西南亘东北，两山相接，即西山中逊处，故大道从之，上置关，高峣实当水埠焉。

【注释】

①省城，指明代云南布政司治所云南府城，即今昆明市区。

②萑（huán）苇，长成后的芦苇。泽，水或水草积聚的低洼的地方。

③高峣（yáo），旧称“高晓渡”，在滇池西岸西山脚下，但已失去水陆交通码头的作用。从昆明到滇西的公路从旁边经过。

④迤（yǐ）西，地区名。明时云南有迤东和迤西之分。以昆明为中心，迤东包括今滇东及滇南，迤西即今滇西。清初在此基础上设迤东道和迤西道，乾隆年间又从迤东道中分出迤南道，专管滇南。清代成为政区名，这就是通常所称的“三迤”。至今人们仍以“三迤”称呼滇东、滇西和滇南。

⑤杨太史，即杨慎（1488—1559），字用修，号升庵。明武宗时，杨升庵殿试第一，授翰林院修撰，人称“杨状元”“杨太史”。世宗初，因议朝政，被廷杖，谪戍云南永昌卫。杨升庵在滇三十五年（1524—1559），足迹遍及云南主要地区，著述甚多，保存了不少有关云南的诗文及历史资料。后人在杨升庵在昆明的住处高峣建祠纪念，即杨太史祠。光绪七年（1881）改名“升庵祠”。杨太史祠近年经过整修，普贤寺并入，建立杨升庵纪念馆和徐霞客纪念馆，为省级重点文物保护单位。

【译文】

从省城昆明出发，往西南走二里后上船，水流两岸耕地平整。船行十里就看不到农田，水中长满芦苇，船行在芦苇丛中，感觉不到滇池湖面的辽阔，感觉像行驶在草海中。芦苇之间的航道十分狭窄，遥望西山，像张开的手臂绕向东边伸出去，陡峭的崖壁凌空耸立，那是罗汉寺。又往西航行十五里抵达高峣，于是离船上岸。高峣位于西山中部的低凹处。南部、北部的山都绕向东边伸出去，只有中部往西收缩，水也向西紧逼，有数百家人靠山临水而居，此处是去往滇西大路的必经之地。从高峣往北上有傅园，从傅园往西上五里，为碧鸡关，是通到安宁州的大路。从高峣往南行，有杨太史祠，再往南就到了华亭寺、太华寺，最后到罗汉寺，就是碧鸡山向南突出、山崖重叠的地方。碧鸡山从西北横贯东南，进耳等山峰从西南横贯东北，两道山交接的地方就是西山中部低凹处，所以大路从这里经过，在上面设置关卡，高峣实际上是水埠码头。

余南一里，饭太史祠。又南过一村，乃西南上山，共三里，山半得华亭寺①。寺东向，后倚危峰，草海临其前。由寺南侧门出，循寺南西上，南逾支陇入腋，共二里，东南升岭，岭界华亭、太华两寺中而东突者。南逾岭，西折入腋凑间，上为危峰，下盘深谷，太华则高峙谷东，与行处平对。然路必穷极西腋，后乃东转出。腋中悬流两派坠石窟，幽峭险仄，不行此径不见也。转峡，又东盘山嘴，共一里，俯瞰一寺在下壑，乃太平寺也。又南一里，抵太华寺②。寺亦东向，殿前夹墀③皆山茶，南一株尤巨异。前廊南穿庑入阁，东向瞰海。然此处所望犹止及草海，若漾漾④浩荡观，当更在罗汉寺南也。

【注释】

①华亭寺，相传大理时善阐侯高家曾在华亭寺原址修建别墅，高家的后人给此山取名“华亭山”，名称沿用至今。元代修

建了圆觉寺，明代即称“华亭寺”。

②太华寺，明代为西山最大的寺院，据《明一统志》云南府寺观：“太华寺，在太华山顶，元赛典赤建，俯瞰滇池。僧佛财于寺中建为高阁，本朝都督沐晟为匾曰‘一碧万顷’。”高阁即指一碧万顷阁。该寺环境清幽，至今仍以茶花、玉兰、桂花等名花取胜。

③墀（chí），台阶。

④潆潆（yíng yíng），水波动荡貌。

【译文】

我往南上一里，在杨太史祠吃饭。又往南走过一个村庄，就往西南上山，一共走了三里，来到山腰的华亭寺。华亭寺正面朝东，背靠陡峰，前方对着草海。从寺南边的侧门出去，沿着寺南往西上，往南越过分支陇冈进入山谷，一共二里，往东南登岭，这就是在华亭寺、太华寺之间向东突出的山岭。往南越过山岭，向西转入山腋会聚处，这条路的上面是陡峰，路下面盘绕着深谷，太华寺高高峙立在山谷东边，和路平行相对。然而必须走完山谷西侧，然后才能往东转出山谷。山谷中悬挂着两股飞流，坠入石窟，这里地势之幽深峻峭、惊险狭窄，不从此处走是无法领略的。转出峡谷，又往东绕过山口，一共走了一里，往下看到一座寺庙在下面的壑谷中，是太平寺。又往南走一里，到了太华寺。太华寺也是正面朝东，殿前的石阶两旁都是山茶花树，靠南的一棵大得出奇。从前廊往南穿过厢房进入一碧万顷阁，向东俯瞰滇池。但这里还只能看到草海，如果要领略浩浩荡荡的滇池大观，应当还要去到罗汉寺南面。

遂出南侧门，稍南下，循坞西入。又东转一里半，南逾岭。岭自西峰最高处东垂下，有大道直上，为登顶道。截之东南下，复南转，遇石峰嶙峋南拥。辄从其北，东向坠土坑下，共一里，又西行石丛中。一里，复上蹑崖端，盘崖而南，见南崖上下，如蜂房燕窝，累累欲堕者，皆罗汉寺[1]南北庵也。披石隙稍下，一里，抵北庵，已出文殊岩上，始得正道。由此南下，为罗汉寺正殿；由此南上，为朝天桥。桥架断崖间，上下皆嵌崖，此复崭崖中坠。桥度而南，即为灵官殿，殿门北向临桥。由殿东侧门下，攀崖蹑峻，愈上愈奇，而楼、供纯阳。而殿、供元帝。而阁、供玉皇。而宫，名抱一。皆东向临海，嵌悬崖间。每上数十丈，得斗大平崖，辄杙[2]空架隙成之。故诸殿俱不巨，而点云缀石，互为披映，至此始扩然全收水海[3]之胜。南崖有亭前突，北崖横倚楼，楼前高柏一株，浮空漾翠。并楼而坐，如倚危樯上，不复知有崖石下藉也。抱一宫南削崖上，杙木栈，穿石穴，栈悬崖树，穴透崖隙，皆极险峭。度隙，有小楼粘石端，寝龛炊灶皆具。北庵景至此而极。返下朝天桥，谒罗汉正殿。殿后崖高百仞[4]。崖南转折间，泉一方渟崖麓，乃朝天桥迸缝而下者，曰勺冷泉。南逾泉，即东南折，其上崖更崇列，中止潆坪一缕若腰带，下悉陨阪崩崖，直插海底，坪间梵宇仙宫，雷神庙、三佛殿、寿佛殿、关帝殿、张仙祠、真武宫。次第连缀。真武宫之上，崖愈杰竦，昔梁王[5]避暑于此，又名避暑台，为南庵尽处，上即穴石小楼也。更南，则庵尽而崖不尽，穹壁覆云，重崖拓而更合[6]。南绝壁下，有猗兰阁址。

【注释】

①罗汉寺，正殿及南庵今已不存。北庵即今三清阁建筑群。

②杙（yì），斜埋在地上的小木桩。

③水海，滇池南部地区。滇池被海埂分为两部分。北部即草海，明时又称“西湖”，湖水较浅，湖面较小。南部即水海，又称“外海”或“昆阳海”，湖水较深，湖面宽广。

④仞（rèn），古代长度单位，各时期标准有变化，周制为八尺，汉制为七尺，东汉末则为五尺六寸。

⑤梁王，元代封在云南地区的皇族，他们以皇帝的代理人身份在云南进行统治，甚至干预和监督行省的一切事务，在王府管辖范围内享有绝对权力。

⑥“更南”四句，今西山自旧石室（凤凰台）以南，还有从绝壁上凿出的数百米曲折蜿蜒的隧道和慈云洞、云华洞、达天阁等石室，总称“龙门石刻”。是清代道士吴来清及附近数十户石工，在共计七十二年的时间内，从乾隆四十六（1781）至咸丰三年（1853），冒着生命危险断断续续开凿出来的，成为西山风景最精彩的部分绝伦之处。

【译文】

于是从南边的侧门出寺，稍稍往南下，顺着山坞往西进去。又转东走一里半，往南越岭。岭从西部山峰最高处向东垂下，有条大路可一直上去，那是登上峰顶的路。横穿大路往东南下，再向南转，就见石峰嶙峋往南簇拥。于是从石峰北侧，朝东下土坑，一共走了一里，又往西走进石头丛中。一里后，又往上从崖边攀登，绕着崖往南走，看见南边的崖上下皆是蜂房燕窝般的建筑，层层叠叠似要坠落般，那些都是罗汉寺的南庵和北庵。穿过石缝稍向下，一里后到北庵，不久出到文殊岩上，才走上正路。从这里往南下去，是罗汉寺正殿；从这里往南上，是朝天桥。桥架在断崖之间，上下都是险崖，这里山崖又中途断开往下坠。过桥后往南走，就到了灵官殿，殿门朝北对着桥。从殿东的侧门下去，攀崖壁登峻道，越往上景观越是奇妙，有供奉纯阳祖师的楼宇，供奉元始天尊的大殿，供奉玉皇大帝的亭阁，又有抱一宫宫，这些都朝东正对着滇池，镶嵌在悬崖之中。每向上攀登几十丈，便有一块斗大的平台悬在崖间，于是就在这空间架木建成庙宇。所以各个殿都不大，但白云崖石点缀，彼此映衬，到此处才觉得视野开阔，能观览整个滇池外海的胜境。南崖边有间亭子向前突出，北崖边有楼房横列，楼前有一棵高大的柏树，碧绿的枝叶似飘浮在空中。傍楼而坐，如同乘坐在高悬的船上，感觉不到还有崖石在下面支撑。抱一官南面陡峭的崖壁上，钉有木桩，铺成栈道，可穿过石洞。栈道悬在崖上的树木中，石洞穿透崖间的缝隙，都极其险阻峻峭。穿过缝隙，看见一座小楼，像是粘在石崖边，住处神龛、炊具一应俱全。北庵观景至此才结束。往回走下朝天桥，到罗汉寺正殿拜佛。殿后的山崖有百仞高。山崖南面的转弯处，有一汪泉水在崖脚汇聚，那是从朝天桥山缝中涌出后流下来的，名为勺冷泉。往南越过泉水，立即转向东南，从这里往上山崖更加高耸，只有一缕如腰带般的平地绕在半山中，往下全是坍塌的斜坡、崩裂的崖壁，直插入滇池底，小平地上的佛寺庙宇、仙人宫殿次第林立（雷神庙、三佛殿、寿佛殿、关帝殿、张仙祠、真武宫）。真武宫之上，山崖愈发耸立奇险，从前梁王在这里避暑，故又名避暑台，此处是南庵的尽头，上面是辟石而建的小楼。再往南，则庵尽而崖不尽，崖壁高耸，白云遮覆，重重的山崖分开后又合拢。南边的绝壁下，有猗兰阁旧址。

还至正殿，东向出山门，凡八折，下二里抵山麓，有村氓[①]数十家，俱网罟[②]为业。村南即龙王堂，前临水海。由其后南循南崖麓，村尽波连，崖势愈出，上已过猗兰旧址。南壁愈拓削，一去五里，黄石痕挂壁下，土人名为挂榜山。再南则崖回嘴突，巨石垒空嵌水折成璺[③]，南复分接屏壁，雄峭不若前，而兀突离奇，又开异境。三里，下瞰海涯，舟出没石隙中，有结茅南涯侧者，亟悬仄径下，得金线泉。泉自西山透腹出，外分三门，大仅如盎[④]，中崆峒，悉巨石欹侧，不可入。水由盎门出，分注海。海中细鱼溯流入洞，是名“金线鱼”。鱼大不逾四寸，中腴脂，首尾金一缕如线，为滇池珍味。泉北半里，有大石洞，洞门东瞰大海，即在大道下，崖倾莫可坠，必迂其南，始得透迤入，即前所望石中小舟出没处也。门内石质玲透，裂隙森柱，俱当明处。南入数

丈辄暗，觅炬更南，洞愈崇拓。共一里，始转而分东西向，东上三丈止，西入窈窕莫极。惧火炬不给，乃出。

【注释】

①村氓（méng），亦作“村甿”，泛指乡民，农人。此处即是现今的山邑村，又称“龙门村”。从三清阁门口到龙门村足有石阶千级，此路称为“千步崖”。

②网罟（gǔ），即渔网。这里代指捕鱼业。

③璺（wèn），裂罅，破而未离称为“璺”。

④盎（àng），古代一种腹大口小的盛物洗物的瓦盆。

【译文】

回到正殿，往东从山门出去，共转八道弯，向下走了二里抵达山脚，有数十家村民居住在这里，都以捕鱼为业。村南是龙王堂，堂前正对着滇池外海。从龙王堂后面往南顺着南崖麓过去，村庄尽头处水波连接山崖，山崖的气势更加突出，上面已经过了猗兰阁旧址。南壁更加宽大陡峭，一直延伸至五里开外，黄色的石痕悬挂在崖壁下部，当地人称为挂榜山。再往南则崖壁曲折环绕，山嘴突出，巨石凌空垒起，嵌入水中，破开裂纹。再往南，则屏风般的崖壁忽分忽接，雄伟峻峭也不比前面，但高耸离奇之态又别开异境。走了三里，往下俯瞰滇池岸边，船只在石缝中出没，见南岸旁边建有茅草房，于是赶忙从又陡又窄的小路下去，找到了金线泉。泉水从西山腹部穿出，外面分为三道门，每道门只有腹大口小的瓦盆那么大，中间是空洞，但全是倾斜的巨石，不能进入。泉水从盎门流出，分别注入滇池。滇池中的一种小鱼溯流进入洞中，名为“金线鱼”。金线鱼的大小不超过四寸，体脂颇厚，首尾之间有一缕金线，是滇池的珍贵美味。金线泉北部半里处，有个大石洞，洞口向东俯瞰滇池外海，就在大路下面，石崖倾覆，没有能下去的地方，必须绕到洞南，才得以迂回进入，也就是先前所看到的小船在石缝中出没的地方。洞内石质玲珑剔透，裂隙和石柱森列，都在亮处。往南走了数丈就黑暗不可视物，寻到火把后再往南进去，洞更高、更开阔。走进去将近一里，才转而分成东西两个方向，往东走了三丈就已到尽头，往西走则很是幽深，无法穷尽。担心火把不够，于是出洞。

上山返抱一宫。问山顶黑龙池道，须北向太华中，乃南转。然池实在山南金线泉绝顶，以此地崖崇石峻，非攀缘可至耳。余辄从危崖历隙上，壁虽峭，石缝多棱，悬跃无不如意。壁纹琼葩瑶茎，千容万变，皆目所未收。素习者惟牡丹，枝叶离披，布满石隙，为此地绝遘[①]，乃结子垂垂，外绿中红，又余地所未见。土人以高远莫知采鉴，第曰山间野药，不辨何物也。攀跻里余，遂蹑巅，则石萼鳞鳞，若出水青莲，平散竟地。峰端践侧锷而南，惟西南一峰最高。行峰顶四里，凌其上，为碧鸡绝顶[②]。顶南石萼骈丛，南坠又起一突兀峰，高少逊之，乃南尽海口山也。绝顶东下二里，已临金线泉之上，乃于耸崖间观黑龙池而下。

【注释】

①绝遘（gòu），绝难遇见的。遘，相遇，碰上。

②碧鸡绝顶，即为西山绝顶，海拔2511米，比滇池水面高出625.5米，为昆明周围诸山的最高点。该处有片石萼，今俗称“小石林”。

【译文】

上山回到抱一宫。询问去山顶黑龙池的路，需得向北到太华山中部，才能往南转。而黑龙池其实在山南金线泉的绝顶上，因为这里山崖高耸、石壁陡峻，并非攀缘能够到达的。我于是从陡直的崖壁间踩着裂隙往上爬，崖壁虽然陡峭，但石缝棱角突出，悬空着往上跃总有落脚的地方。崖壁的缝隙中生着一种花，如琼花玉茎，形态千变万化，前所未见。我一向熟悉的只有牡丹，而此地绝难遇见，而这里石缝间满是枝叶横生、结子下垂、外绿中红的花，又是我家乡所见不到的。当地人因为山高路远而不知道采摘鉴赏，只认为是山间的野药，分不清是什么品种。往上攀爬一里多，就登上了山顶，看见鱼鳞状的石萼，像出水的青莲花般满地都是。踩着峰头侧边的石头往南走，仅有西南的一峰最高。在峰顶上走了四里，登上最高处，这便是碧鸡山绝顶。峰顶南边石萼丛丛排排，南边坠下去的地方又突起一座陡峰，比碧鸡山绝顶稍低，是南边尽头处海口的山。从绝顶上往东下二里，已经到达金线泉的上面了，于是在高耸的山崖间观赏黑龙池，随后下山。

随笔二则

《随笔二则》是徐霞客在云南省城及滇南调查采访的学术笔记，约写成于崇祯十一年（1638）的六月到八月间。详见《滇游日记一》。

第一则记载明代开国勋臣沐英的后代，世袭镇守云南的黔国公骄横不法的劣迹。明代史料载沐氏事迹甚多，但对沐启元的暴虐，均未提及或仅是笼统叙述。通过其他资料佐证，当时正是沐氏作威作福的年代，该游记中提供的史料真实可信，难能可贵。

第二则记载阿迷州土官普名胜危害滇南的始末。徐霞客于普名胜死后四年，穿行在普名胜曾蹂躏的地区，各处仍遍地伤痍，普名胜之妻万氏“威行远近”，“至今临安不敢一字指斥，旅人询及者，辄掩口相戒，府州文移，不过虚文。”在这样的环境中搜集整理的采访记录是官书和正史所不可能有的，因而该文也能称得上是有关普名胜之乱最早的调查报告，有很高的史料价值。徐霞客通过普名胜之乱揭露了朝政的腐朽无能，其评论中肯而犀利。

黔国公[①]沐昌祚卒，孙启元嗣爵。邑诸生往祭其祖，中门启，一生翘首内望，门吏杖箠[②]之。多士怒，亦箠其人，反为众桀[③]奴所伤，遂诉于直指[④]金公。公讳瑊，将逮诸奴，奴耸启元先疏诬多士。事下御史，金逮奴如故。启元益嗔[⑤]，征兵祭纛[⑥]，环直指门，发巨炮恐之，金不为动。沐遂掠多士数十人，毒痛之，囊其首于木。金戒多士毋与争，急疏闻。下黔督张鹤鸣勘，张奏以实。时魏珰专政，下调停旨，而启元愈猖狂不可制。母宋夫人惧斩世绪，泣三日，以毒进，启元陨，事乃解。宋夫人疏请，孙稚未胜爵服，乞权署名，俟长赐袭。会今上登极[⑦]，怜之，辄赐敕实授。即今嗣公沐天波，时仅岁一周支[⑧]也。

【注释】

①黔国公，明朝公爵。沐英为明朝开国勋臣之一，受封为西平侯，后其子孙又晋封为黔国公，世袭镇守云南总兵官。他们不但与省的地方机构没有直接隶属关系，甚至“骄凌三司”“虐害小民”，横行云南，庄田遍布全省，时称“黔府”或“沐府”。

②箠（chuí），击马也，假借为杖人之称，意为鞭打，打人。

③桀（jié），古人名。相传是夏朝的暴君，被商族首领汤起兵攻伐，出奔南方而死，夏亡。此处意为凶暴。

④直指，意即指事而行，挺直不阿。汉武帝派遣刚直的使者，着绣衣，持节发兵，有诛杀不力官员之权。

⑤益嗔（chēn），更加生气。

⑥纛（dào），古时军队或仪仗队的大旗。

⑦今上登级，指朱由检当皇帝，年号崇祯，时在1628年。

⑧岁一周支，即一轮地支，为十二岁。“支”指地支，古人用十二地支计年。

【译文】

黔国公沐昌祚去世，其孙沐启元继承爵位。城里的众儒生去祭拜沐启元的祖父，中门打开，有一人抬头朝门内看，守门的官吏竟用杖打他。儒生们愤怒了，也打守门人，反而被沐府凶暴的奴仆所打伤，儒生们于是到朝廷派来的官员金公那里去申诉。金公名瑊，他打算逮捕那些奴仆。奴仆怂恿沐启元先上疏诬告众儒生。事情告到监察御史处，金公依旧逮捕奴仆。沐启元更加生气，调动军队祭军旗，包围了金公的衙门，并发射大炮威吓，金公不为所动。沐启元于是掠走数十名儒生，对他们严刑拷打，用木枷夹他们的头。金公告诫众儒生不要和沐启元争，急忙上疏奏报朝廷。朝廷下令贵州省总督张鹤鸣核实，张鹤鸣据实上奏。当时魏忠贤专政，下了调停的旨令，故而沐启元更加猖狂，无法控制。他的母亲宋夫人害怕断送世袭的爵禄，痛哭了三天，随后用毒药毒死了沐启元，事情才得以缓解。宋夫人上疏请求，孙子年幼，无法胜任爵禄地位，请暂时挂名，等长大后再赐他继承爵位。时逢崇祯皇帝继位，怜惜沐昌祚的孙子，于是下令授以实爵。就是现在继承黔国公爵位的沐天波，他继承爵位时才十二岁。

普名胜[1]者，阿迷州[2]土寇也。祖者辂，父子为乱三乡、维摩间。万历四十二年，广西郡守萧以裕，调宁州[3]禄土司兵合剿，一鼓破之，辂父子俱就戮，始复维摩州[4]，开三乡县[5]。时名胜走阿迷，宁州禄洪欲除之。临安守梁贵梦、郡绅王中丞抚民，畏宁州强，留普树之敌，曲庇名胜。初犹屯阿迷境，后十余年，兵顿强，残破诸土司，遂驻州城，尽夺州守权。崇祯四年，抚臣王伉忧之，裹毡笠，同二骑潜至州，悉得其叛状，疏请剿。上命川、贵四省合剿之。石屏龙土司兵先薄漾田，为所歼。三月初八日，王中丞亲驻临安，布政周士昌[6]统十三参将，将本省兵万七千人，逼沈家坟。贼命黎亚选扼之，不得进，相持者二月。五月初二日，亚选自营中潜往为名胜寿，醉返营。一童子泄其事于龙。龙与王土司夜劫之，遂斩黎；进薄州城，环围四月，卒不下。时州人廖大亨任职方郎[7]，贼恃为奥援，潜使使入京纵反间，谓普实不

叛，王抚起衅徼功，百姓悉糜烂。于是部郎疏论普地不百里，兵不千人，即叛可传檄定，何骚动大兵为？而王宫谕锡衮、杨庶常绳武[8]，各上疏言宜剿。事下枢部议。先是王抚疏名胜包藏祸心已久，前有司养疽莫发奸，致成难图蔓草，上因切责前抚、按。而前抚闵洪学已擢冢宰[9]，惧勿能自解，即以飞语怂恿大司马[10]。大司马已先入部郎言，遂谓名胜地不当一县，抚、按比周，张大其事势，又延引日月，徒虚糜县官饷[11]。疏上，严旨逮伉及按臣赵世龙。十月十五日，抚、按俱临安就逮。十二月十八，周士昌中铳[12]死，十三参将悉战没。五年正月朔，贼悉兵攻临安，诈郡括万金犒之，受金，攻愈急。迨十六，城垂破，贼忽退师，以何天衢袭其穴也。天衢，江右人，居名胜十三头目之一，见名胜有异志，心不安，妻陈氏力劝归中朝，天衢因乞降，当道以三乡城处之，今遂得其解围力。后普屡以兵攻三乡，各相拒，无所胜，乃退兵，先修祖父怨于宁州。方攻宁时，洪已奉调中原，其母集众目，人犒五金、京青布二，各守要害，贼不得入。后洪返，谓所予太重，责之金，诸族目悉解体。贼谍之，乘之入，洪走避抚仙湖孤山[13]，州为残破。岁余，洪复故土，郁郁死。贼次攻石屏州，及沙土司等十三长官，悉服属之。志欲克维摩州南鲁白城，即大举。鲁白城在广南西南七日程，临安东南九日程，与交趾界，城天险，为白彝所踞。名胜常曰："进图中原，退守鲁白，吾无忧矣。"攻之三年，不能克。七年九月，忽病死。子福远，方九岁。妻万氏，多权略，威行远近。当事者姑以抚了局，酿祸至今，自临安以东、广西以南，不复知有明官矣！至今临安不敢一字指斥，旅人询及者，辄掩口相戒，府州文移，不过虚文。予过安庄，见为水西残破者，各各有同仇志，不惜为致命；而此方人人没齿无怨言，不意一妇人威略乃尔！南包沙土司，抵蒙自县[14]；北包弥勒州[15]，抵广西府；东包维摩州，抵三乡县；西抵临安府：皆其横压之区。东唯三乡何天衢，西唯龙鹏[16]龙在田，犹与抗斗，余皆闻风慑伏[17]。有司为之笼络，仕绅受其羁靮[18]者，十八九。王伉以启衅被逮，后人苟且抚局，举动如此，朝可谓有人乎！夫伉之罪，在误用周士昌，不谙兵机，弥连数月，兵久变生耳。当时止宜责其迟，留策其后效。临敌易帅且不可，遽就军中逮之，亦太甚矣！嗟乎！朝廷于东西用兵，事事如此，不独西南彝也！

【注释】

①普名胜，即普名声。其为普维藩之子。父死袭职。天启二年（1622），以征调有功，授土守备职衔。五年后，升任阿迷州土知州世职，后渐不服调度，于崇祯五年（1632）巡抚赵洪范至临安（今建水）时，他大耀兵威。洪范于是遣兵围其城。是年冬，他派人伪降，自率土兵攻打石屏及沙土司等十二长官，悉服属之。又与元谋土官吾必奎联合，大败明军。后就抚。崇祯七年（1634），张继孟用计毒杀普名胜于弥勒息宰，其妻万氏改嫁王弄山副长官沙定洲。

②阿迷州，又作“阿弥州”，隶属临安府，治今云南开远市。

③宁州，隶属临安府，即今云南华宁县。

④维摩州，隶属广西府，治今云南砚山县北境的维摩。据道光《云南通志》卷三十五引旧《云南通志》载，维摩新废州城“在丘北西阿宁乡，明崇祯四年（1631）徙州治于北，康熙九年（1670）州废城存”。明末维摩州治在今云南邱北县下寨马头山的旧城。

⑤三乡县，在今邱北县治稍西下寨马头山的新城。据《明史·地理志》载，维摩州“西有三乡城，万历二十二年（1594）筑”。万历四十二年（1614）正式开三乡县。

⑥周世昌，又作“周士昌”。明朝时在边区军事要地设参府，分守各路。主持参府的统兵官即参将，又称“参戎”，位在总兵、副总兵之下，无定员。

⑦职方郎，即职方司的长官。明代于兵部设职方司，掌管疆域图籍、军制、城隍、镇戍、简练、征讨等事。

⑧锡衮，即王锡衮，云南禄丰人，官至大学士，明末为沙定州所执杀。杨庶常绳武，即杨绳武，字念尔，云南弥勒人，崇祯时中进士，选庶常授监察御史，官至兵部侍郎。

⑨擢（zhuó），提升。冢宰，周时官名，为“六卿”之首。后世亦称吏部尚书为“冢宰”。

⑩飞语，即蜚语，没有根据的流言或恶意诽谤。大司马，汉武帝时改太尉置大司马，为全国军事首脑。后来则用作高级武官的专称，明代亦别称“兵部尚书”为“大司马”。

⑪虚糜，白白地损耗、浪费。县官，朝廷、官府。

⑫铳（chòng），古代的一种火器。

⑬孤山，今名同，又名“环玉山”，位于抚仙湖南部。其上原本殿阁甚多，后毁于战火，近年来重建亭阁，为风景胜地。据《读史方舆纪要》载：“海瀛山，在府东南，特起湖中，四壁如削，凭虚视下，竞秀争流，一名孤山。”

⑭蒙自县，隶属临安府，即今云南蒙自市。

⑮弥勒州，隶属广西府，即今云南弥勒市。

⑯龙鹏，今作“龙朋”，在云南石屏县北境。

⑰慑伏，慑于威势而屈服。

⑱靮（dí），马缰绳。

【译文】

普名胜本是阿迷州的土匪。他的祖父者辂，和儿子在三乡县、维摩州一带作乱。万历四十二年，广西府知府萧以裕调集宁州禄土司的军队合兵围剿，一下子就打败叛军，者辂父子一起被杀，朝廷才收复维摩州，设置三乡县。当时普名胜逃到阿迷州，宁州土司禄洪打算除掉他。临安府知府梁贵梦、府中乡绅王抚民，担心宁州土司强大，认为留下普名胜可以与宁州土司对立，便曲意包庇普名胜。开始时普名胜还屯住在阿迷州边境，之后十余年，普名胜的兵力很快强大，消灭了众多土司，于是进驻州城，夺取了阿迷州的全部政权。崇祯四年，巡抚王伉心有隐忧，于是裹着毡笠，和两名骑手潜入阿迷州，获得了普名胜叛乱的全部情况，上疏请求围剿。崇祯皇帝命令四川、贵州等四省合兵围剿。石屏州龙土司的军队首先逼近漾田，被普名胜歼灭。三月初八，王巡抚亲自驻扎在临安府，布政使周士昌统领十三位参将，率领云南省的军队一万七千人，逼近沈家坟。叛军命令黎亚选阻扼官军，周士昌不能前进，双方相持了两个月。五月初二，黎亚选从军队中潜回去为普名胜祝寿，喝醉酒后返回军营。一个年轻人把此事泄露给龙土司。龙土司和王土司连夜强攻，杀了黎亚选；继而进逼阿迷州城，包围了四个月，最终没能攻下。当时阿迷州人廖大亨担任职方郎，叛军依仗他是有力靠山，暗中派使者到京城肆意地提供假情况，说普名胜其实没有叛乱，是王巡抚挑起争端以邀功，害得百姓无辜被摧残。于是兵部职方郎上疏，说普名胜的土地不到百里，军队不到千人，即使反叛也可以用一道命令传檄平定，何必调动大批军队去打？而宫谕王锡衮、庶常杨绳武，分别上疏说应当围剿。此事下达中枢部门商议。在这之前，王巡抚上疏说普名胜包藏祸心由来已久，前任长官像生毒疮怕痛而不割一样，没有揭发其奸邪，终致野草蔓延难除的形势，皇上因此严词谴责前任巡抚、巡按御史。而前任巡抚闵洪学已提升为吏部尚书，害怕无法辩解，就用流言怂恿兵部尚书。兵部尚书应先入为主，便认为普名胜掌握之地不及一个县，巡抚、巡按御使互相勾结，扩大事态，且拖延时间，只会白费朝廷粮饷。此疏上奏后，朝廷严令逮捕巡抚王伉、巡按御史赵世龙。十月十五日，巡抚、巡按御史在临安府被捕。十二月十八日，周士昌中火器而死，十三名参将全部战死。崇祯五年正月初一，叛军调齐军队攻临安府，欺骗临安府搜刮一万两银子犒劳他们，接到银两后，攻府城更加急迫。十六日，府城即将被攻破，叛军忽然退兵，原来是何天衢偷袭了他们的巢穴。何天衢是江西省人，普名胜的十三头目之一，他看到普名胜心怀异志，内心不安，妻子陈氏竭力劝他归顺朝廷，何天衢于是请求投降，当权者将他安置在三乡县城，现在就靠他的力量解除了包围。后来普名胜多次率领军队进攻三乡县城，双方相持不下，普名胜无法取胜，方才退兵，先去找宁州土司报祖父、父亲之仇。正要攻宁州时，土司禄洪已奉命调往中原，他的母亲召集众头目，犒劳每人五两银子、两匹青布，要他们据守要道，叛军因而未能攻入。后来禄洪返回，认为给得太多，索回银两，各部族的头目全都离心离德。叛军刺探到此情况，乘机攻入宁州，禄洪逃到抚仙湖孤山避难，宁州被攻破。过了一年多，禄洪回到故土，忧郁而死。叛军接着进攻石屏州，以及沙土司等十三个长官，这些地区全都臣服于普名胜。普名胜立志要攻克维摩州南部的鲁白城，于是大举进攻。鲁白城距广南府西南有七天的路程，距离临安府东南有九天的路程，与交趾接界，依傍天险筑城，素来被白彝盘踞。普名胜常说："进图谋中原，退死守鲁白，我就没有后顾之忧了。"攻了三年，没能攻克。崇祯七年九月，普名胜忽然病死。儿子普福远才九岁。妻子万氏擅长权术谋略，威名远近皆知。当权的人姑且用安抚的方法来缓解局势，因而酿成的灾祸延续到现在，从临安府以东、广西府以南，人们都不知道还有明朝的官员呢！临安府至今不敢对此事指责半句，旅客问及此事，人人都掩口提防，府、州的公文下达，不过是一纸虚文。我过安庄时，看到被水西土司残害的人，人人都有报仇之意，不惜为此献出生命；而这里人人闭口，不敢有丝毫怨言，想不到一个妇人的威势、谋略竟达如此地步！往南包括沙土司，至蒙自县；往北包括弥勒州，至广西府；往东包括维摩州，至三乡县；往西至临安府：这些都是万氏横行压迫的地区。东边只有三乡县的何天衢，西边只有龙鹏的龙在田，还能与万氏抗争，其余的都闻风丧胆，慑于威势而屈服。地方官被万氏笼络，官吏、乡绅中十之八九皆受万氏束缚。王伉因为挑起争端的罪名被捕，后来的官员苟且，以安抚了事，做出如此举动，还能认为朝廷有能臣吗！王伉的过失，在于误用周士昌，不通用兵的谋略，战争长达数月，时间久则易生变故。当时应当责备王伉用兵迟缓，并留下来督促他，看他之后的表现。面对敌人时临时更换主帅尚且不行，更何况突然到军中逮捕主帅呢，实在是太过分了！唉！看来朝廷对周边用兵皆是如此，不只是对西南地区的少数民族这般啊！

黄草坝札记

崇祯十一年（1638）八月，徐霞客从云南重返贵州，于二十八日完成了对南盘江的考察，因雨水连绵之故，有闲暇坐下来整理他的研究心得，一次就写了十条札记，涉及地理、历史、时政等方面，思想深刻，结论精辟。《黄草坝札记》就是徐霞客在黄草坝所写的札记，详见《滇游日记二》。

这些札记涉及黄草坝的内容最多，包括当时的辖属范围、经济状况、与四邻诸土司的复杂关系等，是有关黄草坝历史的最早的专题记录，具有很高的史料价值。在普安十二营中，徐霞客判断黄草坝“其地田塍中辟，道路四达，人民颇集，可建一县”，其评价被后来的历史所证明，他提出的设县标准具有普遍意义。

徐霞客在黄草坝结束了追踪南盘江的考察，他对南盘江的认识又前进了一步。但是他对南北盘江汇流处、南盘江下游与右江的关系判断有错漏之处。

徐霞客综合自己往来考察的结果，比较了广西、贵州、云南三省山水的特点和地区差异，还就“笼”“隆”二字的命名提出了自己的见解。他综述广西与云南间三条交通线的走向、当时的通塞状况，并对所经过的山险、溪渡做了比较，为研究明末西南交通史所必读。

二十八日　晨雨不止。衣湿难行，俟炙衣而起。终日雨涔涔[①]也。是日此处马场，人集颇盛。市中无他异物，惟黄蜡与细笋为多。乃煨笋煮肉，竟日守雨。

【注释】

①涔涔（cén），雨水不断地往下流。

【译文】

二十八日　早晨雨还没停。衣服潮湿难以启程，等烤干衣服后才动身。一整天都在下雨。黄草坝今天适逢马场，来赶集的人很多。集市上没有其他罕见的物品，只有黄蜡和细笋最多。于是煨笋煮肉，一整天坐等雨停。

黄草坝[①]土司黄姓，加都司衔。乃普安十二营长官司之属。十二营以归顺为首，而钱赋之数则推黄草坝，土地之远则推步雄焉[②]。

【注释】

①黄草坝，在今贵州兴义市。

②远，阔达、广阔。步雄，今作“布雄”，在贵州兴义市南境。

【译文】

黄草坝土司姓黄，授予都司头衔，是普安州十二营长官司的下属。十二营长官司以归顺营排列第一，但按照缴纳钱赋的数量则首推黄草坝营，按土地的广阔程度则首推步雄营。

黄草坝东十五里为马鼻河[①]，又东五十里抵龙光[②]，乃广西右江分界；西二十里为步雄，又西五十里抵江底[③]，乃云南罗平州[④]分界；南三十里为安障[⑤]，又南四十里抵巴吉[⑥]，乃云南广南府[⑦]分界；北三十里为丰塘[⑧]，又北二十里抵碧洞，乃云南亦佐县[⑨]分界。东西南三面与两异省错壤，北去普安二百二十里。其地田塍[⑩]

中辟，道路四达，人民颇集，可建一县；而土司恐夺其权，州官恐分其利，故莫为举者。

【注释】

①马鼻河，今作“马别河”，又称“清水河”，在兴义市东境，从北往南流入南盘江。河边有民众聚居之地，称为“马别桥”，又称“马岭”，公路从此经过。

②龙光，今作“龙广”，在贵州安龙县西隅。

③江底，指今黄泥河边的老江底，与公路边的新江底不同，在贵州兴义市西隅。这一段黄泥河亦称“江底河”。

④罗平州，元代为罗雄州；明万历十五年（1587）更名为“罗平州”，隶属曲靖府，在今罗平县治罗雄镇。

⑤安障，今作“安章”，在兴义市南境。

⑥巴吉，今作“巴结”，在兴义市东南隅，南盘江北岸，为贵州少有的产糖要地。

⑦广南府，即今云南广南县。

⑧丰塘，今作“枫塘”，在兴义市西北隅。

⑨亦佐县，隶属曲靖府，治今云南富源县南境富村稍南，今仍名“亦佐”。

⑩塍，田间的土埂，小堤。

【译文】

黄草坝东边十五里处是马鼻河，再往东五十里到达龙光，乃是与广西壮族自治区右江道的分界处；西边二十里处是步雄，再往西五十里抵达江底，与云南省罗平州分界；南边三十里处是安障，再往南四十里抵达巴吉，与云南省广南府分界；北边三十里处是丰塘，再往北二十里抵达碧洞，与云南省亦佐县分界。黄草坝东、西、南三面与两个省交错接壤，北面距离普安州二百二十里。其中田地广阔，道路四通八达，人口较为集中，可以设置一个县；但土司担心自己的权力被剥夺，州官担心自己的利益被分走，所以没有谁愿意筹办这个事情。

黄草坝东南，由龙光、箐口[1]、者恐[2]、板屯[3]、坝楼[4]、以上俱安隆土司地。其土官自天启初为部人所杀，泗城以孙代署之。八蜡、者香，俱泗城州地。下田州，乃昔年大道。自安隆无土官，泗城代署，广南以兵争之，据其大半，道路不通，实由于此。

【注释】

①箐口，今名同，在兴义市东南隅。

②者恐，今称“上者孔”，在安龙县南隅，南盘江北岸。

③板屯，今名同，在册亨县西隅，南盘江边。

④坝楼，在今广西隆林各族自治县东，冷水河流入南盘江处。

【译文】

黄草坝东南边，经过龙光、箐口、者恐、板屯、坝楼（以上各处都是安隆土司的领地。安隆土官自天启初年被族人杀死之后，泗城州任用其孙子代管）、八蜡、者香（都是泗城州的辖地），到达田州，是从前的大路。自从安隆没有土官，由泗城州代管后，广南府凭借武力争夺，占据了安隆土司的大半领地，道路不通其实是因为这种情况造成的。

按盘江自八达、与罗平分界。巴泽、河格、巴吉、兴隆[1]、那贡[2]，以上俱安隆土司地，今俱为广南有。抵坝楼，遂下八蜡、者香。又有一水自东北来合，土人以为即安南卫北盘江，恐非是。安南北盘，合胆寒、罗运、白水河之流，已东南下都泥，由泗城东北界，经那地、永顺，出罗木渡，下迁江。则此东北来之水，自是泗城西北界山箐[3]所出，其非北盘可知也。于是遂为右江。再下又有广南、富州之水，自者格[4]、亦安隆土司属，今为广南据者。葛阆[⑤]、历里俱泗城州地。来合，而下田州，此水即志所称南旺诸溪[⑥]也。二水一出泗城西北，一出广南之东，皆右江之支，而非右江之源；其源惟南盘足以当之。胆寒、罗运出于白水河，乃都泥江之支，而非都泥江之源；其源惟北盘足以当之。各不相紊也。

【注释】

①兴隆，又作“兴龙”，即今安龙县东部的兴隆。

②那贡，今作“纳贡”，在隆林县北隅，南盘江南岸。

③山箐（qìng），山中的大竹林；丛生竹子的山谷。

④者格，今作“者厄”，在广南县北隅，驮娘江从广南进入广西壮族自治区处。

⑤葛阆，即今富宁县东隅的谷拉。

⑥南旺诸溪，应为今驮娘江、西洋江、谷拉河等水道。

【译文】

考察盘江流经八达彝寨（贵州省与罗平州的分界处）、巴泽、河格、巴吉、兴隆、那贡（以上各处都是安隆土司的领地，如今都被广南府占有），到达坝楼，随后流往八蜡、者香。还有一条河从东北流来汇合，当地人认为是从安南卫流来的北盘江，恐怕并非如此。安南卫的北盘江，汇合胆寒、罗运、白水河后，已往东南流入都泥江，顺着泗城州东北部，流经那地、永顺，从罗木渡流出，到达迁江县。那么这条从东北流过来的河，自然是从泗城州西北部的山箐中流出，显而易见不是北盘江。从这里盘江就称为右江。再往下又有广南府、富州的水，从者格（也是安隆土司的领地，如今被广南府占有）、葛阆、历里（都是泗城州的辖地）流过来汇合，然后流到田州，这条河是志书上所称的南旺诸溪。两条河一是源出泗城州西北，一是源出广南府的东部，都是右江的支流，而非右江的源头；右江的源头只有南盘江能够充当。胆寒、罗运水从白水河流出，是都泥江的支流，而非都泥江的源头；都泥江的源头只有北盘江能够充当。各条水道相互间并不混乱。

按云南抵广西间道有三：一在临安府之东，由阿迷州、维摩州、本州昔置干沟、倒马坡、石天井、阿九、抹甲等哨，东通广南。每哨拨陆凉卫百户一员、军兵十五名、民兵十五名把守。后州治湮没，哨悉废弛。见有《府志》可考。抵广南富州，入广西归顺、下雷，而出驮伏，下南宁。此余初从左江取道至归顺，而卒阻于交彝者也，是为南路。一在平越府[①]之南，由独山州丰宁上下司，入广西南丹、河池州，出庆远。此余后从罗木渡取道而入黔、滇者也，是为北路。一在普安之南、罗平之东，由黄草坝，即安隆坝楼之下田州，出南宁者。此余初徘徊于田州界上，人皆以为不可行，而久候无同侣，竟不得行者也，是为中路。中路为南盘入粤出黔之交；南路为南盘潆滇之始，与下粤之末；北路为北盘经黔环粤之会。然此三路今皆阻塞。南阻于阿迷之普，富州之李、沈，见《广西小纪》。归顺之交彝；中阻于广南之蚕食，田州之狂狺[②]；北阻于下司之草窃，八寨之伏莽。既宦辙[③]之不敢入，亦商旅之莫能从。惟东路由沅、靖而越沙泥[④]，多黎人[⑤]之恐州，为今人所趋。然怀远、沙泥，亦多黎人之恐。且迂陟湖南，又多历一省矣。

【注释】

①平越府，据《明史·地理志》载："万历二十九年（1601）四月置平越军民府于卫城，以播州地益之，属贵州布政司。"平越府设置较晚，与平越卫同城，治今贵州福泉市。

②狂狺（yín），狗狂叫。狺，拟声词，狗叫声。

③宦辙，官府的车轮碾过的痕迹。此指封建中央派去的流官。

④沅，明朝时为州，治今湖南芷江县。沙泥，今作"沙

宜”，在广西三江侗族自治县东北隅。

⑤黎人，此处指侗族。侗族分布在今贵州、湖南、广西三省交界一带。

【译文】

考察从云南省进入广西有三条路：一条在临安府东面，经过阿迷州、维摩州、维摩州（从前设置过干沟、倒马坡、石天井、阿九、抹甲等岗哨，往东通到广南府。每个哨由陆凉卫派一名百户长、十五名官兵、十五名民兵把守。后来州治被毁，这些岗哨全被废弃了。《府志》上有记载可寻。）抵达广南府富州，进入广西归顺州、下雷州，然后从驮伏出去，到达南宁府。这是我当初准备取道左江至归顺州，但最终被交彝阻隔的路，即是南路。还有一条路在平越府南面，经过独山州的丰宁上、下长官司，进入广西南丹州、河池州，再出到庆远府。这是我后来从罗木渡取道后进入黔、滇的路，是北路。一条在普安州南面、罗平州东面，经过黄草坝，沿着安隆长官司的坝楼到达田州，再出到南宁府。这是我当初在田州边界上徘徊不定，大家都认为不能走，因而等了很久找不到旅伴同行，最终没能走成的路，是中路。中路是南盘江流入广西、流出贵州省的交界处；南路是南盘江开始绕流云南省、最后流到广西所过的地区；北路是北盘江流经贵州省，环绕广西的会合处。然而这三条路如今都阻塞不通。南路受阻于阿迷州的普氏，富州的李氏、沈氏（见《广西小纪》）归顺府的交彝；中路受阻于广南府的蚕食兼并，田州的狂妄；北路受阻于丰宁下长官司的草野盗贼，八寨潜藏的盗匪。既然政府派去的官员都不敢进入这些地区，商人旅客也没有谁愿意从这几条路走。只有从东路顺着沅州、靖州，越过沙泥，怀着对黎人恐惧，而这也是今天人们所走的路。然而怀远县、沙泥一带，也常对黎人恐惧。而且绕路进入湖南省，又要多走一个省。

黄草坝东一百五十里为安笼所，又东为新城所，皆南与粤西之安隆、泗城接壤。然在黔曰“笼”，在粤曰“隆”，一音而各异字，一处而各异名，何也？岂两名本同一字，传写之异耶？按安庄之东，大路所经，亦有安笼箐山，与安笼所相距四百里，乃远者同而近者异，又何耶？大抵黔中多用“笼”字，粤中多用“隆”字，如隆安县之类。故各从其地，而不知其地之相近，其取名必非二也。

【译文】

黄草坝东边一百五十里处是安笼所，再往东是新城所，其南面都和广西西部的安隆长官司、泗城州接壤。然而在贵州叫“笼”，在广西叫“隆”，一个音却是两个不同的字，一处地方却有两个不同的名称，是什么原因呢？会不会是两处地名本来用的是同一个字，因传抄而导致不同呢？考察安庄以东，大路所经过的地方，也有安笼箐山，和安笼所相距四百里，离得远的地名相同，而离得近的地名相异，又是什么原因呢？大概是贵州省中多用“笼”字，广西中多用“隆”字（如隆安县之类），所以地名各从其所属省份，而不知道安笼所、安隆司两地相近，取名不必两样。

黄草坝著名黔西，而居聚阛阓[1]俱不及罗平州；罗平著名迤东，而居聚阛阓又不及广西府。此府、州、营、堡之异也。闻澄江府[2]湖山最胜，而居聚阛阓亦让广西府。临安府为滇中首郡，而今为普氏所残，凋敝未复，人民虽多，居聚虽远，而光景止与广西府同也。

【注释】

①阛阓（huán huì），街市。出自《文选·左思》。

②澄江府，明代作澄江府，即今澄江县，治河阳。

【译文】

黄草坝著称于贵州省西部，但居民、集市都赶不上罗平州；罗平州著称于云南省东部，但居民、集市又赶不上广西府。这就是府、州、营、堡之间的差异。听说澄江府的湖泊山川最为佳妙，但居民、集市也逊于广西府。临安府是滇中第一郡，但如今被普名胜所摧残，还没从衰败中恢复过来，其人口虽然多，居住地区虽然广大，但光景只是和广西府相当罢了。

迤东之县，通海为最盛；迤东之州，石屏为最盛；迤东之堡聚，宝秀为最盛；皆以免于普祸也。县以江川为最凋，州以师宗为最敝，堡聚以南庄[1]诸处为最惨，皆为普所蹂躏也。若步雄之龙、侬争代，黄草坝之被闳[2]于龙、沙，沙乃步雄龙氏之妇翁。安隆土司之纷争于岑、侬。岑为广西泗城，侬为广南府。今广南势大，安隆之地为占去八九矣。土司糜烂人民，乃其本性，而紊及朝廷之封疆，不可长也。诸彝种之苦于土司糜烂，真是痛心疾首，第势为所压，生死惟命耳，非真有恋主思旧之心，牢不可破也。其所以乐于反侧者，不过是遗孽煽动。其人不习汉语，而素昵彝风，故勾引为易。而遗孽亦非果有殷之顽[3]、田横之客[4]也，第跳梁伏莽之奸，藉口愚众，以行其狡猾耳。

【注释】

①南庄，今名同，在建水县北的公路旁。

②闳（hòng），哄闹，争端。

③殷之顽，即殷之顽民，不服从周王命令的殷朝遗民。

④田横之客，意为田横的门客，此处可理解为死士。田横（？—公元前202年），秦末起义首领。原为齐国贵族，在陈胜、吴广大泽乡起义后，田横与兄田儋、田荣也反秦自立，兄弟三人先后占据齐地为王。后汉高祖刘邦统一天下，田横不肯称臣于汉，率五百门客逃往海岛，刘邦派人招抚，田横被迫乘船赴洛，在途中距洛阳三十里地的偃师首阳山自杀。海岛五百部属闻田横

死，亦全部自杀。

【译文】

滇东的诸县中，以通海最为兴盛；滇东的诸州中，以石屏最为兴盛；滇东的村落中，以宝秀最为兴盛；都是因为没有遭受普名胜祸害的缘故。诸县中以江川最为凋零，诸州中以师宗最为衰败，村落中以南庄等处最为凄惨；都是因为遭受了普名胜蹂躏的缘故。以至于步雄龙土司、侬土司互相取代的斗争，黄草坝被龙土司、沙土司互相争夺（沙氏是步雄龙氏的岳父），安隆土司的岑氏、侬氏纷争（岑氏在广西泗城州，侬氏在广南府。如今广南府势力强大，安隆长官司的领地，被侬氏占领了十之八九）。土司蹂躏人民，是土司的本性，而且扰乱朝廷的边疆，不可助长其风气。各部彝人遭受土司蹂躏践踏之苦，真是令人痛心疾首，只是为土司权势所迫，生死只得看命，而并非真的怀着恋主思旧之心牢不可破。彝人乐于反叛，不过是受残渣余孽煽动之故。这些人不熟悉汉语，却向来和彝风彝人亲近，所以容易勾引彝人反叛。但残渣余孽也并非真的拥有如商殷遗民、田横门客那样顽固不化、宁死不屈的部众，他们只不过靠跳梁小丑、潜伏盗贼一类的奸邪之徒，凭借口舌愚弄民众，以施行狡猾的手段罢了。

所度诸山之险，远以罗平、师宗界偏头哨为最；其次则通海之建通关[①]，其险峻虽同，而无此荒寂；再次则阿迷之中道岭，沈家坟处。其深杳虽同，而无此崇隘；又次则步雄之江底东岭，其曲折虽同，而无此逼削。若溪渡之险，莫如江底，崖削九天[②]，堑嵌九地[③]，盘江朋圃[④]之渡，皆莫及焉。

【注释】

①建通关，据《续修通海县志》载：建通关“在县南二十里通海、建水分界处，设塘设铺”。

②九天，高不可测的九重天。

③九地，极深的九层地底。

④朋圃，明代又作“彭堡”“溯普”，即今朋普，在弥勒市南境。

【译文】

所越过的众多险山，以罗平州、师宗州交界处的偏头哨最为险要；其次是通海县建通关，其险峻虽与偏头哨相当，却不像偏头哨那般荒凉空寂；再次是阿迷州的中道岭（沈家坟处），其幽深、沉寂虽然和偏头哨相当，却没有那种高耸、狭窄的气氛；再之后是步雄的江底寨东岭，其曲折程度虽然和偏头哨相当，却没有那般陡峭之势。至于一路上所渡过的溪水之险，则没有一处比得上江底寨，那里的悬崖峭壁直插九重天之上，峡谷沟壑嵌进九层地底，盘江上的朋圃渡口，都远远比不上。

粤西之山，有纯石者，有间石者，各自分行独挺，不相混杂。滇南[1]之山，皆土峰缭绕，间有缀石，亦十不一二，故环洼为多。黔南[2]之山，则界于二者之间，独以逼耸见奇。滇山惟多土，故多壅流成海，而流多浑浊。惟抚仙湖[3]最清。粤山惟石，故多穿穴之流，而水悉澄清。而黔流亦界于二者之间。

【注释】

①滇南，云南简称“滇”，又位于国土南部，故称“滇南”。现多称云南南部为滇南，与滇东、滇西对应，含义已有变化。

②黔南，贵州省本称“黔”，又位于国土南部，故称“黔南”。

③抚仙湖，又称“澄江海”，在今澄江县南，是云南第三大湖，也是云南最深的湖。湖水碧绿，透明度大，能见度高。据《寰宇通志》载：“抚仙湖，在府城南，周围二百余里，一名罗伽湖，又名青鱼戏月湖，渟涪清澈，而其中多石，鱼难网。东流

入盘江。”

【译文】

广西的山，有的全是石峰，有的是土石相间，各自分开排列、单独挺立，不互相混杂。云南省的山都是层层环绕的土峰，其中有石峰点缀的不过十之一二，所以山中有很多环洼。贵州省的山，则介于二者之间，而又以陡峭、高耸见奇。云南省的山土多，所以经常塌落下来堵塞溪流，形成湖泊，而且溪流大多浑浊。只有抚仙湖最清。广西的山只有石头，所以有很多从洞穴穿流出来的河流，而且河水全都清澈见底。而贵州省河流的清浊也介于二者之间。

丽江从教日记

《丽江从教日记》是徐霞客丽江游记中的一篇。时值崇祯十二年（1639）二月，详见《滇游日记七》。

徐霞客在丽江作为中原文化的代表，受到丽江府土官木增的崇敬和盛情款待。他还为木增的《云薖淡墨》集编订加工，为木增的《山中逸趣》集写跋，为木增写信推荐内地名士。在他离开丽江的前一天，木增还安排了一次拜师礼，恳请徐霞客为其第四个儿子木宿评习作、写范文。这天的日记便详记了这一别开生面的拜师、谢师全过程。

文中还记录了丽江东坝和西坝的山水，还有近庐和桃花柳色，宛如一幅清丽的水墨画。所记山茶巨树，足为云南山茶花的代表。同时还述及牦牛的经济价值及牦牛、大象等动物所处的地理位置，有重要的科学价值。同时还记录了出痘者的迁徙情况，与札记相参照，可了解明代天花的传染发病及徙避办法，有重要的医学价值。同时，文中还记录了丽江新年正月祭天、农业轮作制、民族情况、气候特点等情况，堪称是给后世留下了一份明末丽江风物志精华篇。

初九日　大把事[1]复捧礼仪来致谢，酬校书之役也。铁皮褥一，黄金四两。再以书求修《鸡山志》，并恳明日为其四子校文木家院[2]，然后出关。院有山茶甚巨，以此当折柳也。余许之。是日仍未霁，复憩通事楼。

【注释】

①大把事，即为管事之意。

②木家院，在今丽江古城区南八公里漾西村，又称“万德宫”。今存门楼、过厅及北厢。

【译文】

初九日　大把事又捧着礼物来致谢，支付校书工作的酬劳（铁皮褥子一床，黄金四两）。木公又写信请我编撰《鸡山志》，并恳请明天到木家院为第四子改文章，然后出关。木家院有株很大的山茶树，用山茶枝代替折柳送别。我答应了。这一天天气仍然未见晴朗，于是仍在通事的楼上休息。

其俗新正重祭天之礼。自元旦至元宵后二十日，数举方止。每一处祭后，大把事设燕[1]燕木公。每轮一番，其家好事者费千余金，以有金壶八宝之献也。

【注释】

①燕，通“宴”，宴席。后者为招待之意。

【译文】

这里的风俗新年正月重视祭天的礼仪。从元旦到元宵后的二十天内，要举行数次方才结束。每一次祭天后，大把事都要设宴宴请木公。每轮完一遍，那些好事的人家要花费一千多两银子，因为要祭献金壶八宝。

其地田亩，三年种禾一番[1]。本年种禾，次年即种豆菜之类，第三年则停而不种。又次年，乃复种禾。

【注释】

①番，即轮次。意为三年为一耕种周期轮次。

【译文】

这里的土地，粮食作物三年轮种一次。当年种禾，次年就种豆菜之类，第三年则休耕不种。又到次年，才再种禾。

其地土人皆为麽些[①]。国初汉人之戍此者，今皆从其俗矣。盖国初亦为军民府，而今则不复知有军也。止分官、民二姓，官姓木，初俱姓麦，自汉至国初。太祖乃易为木。民姓和，无他姓者。其北即为古宗。古宗之北，即为吐蕃。其习俗各异云。

【注释】

①麽些（me xiē），又作“磨些”“磨沙”，即今纳西族。

【译文】

这里的土著居民都是麽些。本朝初年到这里戍守的汉人，如今都随当地的习俗了。因为本朝初年也是军民府，如今则不再知道还有军人了。这里只分官姓和民姓，官姓为木，最初都姓麦，就是从汉代到本朝初年。太祖皇帝时才改为姓木。民姓为和，没有其他的姓。丽江府北边就是古宗。古宗的北边就是吐蕃。他们的习俗各不相同。

古宗北境雨少而止有雪，绝无雷声。其人南来者，至丽郡乃闻雷，以为异。

【译文】

古宗北部边境雨少而只有雪，绝对没有打雷声。古宗人到南方来，到丽江府才听到雷声，认为是很是奇特。

丽郡北，忠甸之路有北岩，高阔皆三丈，崖石白色而东向。当初日东升，人穿彩服至其下，则满崖浮彩腾跃，焕然夺目，而红色尤为鲜丽，若镜之流光，霞之幻影。日高则不复然矣。

【译文】

丽江府北边通往忠甸的路上有北岩，高、宽都有三丈，崖石呈白色而且都面向东方。每当旭日东升，人们穿着彩色衣服来到北岩下，于是整块崖石上就会显得浮彩腾跃，焕然夺目，其中以红色尤其显得鲜艳美丽，如同镜子的流光，彩霞的幻影。太阳升高后就不再是这样了。

初十日　晨餐后，大把事复来候往木家院。通事具骑，而大把事忽去，久待不至，乃行。东向半里，街转南北，北去乃象眠山南垂，通安州[①]治所托，南去乃大道。半里，过东桥，于是循溪南岸东南行。三里，有柳两三株，在路右塍间，是为土人送行之地。其北有坞，东北辟甚遥。盖雪山之支，东垂南下者两重，初为翠屏、象眠，与解脱、十和一夹而成白沙坞；再为吴烈东山，与翠屏、象眠再夹而成此坞，其北入与白沙等。其北度脊处，即金沙江逼雪山之麓而东者。东山之外，则江流南转矣。脊南即此坞，中有溪自东山出，灌溉田畴更广。由此坞东北逾脊渡江，即香罗[②]之道也。坞中溪东南与玉河会于三生桥之东，又有水西南自文笔山沿南山而东转，随东圆冈之下，经三生桥而东与二水会，于是三水合而成漾共江之源焉。东员冈[③]者，为丽郡东南第一重锁钥。盖有大脊自西来，穹为木家院后高峰大脊，从此南趋鹤庆。其东下者为邱塘关，其东北下者，环转而为此冈，直逼东山之麓，束三水为一，沿东山南下而出邱塘东峡，自七和、冯密而达鹤庆。冈首回环向郡，南山之溪经其下，巩桥度之，曰三生桥。桥北有二坊，两三家为守者。自柳塘至此，又五里矣。其北皆良畴，而南则登坡焉。一里，升坡之巅，平行其上。右俯其坡内抱，下辟平坞，直北接郡治，眺其坡，斜削东下，与东山夹溪南流。坡间每有村庐，就洼傍坎，桃花柳色，罨映[④]高下。三里，稍下就洼，有水成痕，自西而东下于溪。又南逾一坡，度板桥而南，则木家院在是矣。

【注释】

①通安州，为丽江军民府附郭，在今丽江市古城区。

②香罗，明朝时设香罗甸长官司，隶属于云南永宁府，治所在今四川木里县西北。

③东员冈，上句作“东圆冈”。冈北今有东元桥，约为明代的三生桥。

④罨（yǎn）映，掩映，彼此掩覆而衬托。罨，通“掩”。

【译文】

初十日　早饭后，大把事又来恭候我们前往木家院。通事备好马，而大把事忽然离去，等了很久都没来，于是自行出发。向东走半里，街道转成南北走向，往北去是象眠山南垂，通安州治所所在地，往南去是大路。走了半里，过东桥，顺着溪水南岸往东南行。又走了三里，有两三棵柳树在路右边的田间，这是当地人送别的地方。北面有山坞，往东北方开拓得很远。雪山的支脉东垂往南延伸为两层，第一层为翠屏山、象眠山，和解脱林、十和院形成白沙坞；第二层为吴烈东山，和翠屏山、象眠山又相夹形成这道山坞，其北部入口处和白沙坞平行。山坞北面翻越山脊的地方，就是金沙江靠近雪山山麓后就向东流了。东山之外，江水就转向南流。脊南就是这道山坞，坞中有东山流出的溪水，灌溉田地的范围很广。从这道坞往东北翻越山脊过江，就是去香罗甸的路。坞中的溪水往东南流到三生桥东与玉河汇合，又有西南流来的水从文笔山沿南山向东转，顺着东圆冈而下，经过三生桥然后往东流与二水汇合，于是三股水流合成漾共江的源头。东圆冈是丽江府东南第一军事要地。有主峰山脉从西边伸来，穹隆遂为木家院背后的高峰大脉，从这里往南伸向鹤庆府。往东延伸的是邱塘关，往东北延伸的，环绕为此东圆冈，直逼东山之麓，约束三股水合二为一，沿着东山往南流然后流出邱塘关东峡，经过七和、冯密然后到鹤庆府。冈首回绕对着府治，南山的溪水从下面流过，建了座巩桥度溪，名为三生桥。桥北有两座坊，两三户人家在此守着。从柳塘到这里，又走了五里。北面都是良田，南面则需登坡。走了一里，登上坡顶，在顶上平步而行。往右俯视里面的坡地，坡下则是平坦的山坞，一直向北延伸，和府治相接，眺望其坡，斜斜地往东削下去，和东山夹住溪水往南流。坡间处处有村舍，就着洼地，傍靠着坎，桃红柳绿，高高低低地掩映着。三里，渐渐下到洼地，有流水痕迹，从西往东流下溪中，又往南翻越一道坡，过木桥然后往南，就到木家院了。

先是途中屡有飞骑南行，盖木公先使其子至院待余，而又屡令人来，示其款接之礼也。途中与通事者辄唧唧语，余不之省。比余至，而大把事已先至矣，迎入门。其门南向甚敞，前有大石狮，四面墙垣之外，俱巨木参霄。甫入，四君出迎，入门两重，厅事亦敞。从其右又入内厅，乃拜座进茶。即揖入西侧门，搭松棚于西庑之前，下藉以松毛，以示重礼也。大把事设二卓[①]，坐定，即献纸笔，袖中出一小封，曰："家主以郎君新进诸生，虽事笔砚，而此中无名师，未窥中原文脉，求为赐教一篇，使知所法程，以为终身佩服。"余颔之。拆其封，乃木公求余作文，并为其子斧正[②]。书后写一题曰："雅颂各得其所。"余与四君，即就座拈毫[③]，二把事退候阶下。下午，文各就。余阅其作，颇清亮。二把事复以主命求细为批阅。余将为举笔，二把事曰："馁久矣，请少迟之。后有茶花，为南中之冠，请往一观而就席。"盖其主命也，余乃从之。由其右转过一厅，左有巨楼，楼前茶树，盘荫数亩，高与楼齐。其本径尺者三四株丛起，四旁萎蕤[④]下覆甚密，不能中窥。其花尚未全舒，止数十朵，高缀丛叶中，虽大而不能近觑。且花少叶盛，未见灿烂之妙，若待月终，便成火树霞林，惜此间地寒，花较迟也。把事言，此树植与老把事年相似，屈指六十余。余初疑为数百年物，而岂知气机发旺，其妙如此。已还松棚，则设席已就。四君献款，复有红毡、丽锁之惠⑤。二把事亦设席坐阶下，每献酒则趋而上焉。四君年二十余，修皙清俊，不似边陲之产，而语言清辨可听，威仪动荡，悉不失其节。为余言北崖红映之异。时余欲由九和趋剑川⑥，四君言："此道虽险而实近，但此时徙诸出豆⑦者在此，死秽之气相闻，而路亦绝行人，不若从鹤庆便。"肴味中有柔猪、牦⑧牛舌，俱为余言之，缕缕可听。柔猪乃五六斤小猪，以米饭喂成者，其骨俱柔脆，全体炙之，乃切片以食。牦牛舌似猪舌而大，甘脆有异味。惜余时已醉饱，不能多尝也。因为余言，其地多牦牛，尾大而有力，亦能负重，北地山中人，无田可耕，惟纳牦牛银为税。盖鹤庆以北多牦牛，顺宁以南多象，南北各有一异兽，惟中隔大理一郡，西抵永昌、腾越，其西渐狭，中皆人民，而异兽各不一产。腾越之西，则有红毛野人，是亦人中之牦、象也。抵暮乃散。二把事领余文去，以四君文畀余，曰："灯下乞细为削抹，明晨欲早呈主人也。"余颔之。四君送余出大门，亦驰还郡治，仍以骑令通事送余。东南二里，宿村氓家。余挑灯评文，就卧其西庑。

【注释】

①卓，即"桌"。

②斧正，请人修改文章的敬辞。

③拈毫，执笔。

④萎蕤（ruí），又作"葳蕤"，形容草木茂盛枝叶下垂的样子。

⑤红毡，经过精细加工染为红色的羊毛毡，是纳西族羊毛毡中最精美的一种。丽锁，即丽江铜锁，为纳西族的生活必需品和工艺美术纪念品。用铜制成，色泽金黄，造型奇巧，并镌刻有精美图案。惠，好处，恩惠。

⑥九和，今作"九河"，在玉龙县西境，石鼓以南。剑川，

明朝时为剑川州，隶属鹤庆军民府，治今剑川县治金华镇。

⑦出豆，同“出痘”，即传染病天花。

⑧氂（máo），牦牛。

【译文】

在这之前，途中常常有快马往南走，原来木公先派他的儿子到木家院等我，而且又多次派人来指示其款待的礼节。途中来人和通事说的是方言，我听不懂。等我到达时，大把事已经先到了，他迎我进门。大门朝南，十分宽敞，门前有大石狮，四周墙垣之外，都是高耸入云的巨树。刚一进门，四君出来迎接，进了两道门，客厅很宽敞。从客厅右边又进入内厅，才行礼入座进茶。很快又请进西侧门，西厢房前搭松棚，地面用松毛铺垫，以示隆重。大把事安设好两张桌子，待我坐定后，立即献上纸笔，从袖中取出一个小信封，说：“我家主人因为其子刚刚考入学宫，虽然从事文书工作，但这里没有名师指导，未能看到中原文章的脉络风格，请为他赐教一篇，让他知道章法格式，使他终身不忘。”我点头同意。拆开信封，内容是木公请我写文章，并为他的儿子修改文章。信后写有一个标题：“雅颂各得其所。”我把题目交给四君，便立即就座执笔，二把事退到台阶下恭候。下午，我和四君的文章都写好了，我阅读他的文章，很是清爽明快。二把事又告知主人的叮嘱，请我细心为四君批阅。我正要提笔修改，二把事说：“已经很久了，估计腹中饥饿，请稍等会儿再改。后院有茶花，为云南省第一，请去观赏一番然后入席。”应是他主人的命令，我于是听从。从松棚右转过一间厅，左边有高楼，楼前的茶树盘绕遮盖了数亩地，高度几与楼齐平。直径一尺的茶树分出三四株，茂盛的枝叶垂向四周，覆盖得十分严密，看不到中间。茶花还没完全开，只有几十朵，高高地缀在丛密的枝叶中，虽然大却不能凑近观看。而且花少叶多，看不到红花灿烂的美景，如果等到月底，应是一派火树霞林，可惜这里气候寒冷，花开得比较晚。把事说，这棵树和老把事的年纪相仿，屈指一算有六十多年了。我最初怀疑树龄已有几百年，不知是此处气运兴盛，茶树竟长得如此之好。不久回到松棚，宴席已经摆好。四君殷勤款待，又有红毡、丽锁作为赠礼。二把事也设了座位坐在台阶下方，每次敬酒就急忙上前。四君二十多岁，身材瘦高，皮肤白净，很是清秀英俊，不像边疆土生土长的人，而且说话清楚动听，礼仪举止都颇为得体。他对我说北岩映红影的奇异现象。当时我想从九和去剑川州，四君说："这条路虽然险要但实际上比较近，只是现在那些出天花的人迁徙到九和，到处是死亡和污秽的气味，因而路上不易行人，不如从鹤庆府走方便。"佳肴中有柔猪、牦牛舌，四君一一为我解释，很是有趣诱人（柔猪是五六斤重的小猪，是用米饭喂养长大，连骨头都柔软、脆嫩，整只烘烤，然后切成片吃。牦牛舌和猪舌相似，但大很多，味道甜脆而奇特。可惜当时我已经酒足饭饱，不能多尝）。而且，四君对我说，这个地方牦牛很多，牦牛尾巴大，有力气，也能驮负重物，北部的山里人没有田可耕，就缴纳牦牛银作为赋税。鹤庆府以北牦牛多，顺宁府以南大象多，南北各有一种异兽，只是中间隔着大理府，往西到永昌府、腾越州，其西渐渐狭隘，中间都住的有人，却不再有各种异兽了。腾越州以西，则有红毛野人，是人群中如同牦牛、大象一样奇异的类别。宴席到傍晚才散。二把事把我的文章拿走，把四君的文章交给我，说："请在灯下细心修改，明天早晨可早早呈报主人。"我点头答应。四君送我出大门，骑马赶回府治，仍然让通事骑马送我回去。往东南走二里，住在村民家。我点灯评改文章，晚上就睡在西厢房。

游芘碧湖日记

《游芘碧湖日记》是崇祯十二年（1639）二月徐霞客游芘碧湖逐日所记，详见《滇游日记七》。

芘碧湖在浪穹县，因洱海发源于县境，近代改名“洱源”。长堤将湖分为两半，北为深海，有水溢出，称“洱源海”；南为浅湖，水面较宽，称“芘碧湖”。长堤为览景游憩的胜地，堤上有著名的九炁台温泉及真武阁。徐霞客于二月十八日至二十日连续三天畅游芘碧湖，考察九炁台温泉，十分尽兴，对芘碧湖的山光水色称羡不已。

从明末至今，芘碧湖缩小了不少，浅水区已全部成陆地。用《徐霞客游记》的记录与芘碧湖的现状进行比较，可以探知该湖的变化情况。洱源被誉为“热水城”，《徐霞客游记》对该县的温泉多有记载。近年来，洱源的温泉正逐步获得开发。

十八日　昧爽促饭，而担夫逃矣。久之，店人厚索余赀，为送浪穹。遂南行二里，过一石桥，循东山之麓而南，七里，至牛街子[①]。循山南去，为三营大道；由岐西南，过热水塘，行坞中，为浪穹间道。盖此地已为浪穹、鹤庆犬牙错壤矣。于是西南从支坡下，一里，过热水塘[②]，有居庐绕之。余南行塍间，其坞扩然大开。西南八里，有小溪自东而西注。越溪又南，东眺三营[3]，居庐甚盛，倚东山之麓，其峰更崇；西望溪流，逼西山之麓，其畴更沃；过此中横之溪，已全为浪穹境矣。三营亦浪穹境内，余始从鸡山闻其名，以为山阴也，而何以当山之南？至是而知沐西平再定佛光寨，以其地险要，特立三营以控扼之。土人呼“营”为“阴”，遂不免与会稽之邻县同一称谓莫辨矣[4]。

【注释】

①牛街子，今仍名“牛街”，在洱源县北境。

②热水塘，即“温泉”，此处专指牛街温泉。该温泉至今仍存，在牛街稍南的公路边。

③三营，今名同，在洱源县北境。

④“土人呼‘营’”二句，明朝时置绍兴府，山阴、会稽两县同为其附郭县，治所皆在今浙江绍兴市。

【译文】

十八日　天亮时催促吃饭，但挑夫逃走了。过了好一会儿，店主人多索要酬金，帮我送行李到浪穹县。于是往南行二里，过了一座石桥，沿着东山麓往南走，走了七里，到牛街子。沿山往南去，是到三营的大路；从岔路向西南，过热水塘，在坞中行走，是到浪穹县的小路。原来这里已经是浪穹县、鹤庆府间犬牙交错的接壤地带了。于是往西南顺着支坡往下走了一里，经过热水塘，有民居环绕。我往南从田间走，山坞豁然开朗。往西南走了八里，有条小溪从东向西流。越过小溪又往南走，向东眺望三营，傍靠在东山麓的村落很是兴盛，山峰也更高大；向西眺望溪流，靠近西山麓的土地更肥沃；越过这条横穿山坞的小溪，已经完全属于浪穹县境了（三营也在浪穹县境内，我最初在鸡足山听到三营之名，以为是山阴，但为什么位于山南呢？到了这里才知道，西平侯沐英第二次平定佛光寨时，因为该地形势险要，专门建立三营来控制。当地人读“营”为“阴”声，于是不免与绍兴府会稽相邻的山阴县称谓相同而不能分辨了）。

又南十里，则大溪[1]自西而东向曲。由其西，有木桥南北跨之，桥左右俱有村庐。南度之，行溪之西三里，溪复自东而西向曲。又度桥而行溪之东三里，于是其溪西逼西山南突之嘴，路东南陟陇而行。四里，则大溪又自西而东向曲，有石梁南跨之，而梁已中圮[2]，陟之颇危。梁之南，居庐亦盛，有关帝庙东南向，是为大屯。屯之西，一山北自西大山分支南突，其东南又有一山，南自东大山分支北突，若持衡之针，东西交对，而中不接。大溪之水北捣出洞鼻之东垂，又曲而南环东横山之西麓，若梭之穿其隙者。两山既分悬坞中，坞亦若界而为二。

【注释】

①大溪，即今淋茨河。

②中圮（pǐ），中途衰败。

【译文】

又往南走十里，大溪从西向东弯曲流转。沿着大溪往西走，有木桥南北横跨溪上，桥左右都有村舍。往南过桥，从溪西岸走三里，溪水又从东向西弯曲。又过桥从溪东岸走三里，溪水向西靠近西山往南突的山口，道路向东南登陇而行。走了四里，大溪又从西往东弯曲，石桥南北横跨溪上，但桥中间已经坍塌，过桥比较危险。桥南的住家也颇兴盛，有座东南向的关帝庙，这里就是大屯。大屯西面，山北从西部大山分出支脉往南耸起，其东南又有一座山，南边从东部大山分出支脉往北耸起，像保持平衡般，东西交错相对，但中间并不相接。大溪水往北冲向出洞鼻的东垂，又转向南，环绕东部横山的西麓，像梭子那样从山缝穿过。两座山分别悬立在坞中，山坞也像被分为两部分一样。

于是又西南行塍间，三里，转而西，三里，过一小石梁，其西则平湖浩然，北接海子，南映山光，而西浮雉堞，有堤界其中，直西而达于城。乃遵堤西行，极似明圣苏堤，虽无六桥花柳，而四山环翠，中阜[①]弄珠，又西子之所不能及也。湖中鱼舫泛泛[②]，茸草新蒲，点琼飞翠，有不尽苍茫、无边潋滟之意，湖名"茈碧"，有以也。西二里，湖中有阜中悬，百家居其上。南有一突石，高六尺，大三丈，其形如龟。北有一回冈，高四尺，长十余丈，东突而昂其首，则蛇石也。龟与蛇交盘于一阜之间，四旁沸泉腾溢者九穴，而龟之口向东南，蛇之口向东北，皆张吻吐沸，交流环溢于重湖之内。龟之上建玄武阁，以九穴环其下，今名九炁台[③]。余循龟之南，见其腭中沸水，其上唇覆出，为人击缺，其水热不可以濯。有僧见余远至，遂留饭，且及夫仆焉。其北蛇冈之下，亦新建一庵，余以入城急，不暇遍历。

【注释】

①阜（fù），土山。此处指土山形成的小岛。

②泛泛，荡漾的样子，浮动的样子。

③九炁（qì）台，今名九气台温泉，在洱源县城东郊九气台村，水温达76℃，可烫熟鸡蛋。当地群众并从温泉沟道上刮取天生磺。村周围今已成陆地。炁，同"气"。

【译文】

于是又往西南方向行走在田间，走了三里，转而向西，又走三里，过一座小石桥，桥西是浩荡的平湖，北边和浪穹海子相连，南边映衬山色，而西边城墙耸立，湖中有堤为界，堤一直往西通到城。于是顺着堤往西行，此堤和西湖的苏堤极其相似，虽然没有六桥花柳，但四周青山环绕，湖中的小岛如珠串，又为西湖所不及。湖中渔船泛泛，新长出的蒲草毛茸茸的，点琼飞翠，有不尽苍茫、无边潋滟的意境，此湖名为"茈碧"，真是名副其实啊。往西走二里，湖中有小岛悬在中央，岛上有上百户人家居住。岛南有一块石头突起，高六尺，长三丈，形状如龟。岛北边有一道迂回的山冈，高四尺，长十多丈，东端突起如昂首，是蛇石。龟和蛇交错盘踞在一岛之间，周遭有九个沸泉腾溢的洞穴，而龟口向东南，蛇口向东北，都张着口喷吐沸泉，泉水在湖内交流环溢。龟石上建有玄武阁，因为九个洞穴环绕其下，如今被命名为九炁台。我沿着龟石往南走，看见龟腭中泉水沸腾，龟上唇覆盖突出，应是被人敲打缺失了，水很热，但不可用来洗涤。有僧人看见我远道而来，就留我吃饭，且连挑夫、顾仆一起留下。岛北的蛇冈下也新建了一座庵，我因为急着进城，无暇遍游。

由台西复行堤间，一里，度一平桥，又二里，入浪穹①东门。一里，抵西山之下，乃南转入护明寺，憩行李于方丈。寺东向，其殿已久敝，僧方修饰之。寺之南为文昌阁，又南为文庙，皆东向，而温泉即洋溢于其北。既憩行李，时甫过午，入叩何公巢阿，一见即把臂入林，欣然恨晚，遂留酌及更②，仍命其长君送至寺宿焉。何名鸣凤，以经魁初授四川郫县令③，升浙江盐运判官。尝与眉公道余素履，欲候见不得。其与陈木叔诗，有“死愧王紫芝，生愧徐霞客”之句，余心愧之，亦不能忘。后公转六安州知州，余即西游出门。至滇省，得仕籍④，而六安已易人而治；讯东来者，又知六安已为流寇所破，心益忡忡。至晋宁，会教谕⑤赵君，为陆凉人，初自杭州转任至晋宁，问之，知其为杭州故交也，言来时从隔江问讯，知公已丁艰先归。后晤鸡足大觉寺一僧，乃君之戚，始知果归，以忧离任，即城破. 抵家亦未久也。

【注释】

①浪穹，明时为县，隶属邓川州，即今洱源县。

②更（gēng），古代夜间的计时单位，一夜分为五更，每更约两小时。“及更”就是直到天黑后打更。

③经魁，明朝科举制度以五经取士，每经各取一名为首，称为“经魁”。郫县，隶属成都府，即今四川郫县。

④仕籍，官吏的名册。

⑤教谕，县学中主持祭祀和考试、教育和管束生徒的学官。

【译文】

从九炁台西边往堤上走，走了一里，过一座平桥，又走二里，进入浪穹县城东门。走了一里后，到达西山下，于是往南转进护明寺，把行李放在方丈居室中。寺庙朝向为东，大殿已经破败久矣，僧人正在修整。寺的南面是文昌阁，再南是文庙，都是朝向东面，而温泉就从寺北部流出。放置完行李后，时间刚过中午，于是进城拜访何公巢阿，何公一见面就拉着手臂请我进去，大家欣喜万分，相见恨晚，留我饮酒到天黑打更时分，才让他的长子送我到寺中住宿。何公名为何鸣凤，最初以经魁的身份被任命为四川省郫县知县，后提升为浙江省盐运判官。（他曾经和眉公说起我那平凡质朴的履历，想探望我却没能如愿。他写给陈木叔的诗有“死愧王紫芝，生愧徐霞客”之句，我觉得受之有愧，也难以忘怀。后来何公升任六安州知州，我已出门往西远游。到云南省后，看到官吏的名册，六安知州已经换人担任；问东边来的人，得知六安州已经被流寇攻破，心中更加忧虑。到晋宁州时，见到学师赵君，赵君是陆凉州人，当初从杭州转到晋宁州任职，询问后得知其是何公在杭州的故交，他说来就任时在与六安州隔江相对的地方打听，方知何公因父母去世已经先回来了。后来我在鸡足山大觉寺见到一个僧人，是何公的亲戚，方才知道何公果真回来了，他因父母去世而离任服丧，之后六安州城就被攻破，他也刚到家没多久。）

十九日　何君复具餐于家，携行李入文庙西庑，乃其姻刘君匏石读书处也。上午，何君具舟东关外，拉余同诸郎四人登舟。舟小仅容四人，两舟受八人，遂泛湖[1]而北。舟不用楫，以竹篙刺水而已。渡湖东北三里，湖心见渔舍两三家，有断埂垂杨环之。

何君将就其处，结楼缀亭，绾纳湖山之胜，命余豫题联额，余唯唯。眺览久之，仍泛舟西北，二里，遂由湖而入海子。南湖北海，形如葫芦，而中束如葫芦之颈焉。湖大而浅，海小而深，湖名茈碧，海名洱源。东为出洞鼻，西为刖头村，北为龙王庙，三面山环成窝，而海子中溢，南出而为湖。海子中央，底深数丈，水色澄莹，有琉璃光穴从水底喷起，如贯珠联璧，结为柱帏，上跃水面者尺许，从旁遥觑水中之影，千花万蕊，喷成珠树，粒粒分明，丝丝不乱，所谓“灵海耀珠”也。山海经谓洱源出罢谷山，即此。杨太史有《泛湖穷洱源》遗碑没山间，何君近购得之，将为立亭以志其胜焉。从海子西南涯登陆，西行田间，入一庵，即护明寺之下院也。何君之戚，已具餐庵中，为之醉饱。下午，仍下舟泛湖，西南二里，再入小港，何君为姻家拉去，两幼郎留侍，令两长君同余还，晚餐而宿文庙西庑。

【注释】

①湖，此湖明代称“浪穹海子”，又称“宁湖”“明河”，即今茈碧湖。据《明一统志》大理府山川：“明河（即）宁湖，在浪穹县西北五里，周回五十里，水色如镜。”

【译文】

十九日　何君又在家备下饭，我带着行李来到文庙西厢房，这是他的姻亲刘匏石君读书的地方。上午，何君在东关外准备了船，带着我和他的四个儿子上船。船小，仅能容下四个人，于是两艘船共乘八人，往北游湖。船不用桨划，只用竹篙撑水就行了。在湖中往东北行三里，湖心有两三家渔舍，有断埂垂杨环绕，何君准备在这里建盖楼房，点缀亭阁，饱览湖光山色的美景，让我预先题写对联匾额，我答应了。眺望观赏了很久，然后荡舟往西北行，过了二里，就从湖进入海子。南面是湖，北面是海，形状像是葫芦，而中部狭窄处犹如葫芦的脖颈细处。湖大而水浅，海小而水深，湖名为茈碧，海名为洱源。东边出到洞鼻，西边是刖头村，北边是龙王庙，三面环山，形成深窝，而海水从其中溢出，往南流出去形成湖。海子中央，海底有数丈深，水色清莹，放射出琉璃光芒的洞穴从水底喷起水珠，如一串串珍珠美玉，结为水柱帷幕，往上跃出水面一尺多，从旁边遥观水中的影像，如千花万蕊，凝成珍珠树，粒粒分明，丝丝不乱，即是所说的“灵海耀珠”之景。《山海经》中说洱源发源于罢谷山，就是这里。杨太史的《泛湖穷洱源》遗碑埋没在山中，何君最近收购到，准备为碑立亭以标明这一佳境。从海子西南岸登陆，往西从田中走，进入一座庵，是护明寺的下院。何君的亲戚已在庵中准备了午餐，我们饭饱酒足。下午，依然上船游湖，往西南行二里，又驶入小港，何君被姻亲家拉去，留下两个小儿子作陪，两个大儿子和我一起返回，晚饭后住在文庙西厢房。

二十日　何君未归，两长君清晨候饭，乃携盒抱琴，竟堤而东，再为九炁台之游。拟浴于池，而浴池无覆室，是日以街子[1]，浴者杂沓，乃已。遂由新庵掬蛇口温泉，憩弄久之，仍至九炁台，抚琴命酌。何长君不特文章擅藻，而丝竹[2]俱精。就龟口泉瀹[3]鸡卵为餐，味胜于汤煮者。已而寺僧更出盒佐觞，下午乃返。西风甚急，何长君抱琴向风而行，以风韵弦，其声泠泠，山水之调，更出自然也。

【注释】

①街子，方言，意为市集。

②丝竹，对弦乐器与竹制管乐器的总称。

③瀹（yuè），煮。

【译文】

二十日　何君没回来，两个大儿子一清早就等候我吃饭，于是携带食盒，怀抱着琴，往东走完湖堤，第二次去游九霖台。计划到池里沐浴，但浴池没有屋顶遮盖，这一天因为是市集日，沐浴的人很多，于是不去沐浴，转而去新庵戏蛇口温泉，休息玩耍了很久，仍旧到九霖台弹琴小酌。何君的长子不仅擅长文章辞藻，而且精通弦乐器、管乐器。就着龟口的泉水煮鸡蛋作为午餐，味道比用水煮得好。不一会儿，寺里的僧人又拿出食盒助酒，下午才返回。西风很急，何君的长子抱着琴迎风走，让风来和弦，琴发出山水之音，更显出自然野趣之意。

游大理日记

崇祯十二年（1639）三月，徐霞客在大理盘桓十余天。《游大理日记》为其中三天的日记，详见《滇游日记八》。

大理汇聚了苍山、洱海之胜，自然生态优美，文化底蕴也同样丰厚。三月十二日，徐霞客从三塔寺缘山南下游清碧溪，当晚住感通寺。十三日，遍游感通寺诸院及波罗岩，取大道往北穿过大理城回。十四日，游三塔寺，欣赏诸文物及大理石。清碧溪是苍山十八溪之一，三潭迭现，水石争奇，纤尘不染。徐霞客沉醉在这深山美景中，流连忘返。在大理众多的寺庙中，以三塔寺和感通寺为代表。《徐霞客游记》对两寺的规模、建筑布局、重点文物等皆有详记，还记载了感通茶、龙女树、大理石等特产，对大理石的评价极令人向往。

十二日　觉宗具骑挈餐，候何君同为清碧溪[①]游。出寺即南向行，三里，过小纸房，又南过大纸房。其东即郡城之西门，其西山下即演武场。又南一里半，过石马泉。泉一方在坡坳间，水从此溢出，冯元成谓其清冽不减慧山。甃为方池，其上有废址，皆其遗也。志云："泉中落日照见有石马，故名。"又南半里，为一塔寺[②]，前有诸葛祠并书院。又南过中和、玉局二峰。六里，渡一溪，颇大。又南，有峰东环而下。又二里，盘峰冈之南，乃西向觅小径入峡。峡中西望，重峰罨映，最高一峰当其后，有雪痕一派，独高垂如匹练界青山，有溪从峡中东注，即清碧之下流也。从溪北蹑冈西上，二里，有马鬣在左冈之上，为阮尚宾之墓。从其后西二里，蹑峻凌崖。其崖高穹溪上，与对崖骈突如门，上耸下削，溪破其中出。从此以内，溪嵌于下，崖夹于上，俱逼仄深窅③。路缘崖端，挨北峰西入，一里余，马不可行，乃令从者守马溪侧，顾仆亦止焉。

【注释】

①清碧溪，在下关西北十三公里处，从感通寺西北侧取小道进入山箐，约一小时可达。为点苍山十八溪中风光最美的一溪，有上、中、下三潭，水清如碧玉，澄潭飞瀑相映成趣，恍若桃源。溪水东流出谷，灌农田千顷，俗称“德溪”。

②一塔寺，即弘圣寺，此塔今存。据《明一统志》大理府寺观载：“弘圣寺，在点苍山七峰麓，中有塔高二十丈，又名一塔寺。”

③逼仄（zè），狭窄。深窅（yǎo），深邃的样子。

【译文】

十二日　觉宗备好马匹带上午饭，等候何君一同去游清碧溪。出寺后就向南行，三里后，走过小纸房，又往南经过大纸房。村东就是府城的西门，村西山下就是演武场。又向南一里半，经过石马泉。一池泉水在坡坳之间，水从此处溢出，冯元成认为泉水的清冽不弱于慧山的泉水。在周边砌成方池，池上有废弃的基址，都是冯元成留下的痕迹。志书说：“落日映入泉水中照见有石马，所以这样起名。”又往南半里，是一塔寺，寺前有诸葛祠和书院。又向南经过中和、玉局两座山峰。六里后，渡过一条溪水，水流很大。又向南，有山峰向东方环绕而下。又走了二里，绕过峰下山冈的南边，向西寻找小径走入峡谷。从峡中朝西望，重重山峰互相掩映，最高的一座山峰位于峡谷后方，有积雪的痕迹，独自高高垂下，如一匹白绢隔断了青山，有溪水从峡谷中往东流注，这里就是清碧溪的下游。从溪北踏着山冈向西上登，二里后，看见有座坟丘在左面山冈之上，是阮尚宾的坟墓。从墓地后向西行二里，踏着峻岭登上山崖。这座山崖高高地耸立在溪流上，与对面的山崖并立前突如门扇，上边高耸下面陡峭，溪流冲破其中流出去。从此处以内，溪流深嵌在下方，山崖夹立于头顶上，全都狭窄倾斜，幽深杳渺。道路沿着山崖顶端，紧靠着北面的山峰向西进去，走了一里多，马匹不能再走，只得命令随行的人在溪边守马，顾仆也在这里等候。

余与巢阿父子同两僧溯溪入。屡涉其南北，一里，有巨石蹲涧旁，两崖巉石，俱堆削如夹。西眺内门，双耸中劈，仅如一线，后峰垂雪正当其中，掩映层叠，如挂幅中垂，幽异殊甚。觉宗辄解筐酌酒，凡三劝酬。复西半里，其水捣峡泻石间，石色光腻，文理灿然，颇饶烟云之致。于是盘崖而上，一里余，北峰稍开，得高穹之坪。又西半里，自坪西下，复与涧遇。循涧西向半里，直逼夹门下，则水从门中突崖下坠，其高丈余，而下为澄潭。潭广二丈余，波光莹映，不觉其深，而突崖之槽，为水所汩，高虽丈余，腻滑不可着足。时余狎之不觉，见二僧已逾上崖，而何父子欲从涧北上，余独在潭上觅路不得。遂蹑峰槽，与水争道，为石滑足，与水俱下，倾注潭中，水及其项。亟跃而出，踞石绞衣。攀北崖，登其上，下瞰余失足之槽，虽高丈余，其上槽道曲折如削，腻滑尤甚；即上其初层，其中升降，更无可阶也。再逾西崖，下觑其内有潭，方广各二丈余，其色纯绿，漾光浮黛，照耀崖谷，午日射其中，金碧交荡，光怪得未曾有。潭三面石壁环窝，南北二面石门之壁，其高参天，后面即峡底之石，高亦二三丈；而脚嵌颡[1]突，下与两旁联为一石，若剖半盎，并无纤隙透水潭中，而突颡之上，如檐覆潭者，亦无滴沥抛崖下坠；而水自潭中辄东面而溢，轰倒槽道，如龙破峡。余从崖端俯而见之，亟攀崖下坠，踞石坐潭上，不特影空人心，觉一毫一孔，无不莹彻。亟解湿衣曝石上，就流濯足，就日曝背，冷堪涤烦，暖若挟纩。何君父子亦百计援险至，相叫奇绝。

【注释】

①颡（sǎng），额头，脑门。

【译文】

我与何巢阿父子连同两个和尚逆溪而入，多次涉到溪水的南北两岸。走了一里，有巨石据在山涧旁，两侧山崖上高险的山石都陡峭地堆积着，如同夹道。往西眺望里面的门扇，双双高耸，当中劈开，仅如一线，后面山峰上的积雪正当其中，互相掩映，层层叠叠，像是挂在墙上的条幅垂在中央，显得特别幽雅奇异。觉宗不时解下竹筐斟酒，劝饮了三次。再向西走半里，溪水捣入峡中奔泻在岩石间，石头的颜色光洁细腻，花纹灿烂，颇有烟云的意态。从这里绕着山崖往上走一里多，北面的山峰略微开阔，找到一块高高隆起的平地。又向西半里，从平地向西下走，再次与山涧相遇。顺着涧水向西行半里，径直来到夹立的石门下，就见水从石门中突立的石崖上下泻，石崖高一丈多，而下方是澄澈的深潭。水潭宽二丈多，波光晶莹映照，不觉得水深，而突立石崖上的沟槽被湍急的水流冲刷，虽然仅有一丈多高，仍滑腻光溜得不能落脚。当时我只顾玩水没有察觉，两个和尚已翻越到上面的石崖，而何家父子想从山涧北边往上攀爬，我独自一人在水潭上找路，却苦寻不得。于是踩着峰上的沟槽上走，与水流争道，被石头滑倒，与流水一起被冲到深潭中，水深及脖颈。我急忙跳出水，坐在岩石上绞去衣服上的水。攀到北边的山崖上，往下看令我失足跌倒的沟槽，虽然高仅一丈多，但沟槽上水道曲曲折折，像是刀削出来的一般，异常光滑；即使上到它的第一层，那中间也没有可以踩踏之处了。再翻越西面的山崖，向下看去，山崖内有水潭，长宽各两丈多，水色纯绿，波光荡漾，如碧玉浮动，映照在山崖峡谷之中，午间的阳光照射在水中，金碧交辉，流波激荡，未曾见过的光怪陆离景致。水潭三面的石壁环成一个窝，南北两面石门的石壁高耸入云，后面就是峡底的岩石，高处也有两三丈；可脚下的石头嵌入前突部分，下边与两旁联结为一块岩石，像剖开的半个瓦瓮，没有丝毫缝隙漏水到潭中，前突的崖石，像屋檐覆盖在水潭上，也没有水滴从石崖上抛洒下落；然而水总是从潭中向东面溢出，轰鸣着流入沟槽水道中，恍如天龙冲破峡谷。我从山崖顶端俯身见到此景，急忙攀着山崖下来，坐在潭边的岩石上，山影荡去人心里一切杂念，且觉得身上每根汗毛每个毛孔，无不晶莹透彻。我赶忙脱下湿衣服晒在石上，用流水洗脚，就着阳光晒脊背，足下冷得足以洗去烦恼，而背脊上暖得好似怀抱着丝绵被。何君父子也千方百计攀缘险途来到，互相高叫奇绝。

久之，崖日西映，衣亦渐干，乃披衣复登崖端，从其上复西逼峡门，即潭左环崖之上。其北有覆崖庋[①]空，可当亭榭之憩，前有地如掌，平甃[②]若台，可下瞰澄潭，而险逼不能全见。既前，余欲从其内再穷门内二潭，以登悬雪之峰。何君辈不能从，亦不能阻，但云："余辈当出待于休马处。"余遂转北崖中垂处，西向直上。一里，得东来之道，自高穹之坪来，遵之曲折西上，甚峻。一里余，逾峡门北顶，复平行而西半里，其内两崖石壁，复高骈夹起，门内上流之间，仍下嵌深底。路旁北崖，削壁无痕，不能前度，乃以石条缘崖架空，度为栈道者四五丈，是名阳桥，亦曰仙桥。桥之下，正门内之第二潭所汇，为石所亏蔽，不及见。度桥北，有叠石贴壁间。稍北，叠石复北断，乃趁其级南坠涧底。底有小水，蛇行块石间，乃西自第一潭注第二潭者。时第二潭已过而不知，只望涧中西去，两崖又骈对如门，门下又两巨石夹峙，上有石平覆如屋而塞其后，覆屋之下，又水潴[3]其中，亦澄碧渊渟[4]，而大不及外潭之半。其后塞壁之上，水从上涧垂下，其声潺潺不绝，而前从块石间东注二潭矣。余急于西上，遂从涧中历块石而上。涧中于是无纤流，然块石经冲涤之余，不特无污染，而更光腻，小者践之，巨者攀之，更巨者则转夹而梯之。上瞩两崖，危矗直夹，弥极雄厉。渐上二里，磵石高穹，滑不能上，乃从北崖转陟箐中。崖根有小路，为密箐所翳，披之而行。又二里，闻人声在绝壁下，乃樵者拾枯枝于此，捆缚将返，见余，言前已无路，不复可逾。余不信，更从丛篁中披陡而西上。其处竹形渐大，亦渐密，路断无痕。余莽披之，去巾解服，攀竹为絙。复逾里余，其下壑底之涧，又环转而北，与垂雪后峰，又界为两重，无从竟升。闻清碧涧有路，可逾后岭通漾濞，岂尚当从涧中历块耶?

【注释】

①庋（guǐ），本意为依托屋柱搭建成的储物木架。此处意为支撑。

②甃（zhòu），井壁；用砖砌（井、池子等）。

③潴（zhū），积聚。

④渊渟（tíng），深水潭。

【译文】

很久之后，山崖上阳光西射，衣服也渐渐干了，于是穿上衣服再登山崖顶端，从那上面再向西靠近峡中的石门，石门就在水潭左边环绕的山崖上。它北边有下覆的石崖平架在空中，可以当作亭台楼榭来休息，前方有块如手掌一样的地方，平平地砌着好像高台，可以下瞰澄碧的水潭，但此处地势险要狭窄不能见到全貌。不久向前走，我想从里面再去游览石门内的两个水潭，并登上积雪高悬的山峰。何君诸人不能跟随，也不阻挡我，只是说：

“我们出去在马匹休整的地方等候。”我于是转过北面山崖中垂之处，向西径直上走。走了一里，遇上东来的路，从高高隆起的平地而来，沿着这条路向西曲折上登，非常陡峻。走了一里多，越过峡中石门北边的顶上，再往西平行走了半里，门内两侧山崖石壁并排相夹高高耸起，内里山涧上游的底部仍然深深下嵌。道路北面的山崖，陡峭的石壁上没有裂痕，不能越到前方，就用石条沿着山崖架空，横架为栈道，有四五丈长，名为阳桥，也称为仙桥。阳桥下边正是石门内第二个水潭积水的地方，被岩石遮蔽着，所以见不到。过到桥北，有叠垒的石阶贴在石壁上。稍向北走，叠垒的石阶在北边又断了，就趁着岩石叠成的台阶向南下到涧底。涧底有条小溪，像蛇一样在石块间流淌，是从西边第一个水潭流注到第二个水潭中的水流。此时实际上第二个水潭已经错过了，但当时我并不知晓，只是顺着水流向西走去，两面的山崖如门扇般并排相对，门下又有两块巨石夹立对峙，上边有块岩石平平地覆盖着如同屋顶般，后面也被堵住了，是以石屋下边又有水积在其中，也是澄碧的深水潭，只是没有外边水潭的一半大。后边堵塞的石壁之上，水从上边的山涧中流下来，水声潺潺不绝，然后在前方石块间向东注入第二个深潭去了。我急于向西攀登，就从山涧中踩着石块往上走。涧中从这里起没有纤细的水流，但石块经过冲刷洗涤之后，不但没有污泥沾染，反而更加滑腻光溜，小些的踩着它走，大些的攀过它走，更大的就转过相夹之处攀登而过。从上边远望两侧的山崖，危崖矗立，笔直相夹，更显得雄伟壮丽。慢慢往上登二里，涧中的岩石高大穹隆，光滑得无从攀爬，只好从北边的山崖上转而登到竹林蔓生的山谷中。山崖脚下有条小路，被浓密的竹丛遮住了，只好分开竹丛前行。又走了二里，听见绝壁下有人声，是打柴的人在此地拾枯枝，捆好后即将返回，见到我，说起前边已经无路，无法翻越过去。我不信，仍旧拨开成丛的竹林从陡坡往西攀爬。此处竹子渐渐粗大，也渐渐茂密，路断了，毫无踪迹。我莽撞地拨开竹丛，摘下头巾脱去衣服，抓住竹子当作绳索，又穿越了一里多。脚下壑谷底的山涧，又环绕着转向北边，与后面积雪下的山峰，又隔为两层，无法径直上登。我曾听说清碧涧有路，可以翻越后岭通到漾濞，难道还是应当从山涧中经由石块上走吗？

时已下午，腹馁甚，乃亟下；则负刍[①]之樵，犹匍匐箐中。遂从旧道五里，过第一潭，随水而前，观第二潭。其潭当夹门逼束之内，左崖即阳桥高横于上，乃从潭左攀磴隙，上阳桥，逾东岭而下。四里至高穹之坪，望西涧之潭，已无人迹，亟东下沿溪出，三里至休马处。何君辈已去，独留顾仆守饭于此，遂啜之东出。三里半，过阮墓，从墓右下渡涧，由涧南东向上岭。路当南逾高岭，乃为感通间道[②]；余东逾其余支，三里，下至东麓之半。牧者指感通道，须西南逾高脊乃得，复折而西南上跻，望崖而登，竟无路可循也。二里，登岭头，乃循岭南西行。三里，乃稍下，度一峡，转而南，松桧翳[③]依，净宇高下，是为宕山[④]，而感通寺在其中焉。

【注释】

①刍（chú），本意为喂牲畜的草。此处意为柴草。

②间道，偏僻的或抄近的小路。

③翳（yì），遮掩。

④宕山，《明一统志》作“荡山”，又称“上山”。《元混一方舆胜览》大理路崇圣寺条载：“又西南有上山寺，幽雅之趣非云南诸寺比。”“感通寺”又称“上山寺”，元代已很著名。

【译文】

此时已是下午，我饥肠辘辘，于是急忙下山；看见背负柴草的樵夫，仍在山箐中穿行。于是从原路返回五里，经过第一个深潭，顺着水向前走，观赏了第二个水潭。这个水潭正当夹立的石门里边，左边石崖上阳桥高高地横在上方，于是从水潭左边攀着石缝中的石磴，登上阳桥，越过东岭下走。走了四里后，来到高高隆起的平地，望见西涧中的水潭旁已没有人的踪迹，连忙往东下沿着溪流出来，走了三里路来到马匹休息的地方。何君等人已经离开，只留下顾仆在此守着饭，于是吃了饭向东出山。走了三里半，经过阮尚宾的墓，从墓右侧下渡涧水，由涧南向东上岭。向南翻越高大的山岭，应是去感通寺的捷径；我往东越过它的余脉，走了三里，下到东麓的半中腰。牧人指点去往感通寺的路，必须向西南越过高大的山脊才能到达，就又折向西南向上走，望着山崖往上攀登，居然无路可走了。二里后，登上岭头，就沿着山岭南侧向西行。走了三里，才稍稍往下走，越过一条峡谷，转向南，松柏密蔽依稀，佛寺高低错落，这里是宕山，而感通寺就在山中了。

盖三塔、感通，各有僧庐三十六房，而三塔列于两旁，总以寺前山门为出入；感通随崖逐林，各为一院，无山门总摄，而正殿所在，与诸房等，正殿之方丈有大云堂，众俱以“大云堂”呼之而已。时何君辈不知止于何所，方逐房探问。中一房曰斑山，乃杨升庵写韵楼故址，初闻何君欲止此，过其门，方建醮[①]设法于前，知必不在，乃不问而去。后有人追至，留还其房。余告以欲觅同行者，其人曰：“余知其所止，必款斋而后行。”余视其貌，似曾半面，而忘从何处，谛审之，知为王赓虞，乃卫侯之子，为大理庠生[②]，向曾于大觉寺会于遍周师处者也。今以其祖母忌辰，随其父来修荐于此，见余过，故父子相谂[③]，而挽留余饭焉。饭间，何君亦令僧来招。既饭而暮，遂同招者过大云堂前北上，得何君所止静室，复与之席地而饮。夜月不如前日之皎。

【注释】

①醮（jiào），僧道为除灾去鬼而设的道场。

②庠生（xiáng shēng），即学生。古代学校称庠，庠生为明清科举制度中府、州、县学生员的别称。

③谂（shěn），知悉。

【译文】

三塔寺、感通寺，各有僧舍三十六房，三塔寺的僧房排列在两旁，都以寺前的山门作为出入口；感通寺的僧房则顺着山势依着树林，各自辟为一院，没有山门统摄，而且正殿所在的地方与各处僧房一样高，正殿的方丈有处大云堂，僧众全以“大云堂”来称呼之。此时不知何君等人住在什么地方，就逐个房间打听。其中一房名为斑山，是杨升庵写韵楼的故址，起初听说何君打算住在此处，经过门口时见门前有设坛念经做法事的，心知必定不在，于是不问就离开了。后边有人追上来，挽留我，并将房间让给我。我告诉他想要找同行的人，那人说：“我知道他们住的地方，请千万吃过斋饭再走。”我看他的容貌，似乎曾经见过一面，但忘了是在什么地方，仔细审视后，方知是王赓虞，卫侯之子，大理府学的生员，以前曾在大觉寺遍周禅师处会过面。今天是他祖母去世的祭日，跟随父亲来此施斋做法事。见我路过，父子俩都认出了我，便挽留我吃饭。吃饭时，何君也令僧人来召唤。吃完饭后，天就黑了，于是同来召唤的僧人经过大云堂前边向北走，找到何君所住的静室，再与他席地饮酒。夜里月光不如前一天那样皎洁。

十三日　与何君同赴斋别房，因遍探诸院。时山鹃花盛开，各院无不灿然。中庭院外，乔松修竹，间以茶树[①]。树皆高三四丈，绝与桂相似，时方采摘，无不架梯升树者。茶味颇佳，炒而复曝，不免黝黑。已入正殿，山门亦宏敞。殿前有石亭，中立我太祖高皇帝[②]赐僧无极《归云南诗》十八章，前后有御跋。此僧自云南入朝，以白马、茶树献，高皇帝临轩见之，而马嘶花开，遂蒙厚眷。后从大江还故土，帝亲洒天葩，以江行所过，各赋一诗送之，又令诸翰林大臣皆作诗送归。今宸翰[3]已不存，而诗碑犹当时所镌者。李中谿《大理郡志》以奎章[4]不可与文献同辑，竟不之录。然其文献门中亦有御制文，何独诗而不可同辑耶？殿东向，大云堂在其北。僧为瀹茗设斋。

【注释】

①茶树，据《明一统志》大理府物产："感通茶，感通寺出，味胜他处产者。"《滇略·产略》将感通茶与太华茶相比，结论是："点苍感通寺之产过之，值亦不廉。"

②太祖高皇帝，即明太祖朱元璋（1328—1398）。

③宸（chén）翰，皇帝的亲笔文字。宸，帝王的宫殿，引申为帝王的代称。翰，文字。

④奎章，帝王的手笔。

【译文】

十三日　与何君一同去别的僧房赴斋宴，因而探遍了诸处寺院。这个季节山鹃花盛开，各寺院无处不鲜艳灿烂。中庭院外边，高大的苍松和修长的翠竹中间杂着茶树。茶树都有三四丈高，与桂树非常相似，此时正在采摘，无处不见架梯子爬在树上的人。茶的味道很好，炒后再晒，色泽不免黝黑。走入正殿后，山门也十分宏伟宽敞。殿前有座石亭，亭中立着我朝太祖高皇帝赐给僧人无极的十八首《归云南诗》，前后都有高皇帝写的跋。这个僧人从云南入朝，进贡白马、茶树，高皇帝在轩廊中接见他，当时白马嘶鸣茶花开放，于是深受圣上眷顾。后来僧人返回故乡，皇帝亲自抛撒鲜花，沿江走过之处各赋一诗送给他，又命翰林院的诸位大臣都作诗送他归程。今天皇帝手写的文章已不复存在，但诗碑还是当时镌刻的。李中谿的《大理郡志》认为帝王的诗不能与文献一同辑录，于是竟不收录。不过他的文献类中也有皇帝写的文章，为何唯独诗就不能一同辑录呢？正殿面向东方，大云堂在它的北边。僧人为我沏茶摆上斋饭。

已乃由寺后西向登岭，觅波罗岩。寺后有登山大道二：一直上西北，由清碧溪南峰上，十五里而至小佛光寨，疑与昨清碧溪中所望雪痕中悬处相近，即后山所谓笔架山之东峰矣；一分岐向西南，溯寺南第十九涧之峡，北行六里而至波罗岩。波罗岩者，昔有赵波罗栖此，朝夕礼佛，印二足迹于方石上，故后人即以“波罗”名。波罗者，乃此方有家道人之称。其石今移大殿中为拜台。时余与何君乔梓骑而行。离寺即无树，其山童然①。一里，由岐向西南登。四里，逾岭而西，其岭亦南与对山夹涧为门者。涧底水细，不及清碧，而内峡稍开，亦循北山西入。又一里，北山有石横叠成岩，南临深壑。壑之西南，大山前抱，如屏插天，而尖峰齿齿列其上，遥数之，亦得十九，又苍山之具体而微者。岩之西，有僧构室三楹，庭前叠石明净，引水一龛贮岩石下，亦饶幽人之致。僧瀹茗炙面为饵以啖客。久之乃别。

【注释】

①童然，光秃秃的样子。

【译文】

过后，就由寺后向西登岭，去找波罗岩。寺后有两条登山的大道：一条一直向西北延伸，由清碧溪的南峰上去，十五里后到达小佛光寨，我怀疑与昨天在清碧溪中望见的雪迹悬在中央的地方接近，就是后山中所谓的笔架山的东峰；一条分开岔向西南，循着寺南第十九条山涧的峡谷，往北行六里后到波罗岩。波罗岩这地方，是因为从前有个叫赵波罗的人居住在此，朝夕拜佛，在方形岩石上印下两个脚印，所以后人就用“波罗”来命名。“波罗”一词，是这地方对有家室的僧人的称呼。那块岩石如今移到大殿中作为跪拜用的石台。此时我与何君父子骑马前行。离开寺庙后就没有见到树，这里的山上光秃秃的。一里后，由岔路向西南登山。四里后，越岭往西走，这里的山岭也是向南，与对面的山夹住山涧形成门的样子。涧底的水流很细，比不上清碧溪，而里面的峡谷稍微开阔些，也是沿着北山向西延伸。又行一里，北山上有岩石横着垒成岩洞，南边也临着深深的壑谷。壑谷的西南方，大山向前环抱，如屏风般高耸如云，而且有一齿齿的尖峰排列在山上，远远数了数，也是十九座山峰，这就是苍山的具体细微之处了。有僧人在岩洞的西边建了三间房子，庭前叠垒的岩石明丽洁净，引了一龛水贮存在岩石下，也让人产生幽思之趣。僧人煮了茶做了面饼来给客人吃。良久之后，方才道别。

从旧路六里，过大云堂，时觉宗相待于斑山，乃复入而观写韵楼。楼已非故物，今山门有一楼，差可以存迹。问升庵遗墨，尚有二扁，寺僧恐损剥，藏而不揭也。僧复具斋，强吞一盂而别。其前有龙女树。树从根分挺三四大株，各高三四丈，叶长二寸半，阔半之，而绿润有光，花白，小于玉兰，亦木莲之类而异其名。时花亦已谢，止存数朵在树杪[1]，而高不可折，余仅折其空枝以行。

【注释】

①杪（miǎo），树枝的细梢，即树梢。

【译文】

从原路返回六里，经过大云堂，此时觉宗在斑山等候，于是再次进门观览写韵楼。此楼已不是原先的模样，而今山门上有一座楼，先前的遗迹可略微保存。打听杨升庵遗下的墨宝，尚存两块匾，但寺中的僧人害怕损伤剥落，收藏起来不肯轻易示人。僧人又准备了斋饭，勉强吞下一钵盂后告辞。楼前有棵龙女树。树从根部生出三四棵大枝，各高三四丈，树叶长二寸半，宽处仅一半，叶子碧绿润泽有光，花色白，比玉兰花小，也是木莲一类的植物，但名字不同。此时花也已凋谢，只留下几朵在树梢上，但高不可折，我仅折下树上的空枝就走了。

于是东下坡，五里，东出大道，有二小塔峙而夹道；所出大道，即龙尾关达郡城者也。其南有小村曰上睦[①]，去郡尚十里。乃遵道北行，过七里、五里二桥[②]，而入大理[③]郡城南门。经大街而北，过鼓楼，遇吕梦熊使者，知梦熊不来，而乃郎已至。以暮不及往。乃出北门，过吊桥而北，折而西北二里，入大空山房而宿。

【注释】

①上睦，今作“上末”。

②七里桥，今名同。五里桥，今名同。两地皆在大理南境，从南往北依次排列于下关至大理古城的公路附近。

③大理，明置大理府，治太和，即今大理古城。方正的城垣和整齐的街道，至今还大体保持了明清时期的面貌。

【译文】

从这里向东下坡，五里后，向东走上大道，有两座小塔耸峙夹在道路旁；所走上的大道，就是从龙尾关到府城的路。塔南边有个小村子叫上睦，离府城还有十里。于是顺着大道往北行，经过七里桥、五里桥两座桥，而后走入大理府城的南门。经过大街往北走，路过鼓楼，遇上吕梦熊的使者，得知吕梦熊不来了，但他的儿子已经抵达。因天色已晚来不及前去，于是走出北门，过到吊桥北边，转向西北行二里，进入大空山房住下。

十四日　观石于寺南石工家。何君与余各以百钱市一小方。何君所取者，有峰峦点缀之妙；余取其黑白明辨而已[①]。因与何君遍游寺殿。是寺在第十峰之下，唐开元中建，名崇圣。寺前三塔鼎立，而中塔最高，形方，累十二层，故今名为三塔[②]。塔四旁皆高松参天。其西由山门而入，有钟楼与三塔对，势极雄壮；而四壁已颓，檐瓦半脱，已岌岌矣。楼中有钟极大，径可丈余，而厚及尺，为蒙氏[3]时铸，其声闻可八十里。楼后为正殿，殿后罗列诸碑，而中谿所勒黄华老人书四碑俱在焉。其后为雨珠观音殿，乃立像铸铜而成者，高三丈。铸时分三节为范，肩以下先铸就而铜已完，忽天雨铜如珠，众共掬而熔之，恰成其首，故有此名。其左右回廊诸像亦甚整，而廊倾不能蔽焉。自后历级上，为净土庵，即方丈也。前殿三楹，佛座后有巨石二方，嵌中楹间，各方七尺，厚寸许。北一方为远山阔水之势，其波流潆折，极变化之妙，有半舟庋尾烟汀间。南一方为高峰叠嶂之观，其氤氲浅深，各臻神化。此二石与清真寺碑趺[4]枯梅，为苍石之最古者。清真寺在南门内，二门有碑屏一座，其北趺有梅一株，倒撇垂趺间。石色黯淡，而枝痕飞白，虽无花而有笔意。新石之妙，莫如张顺宁所寄大空山楼间诸石，中有极其神妙更逾于旧者。故知造物之愈出愈奇，从此丹青一家，皆为俗笔，而画苑可废矣。张石大径二尺，约五十块，块块皆奇，俱绝妙着色山水，危峰断壑，飞瀑随云，雪崖映水，层叠远近，笔笔灵异，云皆能活，水如有声，不特五色灿然而已。其后又有正殿，庭中有白山茶一株，花大如红茶，而瓣簇如之，花尚未尽也。净土庵之北，又有一庵，其殿内外庭除，俱以苍石铺地，方块大如方砖，此亦旧制也；而清真寺则新制以为栏壁之用焉。其庵前为玉皇阁道院，而路由前殿东巩门入，绀宫三重，后乃为阁，而竟无一黄冠居守，中空户圮，令人怅然。

【注释】

①“观石”五句，此即大理特产的大理石，明代称“点苍石”“苍石”，或“文石”，当地人又称“础石”。《明一统志》大理府物产载：点苍石，“点苍山出，其石白质青，文有山水草木状，人多琢以为屏”。以花纹不同，大理石又分彩花、水墨花、纯白石三大类，是精致的玩赏装饰品及优良的建筑材料，

至今北京故宫和承德避暑山庄还有当年皇帝享用的大理石镶嵌的屏风及桌椅。

②“是寺”八句，崇圣寺三塔迭经风雨地震，一直保存到现在，是全国重点文物保护单位。中塔称“千寻塔”，高69.13米，方形十六层，每层的高度和宽度自下而上逐渐收缩，为中空密檐式砖塔，建于唐代。北塔、南塔皆为八角形十层实心砖塔，建于晚唐或五代。

③蒙氏，即南诏统治家族，自元以来，亦称南诏统治时期为“蒙氏时”。据《蛮书》卷三：“蒙舍，一诏也，居蒙舍川，在诸部落之南，故称南诏也。姓蒙。”

④趺（fū），碑下的石座。

【译文】

十四日　在寺南的石匠家观赏石头。何君与我各用一百文钱买了一小方块。何君选的石头，有峰峦点缀在上边的妙处；我选了其中黑白分明、易于分辨的那种。然后与何君遍游寺中的殿宇。这座寺院在第十座山峰之下，唐代开元年间建造，名为崇圣寺。寺前的三塔像鼎足而立，中间的塔最高，方形，共十二层，所以今天称为三塔。塔的四周全是耸立入云的高大松树。寺西由山门进去，有钟楼与三塔相对，气势极其雄伟壮丽；但四面的墙壁已经坍塌，屋檐上的瓦片有一半已经脱落，岌岌可危矣。楼中有口非常大的铜钟，直径一丈多，而壁厚达一尺，是蒙氏时期铸造的，钟声八十里外都能听到。钟楼后是正殿，殿后罗列着许多碑，而李中谿所刻的黄华老人书写的四块碑都在其中。碑后是雨珠观音殿，用铜铸成的立像高三丈。铸造时分为三段制成模子，肩以下铸成时铜就已经用完，忽然间天上落下如珠子一般的铜雨，众人一道用手把铜珠捧来熔化，恰好完成了铜像的头部，所以有了这个名字。殿左右回廊中的众神像也十分整齐，但回廊破败，已经不能遮蔽风雨了。从后边沿着石阶上去是净土庵，就是方丈的住处了。前殿有三开间，佛座后边有两块巨石，嵌在中间两根柱子之间的墙上，各七尺见方，厚一寸左右。靠北一块有远山阔水的气势，其中流水波涛潆回曲折，极尽变化之妙趣，有些细微处如小船停靠在烟霭绿洲之间。南边的一块是高峰重峦叠嶂的景观，它那弥漫的云烟深浅有别，境界出神入化。这两块石板与清真寺中枯梅纹的碑座，是大理石中最古老的东西。（清真寺在南门内，二门内有一座屏风样的石碑，碑座朝北的一面上有一棵梅花，倒垂飘拂在石座上。石质颜色黯淡，但树枝的痕迹却露出丝丝白色，虽然无花，却有绘画的意境。）新采石头中奇妙的，只有顺宁张知府寄放在大空山楼中的诸石可比，其中更有极其神妙更超过旧石的。因此知道造物主的创造是愈发神奇，从此以后，画家的绘画全是俗笔，而画苑可以废除了。（张府的石头中大块的直径有二尺，约有五十块，块块都很奇特，全是绝妙的着色山水画，高峻的山峰下临绝壑，飞瀑追逐着云雾，积雪的山崖映入水中，远近疏朗有致，层层叠叠，笔笔画得灵妙奇异，云气都似活物，流水如有声，不仅仅是五彩绚烂而已）。前殿后边又有正殿，庭院中有一棵白山茶，花的大小如红山茶，而且花瓣成簇也像红山茶，花还没有开完。净土庵的北边又有一座寺庵，佛殿内外的庭院石阶全是用大理石铺地，方形的石块大小如方砖，这也是旧时制成的；但清真寺是新建成的，用大理石来做栏杆墙壁。此庵前边是玉皇阁道院，去到此处要由前殿东边的拱门进去，有殿宇三层，后边就是楼阁，但是居然没有一个道士留守，庙中空空，门户倒塌，令人怅然不愉。

越高黎贡山日记

崇祯十二年（1639）四月，徐霞客从保山向更西的边陲挺进。《越高黎贡山日记》即是其中记录，详见《滇游日记九》。

从保山到腾冲，必须渡怒江，翻越高黎贡山，而怒江的瘴疠和高黎贡山的高险，素来被视为畏途。唐樊绰《蛮书》载河赕贾客谣曰："冬时欲归来，高黎共上雪。秋夏欲归来，无那穹赕热。春时欲归来，平中络赂绝。"徐霞客却不怕瘴疠，无所畏惧；攀越高黎贡山登顶时，也是心潮激荡，不畏生死，"慨然者久之"！

四月十一、十二两天，徐霞客连续渡过怒江和龙川江。他对怒江作了考察，认为怒江独流入海。过龙川江时，他又开始了对大金沙江（今伊洛瓦底江）水系的考察，写了一条有关龙川江的札记。徐霞客是考察高黎贡山的先行者，返程途中，他发现高黎贡山也是雨屏，"关名分水，实分阴晴也"。后来在保山上江，他又考察记录了高黎贡山东坡石城的原始森林。

十一日　鸡鸣起，具饭。昧爽，从村西即北向循西大山行。随溪而北，渐高而陟崖，共八里，为石子哨，有数家倚西山之东北隅。又北二里，乃盘山西转，有峡自西而东，合于枯飘北注之峡。溯之，依南山之北，西入二里，下陟南来峡口。峡中所种，俱红花[1]成畦，已可采矣。西一里，陟西来峡口，其上不多，水亦无几，有十余家当峡而居，是为落马厂[2]。度峡北，复依北山之南西入，一里，平上逾脊。其脊自南而北度，起为北峡之山，而北尽于罗岷者也。逾脊西行峡中，甚平，路南渐有涧形依南崖西下，路行其北。三里，数家倚北山而居，有公馆在焉，是为大坂铺[3]。从其西下陟一里，有亭桥跨涧，于是涉涧南，依南山之北西下。二里，有数家当南峡，是为湾子桥[4]。有卖浆者，连糟而啜之，即余地之酒酿[5]也。山至是环耸杂沓，一涧自东来者，即大坂之水；一涧自南峡来者，坠峡倒崖，势甚逼仄，北下与东来之涧合而北去，小木桥横架其上。度桥，即依西山之东北行，东山至是亦有水从此峡西下，三水合而北向破峡去。东西两崖夹成一线，俱摩云夹日，溪嵌于下，蒙箐沸石，路缘于上，鏖壁摭崖，排石齿而北三里，转向西下，石势愈峻愈合。又西二里，峡曲而南，涧亦随峡而曲，路亦随涧而曲。半里，复西盘北转，路皆凿崖栈木。半里，复西向缘崖行。一里，有碑倚南山之崖，题曰“此古盘蛇谷”，乃诸葛武侯烧藤甲兵处，然后信此险之真冠滇南也。水寨高出众壑之上，此峡深盘众壑之下，滇南二绝，于此乃见。碑南渐下，峡亦渐开。又西二里，乃北转下坡。复转而西一里，有木桥横涧而北，乃度，循北崖西行。一里，逾南突之脊，于是西谷大开，水盘南壑，路循北山。又西平下三里，北山西断，路乃随坡南转。西望坡西有峡自北而南，俱崇山夹立，知潞江[6]当在其下而不能见。南行二里余，则江流已从西北嵌脚下，逼东山南峡之山，转而南去矣。乃南向下坡，一里，有两三家倚江岸而栖，其前有公馆焉，乃就瀹[7]水以饭。

【注释】

①红花，一年生直立草本，菊科，夏季开橘红色花，果实可榨油，花可做染料，可用于制胭脂，也可入药。

②落马厂，今称“马厂”，分里马厂和外马厂，又称“马

街”，在蒲缥以西的公路旁。

③大坂铺，《游记》五月二十二日作“打板箐”，今亦作“打板箐”。

④湾子桥，即今里湾。皆在今蒲缥以西的公路旁。

⑤酒酿，即米酒，用糯米酿成，云南现称“甜白酒”，贵州称“甜酒”。

⑥路江，唐时已作“怒江”，见《蛮书》。后讹为“潞江”。据《明史·地理志》保山县注：“又南有潞江，旧名怒江，一名喳里江，自潞江司流入。”

⑦瀹（yuè），煮。

【译文】

十一日　鸡鸣起床，准备早饭。黎明，从村西就向北沿西面的大山出发。顺着溪流往北走，地势渐渐高起来，登上山崖，共走了八里，到石子哨，有数户人家靠在西山的东北隅。又向北二里，之后绕着山向西转，有峡谷自西延向东，与往北流注的峡谷会合。逆着峡谷走，靠南山的北面，向西深入二里，下行南来的峡口。峡中种植的全是成畦的红花，已经可以采摘了。向西一里，越过西来的峡口，往上登的路不多，也没多少水，有十余户人家临峡口居住，这里是落马厂。越过峡谷北面，又靠着北山的南面向西深入，走了一里，平缓上山翻越山脊。这条山脊自南往北延伸，突起成为北峡的山，而后向北在罗岷山到了尽头。越过山脊往西行走在峡中，十分平坦，路南渐渐有山涧依傍着南面山崖往西流，路在山涧北边延伸。又走了三里，见到有数户人家背靠北山居住，建有公馆，这里是大坂铺。从它西边往下走一里，有座亭桥跨在涧上，于是过到涧南，靠着南山的北面向西走。过了二里，见到南面峡中有数户人家，这是湾子桥。有人卖淡甜酒，连着酒糟一起喝，就是我们所说的酒酿。这里的山势杂沓环列高耸，一条山涧从东方流来，就是大坂的水流；一条山涧自南面峡中流来，坠入峡谷流下山崖，水势十分狭窄，向北流下与东来的山涧合流后往北流去，有小木桥横架在涧上。过桥后，即刻靠着西山的东面往北行，东山到了此地也有水流从此峡中往西下流，三条水流汇合后向北冲破山峡流去。东西两面的山崖夹成一条线，仿佛能直上云天夹住太阳，溪流深嵌在下方，山箐蒙密，溪石滚沸，道路沿着上方延伸，穿石壁破山崖，攀着齿状的岩石向北行三里，转向西下，山势越发险峻狭窄。又向西二里，峡谷弯向南，山涧也随着山峡弯曲，路也顺着山涧弯曲。过了半里，又向西盘旋转向北，路都是凿山崖修成的木栈道。半里，又向西沿着山崖行。过了一里，有块碑靠在南山的石崖下，题写着“此处是古盘蛇谷”，乃是武侯诸葛亮火烧藤甲兵之处，这才相信此处天险真是雄冠滇南（**水寨高高突出在众多的险峰之上，此峡深深盘绕在众多的壑谷之下，滇南的两处绝景，到这里才显现出来**）。从碑南渐渐下走，峡谷也渐渐开阔起来。又向西二里，便转向北下坡。再转向西一里，有木桥横到山涧北边，于是过桥，沿着北面的山崖往西行。一里后，越过南突的山脊，西面的山谷就一下子就开阔起来，涧水绕着南面的壑谷，沿着北山走。又往西平缓地走了三里，北山在西边断开，路便顺着山坡往南转。往西望去，山坡西面有峡谷自北延伸向南，全是崇山峻岭相夹而立，心知潞江应当就在峡谷下方，但是无法见到。往南行二里多，就见江流已从西北流至脚下，靠近东山南峡的山，又转向南流去了。于是向南下坡，走了一里，有两三户人家紧靠江岸居住，村前有公馆，于是走进馆里烧水做饭。

时渡舟在江南岸，待久之乃至。登舟后，舟子还崖岸而饭，久之不至，下午始放渡而南。江流颇阔，似倍于澜沧，然澜沧渊深不测，而此当肆流之冲，虽急而深不及之，则二江正在伯仲间也。其江从北峡来，按《一统志》云：“其源出雍望。”不知雍望是何地名。据土人言出狗头国，言水涨时每有狗头浮下也。注南峡去，或言东与澜沧合，或言从中直下交南，故蒙氏封为“四渎[①]”之一。以余度之，亦以为独流不合者是。土人言瘴疠甚毒，必饮酒乃渡，夏秋不可行。余正当孟夏，亦但饭而不酒，坐舟中，棹流甚久，亦乌睹所云瘴母哉！渡南崖，暴雨急来，见崖西有树甚巨，而郁葱如盘，急趋其下。树甚异，本高二丈，大十围，有方石塔甃其间，高与干等，干跨而络之，西北则干密而石不露，东南临江，则干疏而石出，干与石已连络为一，不可解矣，亦穷崖一奇也[②]。

【注释】

①渎（dú），独流发源而最终注入大海的大河。

②“树甚异”以下几句，清初刘昆《南中杂说》亦记此树：“潞江之滨一石塔，累巨石而成之，四面各阔二丈，高亦二丈有奇，一大树冠其上，亭亭如盖，严冬不凋，根分十余股，笼罩石塔，下垂入地，南人不识此木……余戍腾冲日，就而察之，盖闽广之榕树云。”此即今傣族地区常见的大青树，通称“榕树”。

【译文】

此时渡船在江水南岸，等了很久才到。登船后，船夫还回石崖岸上吃饭，许久都不回返，下午才放船渡到南岸。江流很宽，似乎比澜沧江宽一倍有余，但澜沧江深不可测，而此处正当肆意奔流的冲要之地，水流虽急，但深处却依然不及澜沧江，两条江各有特点，不分轩轾。此江从北面的峡中流来（据《一统志》：“它的源头出于雍望。”不知雍望是什么地方。据当地人说，其出自于狗头国，说是水涨时常有狗头漂下来。），注入南面峡中流去，有人说向东流与澜沧江合流，有人说从中间一直下流到交趾南部，所以蒙氏把它封为“四渎”之一。以我的推测，也认为独流而不与他者合流的说法是对的。当地人说这里的瘴气非常毒，必得饮酒后才能渡江，且夏、秋两季不能渡。此时正当初夏，我也只是吃了饭而未饮酒，坐在船中，在江流中划了许久，也没见到所说的瘴母呀！渡到江南的山崖，暴雨突如其来，见山崖西边有棵树十分巨大，郁郁葱葱好似盘子，急忙赶到树下。此树非常奇特，树干高二丈，粗大处要十人围抱，有座方形石塔砌在其间，高处与树干相等，树干高处缠绕着它，西北方向则满是密密麻麻的树干，未露出石塔，东南一面临江，树干稀疏，石塔便露了出来，树干与石塔已连接缠绕为一体，不可分开了，这也是偏僻山崖间的一处奇景。

已大风扬厉，雨散，复西向平行上坡。望西北穹峰峻极，西南骈崖东突，其南崖有居庐当峰而踞，即磨盘石也。望之西行，十里，逼西山，雨阵复来。已虹见东山盘蛇谷上，雨遂止。从来言暴雨多瘴，亦未见有异也。稍折而南，二里，有村当山下，曰八湾①，数家皆茅舍。一行人言此地热不可栖，当上山乃凉。从村西随山南转，一里，过一峡口。循峡西入，南涉而逾一崖，约一里，遂从南崖西上。其上甚峻，曲折盘崖，八里而上凌峰头，则所谓磨盘石②也。百家倚峰头而居，东临绝壑，下嵌甚深，而其壑东南为大田，禾芃芃③焉。其夜倚峰而栖，月色当空，此即高黎贡山之东峰。忆诸葛武侯、王威宁骥之前后开疆④，方威远政之独战身死⑤，往事如看镜，浮生独倚岩，慨然者久之！

【注释】

①八湾，今作“坝湾”，在保山市隆阳区西隅。

②磨盘石，今名同。但此处仅留地名，已无百家之居。

③芃芃（péng），繁茂的样子。

④“诸葛武侯”句，诸葛亮南征，时在建兴三年（225），从安上（今四川屏山县）由水路进入大凉山，五月渡过泸水（今金沙江），“亮至南中，所在战捷”，俘降孟获后，“遂至滇池”。经过诸葛亮南征，蜀汉在西南边疆的统治进一步巩固，

并以庲降都督统领南中的朱提、群柯、越嶲、建宁、兴古、云南、永昌等七郡，都督治所迁至今云南曲靖市。诸葛亮对南中的经营，在西南边疆各族中产生了极深的影响，至今云、贵两省有关诸葛亮的传说和遗迹还很多。王威宁骥，即王骥（1378—1460），字尚德，束鹿人。官至兵部尚书，封靖远伯，死后赠靖远侯，故又称“王尚书”“王靖远”。“威宁”当作“靖远”。明代，麓川土司经常骚扰内地，为了应付麓川土司的叛乱，明廷曾多次出兵，最后才有王骥三征麓川的事。

⑤方威远政，即方政，事迹见《明史·云南土司传二》。正统三年（1438），麓川土司思任发叛，扰孟定、湾甸等地，“掠杀人民”。廷臣举右都督方政往云南，协同镇守右都督沐昂率兵讨之。方政战死，后追赠威远伯。

【译文】

不久大风凌厉飞扬，雨点散开，又向西平行上坡。望见西北穹隆的山峰极为高峻，西南并立的山崖向东突出去，南面的山崖上有房屋当峰盘踞，就是磨盘石了。望着它向西行，走了十里，靠近西山，阵雨重又来临。不久彩虹出现在东山盘蛇谷上方，雨终于停了。从来都说暴雨时瘴气很多，也未见有什么异状。稍转向南，走了二里，看见有个村庄坐落在山下，名字叫作八湾，几户人家都是茅草房。同行的人说此地炎热不能居住，要上山后才会凉爽。从村西顺着山势向南转，走了一里，过了一处峡口。顺着峡谷往西深入，向南涉水后越过一处山崖，约走一里，于是从南面的山崖向西上登。那上面非常高峻，曲曲折折绕着山崖走，八里后登上峰头，就是所谓的磨盘石了。百来户人家依傍着峰头居住，东边面临绝壑，下嵌之处非常深，而这个壑谷东南边是大片农田，禾苗茁壮地生长在田中。此夜背靠峰头住下，月色当空，此地就是高黎贡山的东峰。回忆起武侯诸葛亮、靖远侯王开拓边疆，威远伯方政只身战死，往事如镜中之影，浮生若梦，独自一人背靠着高峻的山崖，感慨良久。

十二日　鸡再鸣，饭，昧爽出门。其处虽当峻峰之上，而居庐甚盛，有公馆在村北，潞江驿在其上。山下东南成大川，已插秧盈绿，潞江沿东山东南去，安抚司[1]依西南川坞而居。遂由磨盘石西南上，仍峻甚。二里，逾其南峡之上，其峡下嵌甚深，自西而东向，出安抚司下。峡底无余隙，惟闻水声潺潺在深箐中。峡深山亦甚峻，藤木蒙蔽，猿鼯昼号不绝。峡北则路缘崖上，随峡西进，上去山顶不一二里，缘峡平行西四里，有石洞南临路崖，深阔丈余，土人凿石置山神碑于中。又四里，稍折而北上崖，旋西，而登临峡之坡。北峡之上，至是始南垂一坡，而南峡之下，则有峡自南山夹底而出，与东出之峡会成"丁"字，而北向垂坡焉。又西二里，或陟山脊，或缘峰南，又三里，有数家当东行分脊间，是为蒲满哨[2]。盖山脊至是分支东行，又突起稍高，其北又坠峡北下，其南即安抚司后峡之上流也。由此西望，一尖峰当西复起，其西北高脊排穹，始为南渡大脊，所谓高黎贡山[3]，土人讹为高良工山，蒙氏僭封为西岳者也。其山又称为昆仑冈，以其高大而言，然正昆仑南下正支，则方言亦非无谓也。由蒲满哨西下一里，抵所望尖峰，即蹑级数转而上。两旁削崖夹起，中坠成路，路由夹崖中曲折上升，两岸高木蟠空，根纠垂崖外，其上竹树茸密，覆阴排幕，从其上行，不复知在万山之顶，但如唐人所咏："两边山木合，终日子规啼"[4]，情与境合也。一里余，登其脊。平行脊上，又二里余，有数家倚北脊，是为分水关[5]，村西有水沿北坡南下，此为潞江安抚司后峡发源处矣。南转，西逾岭脊，砖砌巩门，跨度脊上。其关甚古，顶已中颓，此即关之分水者。关东水下潞江，关西水下龙川江。

【注释】

①安抚司，此即潞江安抚司，隶永昌军民府，在今潞江坝。

先治城子田，天启年间迁治老城。

②蒲满哨，今名同，在高黎贡山上的公路边。

③高黎贡山，山名最早见于唐代，又作“高丽共”，下文“高良工”即“高黎贡”的同音异写。“高黎”今译作“高日”，为景颇族的一个姓。汉姓作“排”。贡，又作“共”，今译作“碘”，意为地方。高黎贡山即景颇族高日家居住的地方。

④“但如唐人”以下几句，此为杜甫于大历元年（766）春在云安所著《子规》诗。

⑤分水关，今称“城门洞”，在公路稍北，海拔2561米，为高黎贡山脊，保山的隆阳区和腾冲县以此为界。

【译文】

十二日　鸡叫两遍，吃饭，黎明出门。此处虽在高峻的山峰上，但民宅很多，有公馆在村北，潞江驿在它的上边。山下东南边是大平川，已插满绿色秧苗，潞江沿着东山向东南流去，安抚司依傍着西南平川的山坞而居。于是由磨盘石向西南上山，路途仍然非常陡峻。走了二里，翻越到南边的山峡之上，这里的山峡下嵌得非常深，自西延向东，直至安抚司下。峡底没有空余的缝隙，只听到深箐中有潺潺水声。峡里的深山也十分高峻，藤枝树木蒙密荫蔽，猿猴鼯鼠白日里依然号叫声不断。峡谷北路沿着山崖向上延伸，顺着山峡往西前进，上边离山顶不到一二里，沿着山峡向西缓慢平行四里，有个南向石洞，临着路边的山崖，深度宽度各有一丈多，本地人用石头凿作山神碑放置在洞中。又走四里，稍转向北登上山崖，旋即向西，登上山峡的山坡。北面山峡之上，到这里开始向南下垂成一个山坡，但南面山峡下，却有峡谷自南山的底部延伸出来，与向东延伸出来的峡谷相会成一个“丁”字，然后向北面垂下形成山坡。又向西二里，有时登上山脊，有时沿峰南走，走了三里，见有数户人家居住在东分支延伸的山脊之间，这就是蒲满哨。大体上山脊到了此地分出支脉往东延伸，又稍稍高高突起，北面又向北下坠成峡谷，它的南面就是安抚司后峡的上游了。由此往西望，一座尖峰正当西方重又耸起，尖峰西北面排列着高大穹隆的山脊，形成向南延伸的大山脊，这就是所谓的高黎贡山，本地人错读为高良工山，是蒙氏被封为西岳的山。此山又被称为昆仑冈，是就它的高大而言的。不过它正好是昆仑山向南下延支脉中的正脉，本地人这么说也不无道理。由蒲满哨往西走一里，抵达来时望见的尖峰，立即踩着石阶转了数道弯攀登上去。两旁陡峭的山崖夹立耸起，中间深坠成路，道路在两侧相夹的山崖中曲折上升，两侧高崖上高大的树木盘曲在空中，树根纠缠下垂露在山崖外边，山崖上浓密的竹丛树林绿茸茸的，下覆的树荫排成帏幕，从它上边走，不再觉得是万山之巅，而似是如唐人所吟咏的："两边山林合，终日子规啼"，确是情境合一。走了一里多，登上山脊。平缓地行走在山脊上，二里多后，见到有数户人家居住在背靠北面的山脊，这里是分水关。村西有水沿北面的山坡向南流，这就是潞江安抚司后峡的发源处了。转向南，往西越过岭脊，有道砖砌的拱门横跨在延伸的山脊上。此关十分古老，顶上中间已经坍塌，这就是分水岭的关隘（关东的水往下流进潞江，关西的水往下流进龙川江）。

于是西下峡，稍转而南，即西上穿峡逾脊，共五里，度南横之脊，有村庐，是为新安哨。由哨南复西转，或过山脊，或蹈岭峡，屡上屡下，十里，为太平哨[①]。于是屡下屡平，始无上陟之脊。五里，为小歇厂。五里，为竹笆铺[②]。自过分水关，雨阵时至，至竹笆铺始晴。数家夹路成衢[③]，有卖鹿肉者，余买而炙脯[④]。于是直下三里，为茶庵。又西下五里，及山麓，坡间始盘塍为田。其下即龙川江自北而南，水不及潞江三分之一，而奔坠甚沸。西崖削壁插江，东则平坡环塍。行塍间半里，抵龙川江东

岸。溯江北行，又半里，有铁锁桥架江上。其制两头悬练，中穿板如织，法一如澜沧之铁锁桥，而狭止得其半。由桥西即蹑级南上，半里为龙关，数十家当坡而居，有税司以榷负贩者[5]。又西向平上四里余，而宿于橄榄坡[6]。其坡自西山之脊，东向层突，百家当坡而居，夹路成街，踞山之半。其处米价甚贱，每二十文宿一宵，饭两餐，又有夹包[7]。

【注释】

①太平哨，今作“太平铺”。在腾冲市东隅，高黎贡山西坡。

②竹笆铺，今名同。在腾冲市东隅，高黎贡山西坡。

③衢（qú），四通八达的道路。

④炙（zhì），熏烤。脯（fǔ），即干肉。腾冲向来以产鹿著称，所出鹿茸被称为“南茸”，现在和顺的下庄建有人工饲养马鹿的养鹿场。

⑤榷（què），征税。

⑥橄榄坡，今作“橄榄寨”，在腾冲市东部，龙川江西岸，上营和芒棒之间。

⑦夹包，带在路上吃的食物。

【译文】

从这里往西下峡，稍转向南，就向西上走穿渡峡谷翻越山脊了，共走五里，越过横在南面的山脊，见到有村庄房屋，这里就是新安哨。由哨南再向西转，不时翻过山脊，有时跋涉岭峡，就这么上上下下地走了十里，就到了太平哨。从这里起才踏上平地，没有往上攀爬的山脊。走了五里，到达小歇厂。再走五里，是竹笆铺。自从过了分水关，不时有阵雨，到了竹笆铺才晴起来。数户人家夹着道路两侧形成街市，见有卖鹿肉的，我便买了些以便熏制成肉干。从这里一直往下走三里，是茶庵。又往西下行五里，到达山麓，山坡间开始有田埂环绕的农田。坡下就是龙川江，自北向南流，水面不到潞江的三分之一宽，但水势奔腾倾泻，十分汹涌。西岸山崖上陡峭的石壁直插入江中，东岸则是平缓的山坡田塍环绕。行走在田塍间，半里后到达龙川江东岸。沿着江往北行，又是半里，见到有铁索桥架在江上。其建造方法是两头悬吊着铁链，中间用木板像织布一样穿起来，方法与澜沧江的铁索桥一样，但桥面的宽度很窄，只有澜沧江的一半宽。由桥西头立即踏石阶往南上走，半里后到了龙关，数十户人家临着山坡居住，此处设有税司向贩卖东西的货郎征税。又向西平缓地走了四里多，便住宿在橄榄坡。此处山坡自西山的山脊处起，朝着东向层层叠升，百来户人家正面对着山坡居住，夹住道路形成街市，盘踞在山半腰。此处米价很贱，二十文钱即能住宿一晚，管两餐饭，另还备有带在路上吃的食物。

龙川江发源于群山北峡峨昌蛮[1]**七藏甸**，经此，东为高黎贡，西为赤土山。**下流至缅甸太公城**[2]，**合大盈江**。

【注释】

①峨昌蛮，即阿昌族。

②太公城，今作“达冈”，在缅甸北部，伊洛瓦底江上游东岸，杰沙的西南边。

【译文】

龙川江发源于峨昌蛮七藏甸北面山峡的群山之中，流经此地（东面是高黎贡山，西边是赤土山），往下游流至缅甸的太公城，汇合于大盈江。

游鸡足山日记　后

鸡足山是著名的佛教名山。明末，遁世而参禅的风气很盛，鸡足山也处于其发展史上的鼎盛时期，众多的学问僧皆聚于此，鸡足山成为文化热岛，具有时代和地域上的典型性。

徐霞客曾两次上鸡足山，第一次登鸡足山是在崇祯十一年（1638）十二月二十二日，次年一月二十二日离开，在山上住了一个月。而他在结束滇西的考察后，于当年八月二十二日重上鸡足山。鸡足山也是他一生旅游的终点。本篇即是记录他第二次在鸡足山上的生活，其中的记载相当珍贵，详见《滇游日记十三》。

徐霞客重登鸡足山，对鸡足山的风物和文化又做了拾遗补阙的查访。加上他在丽江接受了木增“以书求修《鸡山志》”，对鸡足山的了解更加细致深入。但是，这时的徐霞客因长期的野外生活健康受损，双脚不良于行，而且长期相伴的仆人顾行又偷走他的钱物逃跑了，接连的打击让徐霞客心力交瘁。自此，徐霞客再也不能继续他酷爱的野外考察，但他却坚持创修《鸡山志》。直至崇祯十三年（1640）元月，丽江土官木增派人用滑竿把他从鸡足山送归故乡。

二十九日　为弘辨师诞日，设面甚洁白。平午，浴于大池。余先以久涉瘴地，头面四肢俱发疹[①]块，累累丛肤理间，左耳左足，时时有蠕动状。半月前以为虱也，索之无有。至是知为风，而苦于无药。兹汤池水深，俱煎以药草，乃久浸而薰蒸之，汗出如雨。此治风妙法，忽幸而值之，知疾有瘳机矣[②]。下午，艮一、兰宗来。体师更以所录山中诸刹碑文相示，且谋为余作揭转报丽江。诸碑乃丽江公先命之录者。

【注释】

①疹，皮肤上出现的斑块病变。

②瘳（chōu），病愈。机，即机会。

【译文】

二十九日　是弘辨禅师的生日，摆出的面食十分洁白。正午，在大池中洗澡。我因为先前长期在瘴疠之地跋涉，头脸四肢全都发了块状的疹子，皮肤纹理之间密密麻麻，左耳左脚时时有抽动的症状。半个月前以为是生了虱子，但仔细检查又没发现。到此时知晓是中风，但苦于无药。这个热水池很深，水都是用药草烧煮的，于是长时间浸泡在池中熏蒸，汗出如雨。这是治中风的妙法，幸好遇上了它，知道疾病有痊愈的机会了。下午，艮一、兰宗过来。体极禅师又拿出他所抄录的山中诸寺的碑文给我看，并且计划为我写揭帖转报丽江府。（各寺的碑文是丽江木公事先命令他抄录的。）

九月初一日　在悉檀。上午，与兰宗、艮一观菊南楼，下午别去。

【译文】

九月初一日　在悉檀寺。上午，与兰宗、艮一在南楼观赏菊花，下午他们告别离去。

初二日　在悉檀，作记北楼。是日体极使人报丽江府。

【译文】

初二日　在悉檀寺，在北楼写日记。这一天，体极派人去报告丽江府。

初三日、初四日　作记北楼。

【译文】

初三日、初四日　在北楼写日记。

初五日　雨浃[①]日。买土参洗而烘之。

【注释】

①浃（jiā），湿透。

【译文】

初五日　雨下了一整天。买土参来洗澡烘蒸身体。

初六日、初七日　浃日夜雨不休。是日体极邀坐南楼，设茶饼饭。出朱按君泰贞、谢抚台有仁所书诗卷，并本山大力、本无、野愚所存诗跋，程二游名还，省人。初游金陵，永昌王会图诬其骗银，钱中丞[①]逮之狱而尽其家。云南守许学道[②]康怜其才，私释之，避入山中。今居片角[③]，在摩尼东三十里。诗画图章，他山陈浑之、恒之诗翰，相玩半日。

【注释】

①中丞，即御史中丞。汉代为御史大夫的属官，明代改御史台为都察院，其中副都御史相当于前代的御史中丞。

②学道，明有儒学提举司，后又设提督学政，两京以御史、十三布政司以按察司佥事充任，为提学道，又省称“学道”。

③片角，今名同，系永胜县跨在金沙江南的部分。

【译文】

初六日、初七日　早晚都在下雨，没有丝毫停歇。这天，体极邀请我去南楼坐谈，摆设了茶水饼子米饭。拿出巡按朱大人（朱泰贞）、巡抚谢大人（谢有仁）所写的诗卷，连同本山大力、本无、野愚所保存的诗跋，程二游（名还，省城人。当初游学金陵，永昌王会图诬告他骗银子，钱中丞把他逮捕入狱并抄没了他的家产。云南署理学道许康怜惜他的才能，私下释放了他，程还逃入山中躲避。现今住在片角，在摩尼山东面三十里）的诗画图章，他山陈浑之、陈恒之的诗文，互相玩赏了半天。

初八日　雨霁，作记北楼。体极以本无随笔诗稿示。

【译文】

初八日　雨后天晴，在北楼写日记。体极拿本无的随笔诗稿来给我看。

初九日　霁甚。晨饭，余欲往大理取所寄衣囊，并了苍山、洱海未了之兴。体极来留曰："已着使特往丽江。若去而丽江使人来，是诳之也。"余以即来辞。体极曰："宁俟其信至而后去。"余从之，遂同和光师穷大觉来龙。

【译文】

初九日　十分晴朗。早晨吃饭，我想去大理取回寄存的衣服行李，并完成苍山、洱海未了的游兴。体极来挽留说："已派使者前往丽江。如果离开后丽江派人来，这就是欺骗他了。"我答复他马上便会回来。体极说："宁肯等木公的信使到后再去。"我听从他的意见，于是与和光禅师去探究大觉寺山势的来龙去脉。

从寺西一里，渡兰那寺东南下水，过迎祥、石钟、西竺、龙华，其南临中谿，即万寿寺也，俱不入。西北约二里，入大觉，

访遍周。遍周闲居片角庄，月终乃归。遂出，过锁水阁，于是从桥西上，共一里至寂光东麓。仍东过涧，从涧东蹑大觉后大脊北向上。一里余，登其中冈，东望即兰那寺峡，西望即水月庵后上烟霞室峡也。又上里余，再登一冈。其冈西临盘峡，西北有瀑布悬崖而下，其上静庐临之，即旃檀林也。东突一冈，横抱为兰陀后脊，冈后分峡东下，即狮子林前坠之壑也。于是岐分岭头：其东南来者，乃兰那寺西上之道；东北去者，为狮林道；西北盘崖而上者，为旃檀岭也；其西南来者，即余从大觉来道也。始辨是脊，从其上望台连耸三小峰南下，脊两旁西坠者，南下为瀑布而出锁水阁桥；东坠者，南下合狮林诸水而出兰那寺东。是东下之源，即中支与东支分界之始，不可不辨也。余时欲东至狮林，而忽见瀑布垂绡，乃昔登鸡山所未曾见，姑先西北上。于是愈上愈峻，路愈狭，曲折作“之”字而北者二里，乃西盘望台南嘴。此脊下度为大觉正脊，而东折其尾，为龙华、西竺、石钟、迎祥诸寺，又东横于大龙潭南，为悉檀前案，而尽于其下。此脊当鸡山之中，其脉正而雄，望台初涌处，连贯三珠，故其下当结大觉，为一山首刹，其垂端之石钟，亦为开山第一古迹焉。然有欲以此山作一支者，如是则塔基即不得为前三距之一，而以此支代之。但此支实短而中缩，西之大士阁，东之塔院，实交峙于前，与西支之传衣寺岭鼎足前列。故论支当以寂光前引之冈为中，塔基上拥之脊为东，而此脉之中缩者不与；论刹当以大觉中悬为首，而西之寂光，乃其辅翼，东之悉檀，另主东盟，而此寺之环拱者独尊。故支为中条附庸，而寺为中条冠冕[①]，此寺为中条重，而中条不能重寺也。嘴之西有乱砾垂峡，由此北盘峡上，路出旃檀岭之上，为罗汉壁道；由此度峡西下，为旃檀中静室道，而瀑布则层悬其下，反不能见焉。

【注释】

①中条，即排列次序居中的一项。据唐孔颖达疏：“执技之

事凡有三条……中条论执技之人，并射御之外祝史医卜之等。”冠冕，古代皇冠或官员的帽子。此处喻为受人拥戴或出人头地。

【译文】

从寺西走一里，渡过兰那寺向东南下流的涧水，经过迎祥寺、石钟寺、西竺寺、龙华寺，那南面下临中谿读书处的，就是万寿寺了，都没有进去。向西北约走了二里，进入大觉寺，拜访遍周。遍周闲居在片角庄，月底才归来。于是出寺，走过锁水阁，从这里从桥西走，走了一里来到寂光寺的东麓。仍向东过了山涧，从山涧东面踏着大觉寺后面的大山脊向北上登。一里多，登上中间的山冈，看向东边，是兰那寺的峡谷，看向西面，是水月庵后上方烟霞室的峡谷。又往上走一里多，再登上一座山冈。这座山冈西边临着盘绕的峡谷，西北面有瀑布悬垂在山崖上，瀑布上边坐落着一处静室，这里就是旃檀林了。向东突出的一座山冈，转而横亘为兰陀寺后面的山脊，山冈后面分出峡谷往东下延，那就是狮子林前方下坠的壑谷。在这里岭头分出岔道：从东南来的，就是兰那寺向西上走的路；往东北去的，是去狮子林的路；向着西北盘绕山崖上登的，是去旃檀岭的路；那从西南来的，就是我从大觉寺方向的来路了。这才辨清这道山脊，从它上面的望台一连耸起三座向南垂的小峰，山脊两旁往西坠的，向南下流成瀑布而后流出锁水阁桥；往东下坠的，向南流，之后与狮子林诸处的水汇合后流到兰那寺东边。向东下流的水源，即是中间的支峰与东面的支峰分界的起点，不可不辨。我当时想往东去狮子林，可忽然望见瀑布似白绸垂挂，是从前登鸡足山时未曾见过的，于是就打算先向西北走。越往上走，山势越陡峻，路越窄，曲曲折折呈“之”字形往北面走二里，就从西边绕过望台南边的山嘴。此脊下延为大觉寺的正脊，而后向东掉转它的尾部，成为龙华寺、西竺寺、石钟寺、迎祥寺诸处寺院，又往东横在大龙潭南边，成为悉檀寺前方的案山，然后在下方到了尽头。此脊正当鸡足山的中心，山脉端正雄伟，望台刚出现之处，如连贯的三颗珠子，所以它的下方应当盘结着大觉寺，是全山首要的佛寺，下垂处前端的石钟寺，也是开山时的第一古迹。不过有人想把此山算作一条支脉，那塔基就不能作为前山鸡爪的三个脚趾之一，却用此处支峰来代替它。但此条支峰实际上很短，而且缩在中央，西面的大士阁和东面的塔院交相耸峙在前方，与西面支峰的传衣寺岭呈三足鼎立之势据守在前方。因而论支峰应当把寂光寺前方延伸的山冈看作中间的支峰，塔基上方拥围的山脊是东边的支峰，但此处缩在中间的山脉不算；论寺院应当把悬在中央的大觉寺作为首位，而西边的寂光寺是辅佐的羽翼，东面的悉檀寺另外成为东边的盟主，而此寺环绕拱卫之处独自占有尊贵的地位。所以支峰是中间支脉的附庸，而寺院是中间支脉的冠冕，这是因为寺院增强了中脉的地位，而中脉不能增强寺院的地位。山嘴的西边有满是乱石块下垂的峡谷，由此向北绕到峡上，路通到旃檀岭之上，是去往罗汉壁的路；由此越过峡谷向西下走，是去旃檀林中静室的路，可瀑布却层层悬在它的下方，反而无法见到了。

乃再度峡西崖，随之南下。一里，转东岐，得一新辟小室。问瀑布何在，其僧朴而好事，曰："此间有三瀑：东箐者，最上而小；西峡者，中悬而长；下坞者，水大而短。惟中悬为第一胜，此时最可观，而春冬则无有，此所以昔时不闻也。"老僧牵衣留待瀹茗，余急于观瀑，僧乃前为导。西下峻级半里，越级湾之西，有小水垂崖前坠为壑，而路由其上，南盘而下。又半里，即见壑东危崖盘耸，其上一瀑垂空倒峡，飞喷迢遥，下及壑底，高百余丈，摇岚曳石，浮动烟云。虽其势小于玉龙阁前峡口瀑，而峡口内嵌于两崖之胁，观者不能对峡直眺，而旁觑倒瞰，不能竟其全体；此瀑高飞于穹崖之首，观者隔峡平揖，而自颡及趾[1]，靡[2]有所遗。故其跌宕之势，飘摇之形，宛转若有余，腾跃若不及，为粉碎于空虚，为贯珠于掌上，舞霓[3]裳而骨节皆灵，掩鲛绡而丰神独迥，不由此几失山中第一胜矣！

【注释】

①颡（sǎng），额头。趾，脚趾。

②靡（mǐ），没有。

③霓（ní）裳，如彩虹样漂亮而飘逸的裙裳。

【译文】

于是再越到峡西的山崖上，顺着山崖往南下走。一里后，转上东边的岔道，找到一处新开辟的小室。打听瀑布在哪里，那和尚朴实好事，说："这一带有三个瀑布，东边山箐中的，在最上方，但水势小；西边峡中的，悬在中央但水势长；下面山坞中的，水大但水势最短。唯有悬在中央的是第一胜景，此时最值得观赏，到春、冬两季便没有水，这就是您为什么昔日没有听说的原因了。"老和尚拉着我的衣服挽留我等待沏茶，我急于去观赏瀑布，和尚便在前边为我领路。向西走下陡峻的石阶半里，沿着石阶越到山湾的西边，有小溪垂在山崖前下坠成为壑谷，而路径在小溪上方向南盘绕而下。又走半里，便望见壑谷东面危崖弯曲上耸，危崖上一道瀑布垂空倒入峡中，远远地飞溅喷泻，下至壑谷底，高百余丈，山风飘飘，石崖朦胧，烟云浮动。我看它的水势虽然小于玉龙阁前边峡口的瀑布，但峡口内嵌在两面山崖的侧旁，观看的人不能面对山峡直视，而要在旁边斜视倒着俯瞰，不能看到它的全貌；这个瀑布高高飞泻在穹隆的山崖顶上，观看的人隔着峡谷平视作揖，从顶到脚，没有遗漏。所以它那跌宕的气势，飘摇的形态，婉转有余，腾跃的气势好像不够，便于虚空中散碎，似握在掌上的串珠，飘舞着的彩虹般的裙裳，而山石间充满灵气，似是蒙上了一层鲛人织成的丝绢，丰姿神韵独特迥异，不到此地几乎错失山中的第一胜景了！

由对峡再盘西嘴，入野和静室。门内有室三楹[①]甚爽，两旁夹室[②]亦幽洁。其门东南向，以九重崖为龙，即以本支旃檀岭为虎，其前近山皆伏；而远者又以宾川东山并梁王山为龙虎，中央益开展无前，直抵小云南东水盘诸岭焉。盖鸡山诸刹及静室俱南向，以东西二支为龙虎，而西支之南，有木香坪山最高而前巩，亦为虎翼，故藉之为胜者此，视之为崇者亦此；独此室之向，不与众同，而此山亦伏而不见，他处不能也。野和为克新之徒，尚居寂光，以其徒知空居此。年少而文，为诗虽未工，而志甚切，以其师叔见晓寄诗相示，并己稿请正，且具餐焉。见晓名读彻，一号苍雪，去山二十年，在余乡中峰，为文湛持所推许，诗翰俱清雅。问克新向所居精舍[③]，尚在西一里，而克新亦在寂光。乃不西，复从瀑布上，东盘望台之南。二里余，从其东胁见一静室，其僧为一宗，已狮林西境矣。室之东，有水喷小峡中，南下涉之。又东即体极静室，其上为标月静室。其峡中所喷小水，即下为兰那东涧者，此其源头也。其山去大脊已不甚遥，而崖间无道，道由望台可上，至是已越中支之顶而御东支矣。

【注释】

①楹（yíng），房屋一间为一楹。

②夹室，古代宗庙内堂东西厢的后部。

③精舍，寺院的异名，意为精行者所居。

【译文】

由对面的峡上再绕过西边的山嘴，进入野和的静室。门内有三间屋子，布置十分清爽，两旁的夹室也幽静整洁。静室的门朝向东南，若是把九重崖当作龙，此处支脉的旃檀岭就应作为虎，其前方近处的山全都低伏着；而远处又可将宾川的东山及梁王山作为龙虎，中央益发开阔平展，前方没有障碍，直达小云南驿东面的水盘岭诸山。鸡足山诸寺院及静室大体上都是朝向南，以东西两条支脉作为龙虎，而西面支脉的南边，木香坪山最高而且向前环绕，也可视作虎翼，因此之故，此处成为胜地，而同样也因此将它视为崇山峻岭；独有此处静室的朝向与诸寺不同，而且此山也隐伏着看不见，其他地方都不可能这样。野和是克新的徒弟，还住在寂光寺，他让徒弟知空住在此处。知空年少而有文采，作的诗虽不工整，但志趣很大，他把师叔见晓寄的赠诗拿给我看，连同自己的诗稿也拿来请我指正，并且备下了饭食（见晓法名为读彻，另一法号为苍雪，离山二十年，在我家乡的中峰，被文湛持所推重，诗文颇清雅）。询问克新从前居住的寺院，仍在寂光寺，但在西边一里外。于是不向西走，而是再从瀑布上方向东绕到望台之南。走了二里多，在望台的东侧见到一处静室，为僧人一宗所住，此处已是狮子林的西境了。静室的东边，有水流喷泻在小峡中，往南下流去。再往东就是体极的静室，上方标记为月亮。那峡中喷泻的小溪，就是下流成为兰那寺东边山涧的溪水，这里就是它的源头。这里距离那道大山脊已不十分远，只可惜山崖间无路，道路可由望台上走，到了此地已越过中间支峰的峰顶而迎向东面的支峰了。

由此而东半里，入白云静室，是为念佛堂。白云不在。观其灵泉，不出于峡而出于脊，不出崖外而出崖中，不出于穴孔而出于穴顶，其悬也，似有所从来而不见，其坠也，曾不假灌输而不竭，有是哉，佛教之神也于是乎征矣。何前不遽出，而必待结庐之后，何后不中止，而独擅诸源之先，谓之非“功德水”可乎？较之万佛阁岩下之潴穴，霄壤异矣。又东一里，入野愚静室，是为大静室。浃谈半晌。西南下一里，饭于影空静室。与别已半载，一见把臂，乃饭而去。从其西峡下半里，至兰宗静室。盖狮林中脊，自念佛堂中垂而下，中为影空，下为兰宗两静室，而中突一岩间之，一踞岩端，一倚岩脚，两崖俱坠峡环之。岩峙东西峡中，南拥如屏。东屏之上，有水上坠，洒空而下，罩于嵌壁之外，是为水帘。西屏之侧，有色旁映，傅粉成金，焕乎层崖之上，是为翠壁。水帘之下，树皆偃[1]侧，有斜骞如翅，有横卧如虬，更有侧体而横生者。众支皆圆而此独扁，众材皆奋而此独横，亦一奇也。

【注释】

①偃（yǎn），仰面倒下，放倒。

【译文】

由此往东走半里，进入白云的静室，这里是念佛堂。白云不在。观看这里的灵泉，不从峡中却从山脊上流出，不从山崖外却在石崖中涌出，不从孔洞却从洞穴顶部溢出，泉水高悬，似应有流来的地方却不得见，水流下坠，不曾借助于灌注运输却不会枯竭，有这样的泉水，似乎也证实了佛教的神异。为何从前不流，却要等到建了寺庵之后才有，而后来又源源不绝，独擅诸处水源的先河，又怎能不称之为“功德水”？把它与万佛阁岩石下的积水洞穴比较，就是天壤之别了。又向东一里，进入野愚的静室，这里是大静室。深谈了半晌。又往西南走一里，在影空的静室吃饭。与他相别已半年，一见面就把臂言欢，吃完饭后才离开。从西峡往下走半里，来到兰宗的静室。狮子林中间的山脊自念佛堂居中下垂，中间是影空，下边是兰宗的两个静室，中间有一块突起的石崖隔开了它们，一个静室盘踞在石崖顶端，一个静室紧靠在石崖脚下，石崖两侧都有深坠的峡谷环绕。石崖呈东西向屹立在峡谷中，往南围拥着如同屏风一般。东边屏风上方有水从上面坠下，洒在空中落下来，笼罩在下嵌的石壁之外，这便是水帘。西边屏风旁有色彩向四旁映照，如用粉抹成金色，在层层山崖之上光彩焕然，这便是翠壁。水帘下方，树全是侧倒着的，有的斜举如鸟翅，有的横卧如虬龙，更有树体侧着横长的。各地的树枝干都是圆的，唯独此处是扁的，各处的树木都是直长的，唯独此地是横的，也是一处奇观。

兰宗遥从竹间望余，至即把臂留宿。时沈莘野已东游，乃翁偶不在庐，余欲候晤，遂从之。和光欲下山，因命顾奴与俱，恐山庐无余被，怜其寒也。奴请匙钥，余并箱篚[1]者与之，以一时解缚不便也。奴去，兰宗即曳杖导余，再观水帘、翠壁、侧树诸胜。既暮，乃还其庐。是日为重阳，晴爽既甚，而夜月当中峰之上，碧落如水，恍然群玉山[2]头也。

【注释】

①篚（fěi），古时盛东西的一种竹器。

②群玉山，传说为西王母所居处。

【译文】

兰宗远远从竹丛间望见我，待我走近后立即握住手臂留宿。此时沈莘野已东游，父亲也偶然不在屋中，我想等他见面，便听从了兰宗的安排。和光想下山去，我于是命顾仆与他一同走，担心山间庐舍中没有多余的被子，怜惜他会受寒。顾仆请求把钥匙交给他，因为一时间不便解开捆钥匙的线，我便连同箱子竹筐的钥匙都给了他。顾仆离开后，兰宗立即拖着手杖引导我，再去观览水帘、翠壁、侧树诸处胜景。天黑后，就返回他的屋中。这一天是重阳节，白天已非常晴朗，而夜间明月正当中峰之上，天空如水，恍惚是在仙境群玉山头了。

初十日　晨起，问沈翁，犹未归。兰宗具饭，更作饼食。余取纸为狮林四奇诗畀之。水帘、翠壁、侧树、灵泉。见顾仆不至，余疑而问之。兰宗曰："彼知君即下，何以复上？"而余心犹怏怏不释，待沈翁不至，即辞兰宗下。才下，见一僧仓皇至。兰宗尚随行，讯其来何以故，曰："悉檀长老命来候相公者。"余知仆逋[1]矣。再讯之，曰："长老见尊使负包囊往大理，询和光，疑其未奉相公命，故使余来告。”余固知其逃也，非往大理也。遂别兰宗，同僧亟下。五里，过兰那寺前幻住庵东，又下三里，过东西两涧会处，抵悉檀已午。启箧而视，所有尽去。体极、弘辨欲为余急发二寺僧往追，余止之，谓：“追或不能及。及亦不能强之必来。亦听其去而已矣。”但离乡三载，一主一仆，形影相依，一旦弃余于万里之外，何其忍也！

【注释】

①逋（bū），逃亡。

【译文】

初十日　早晨起床，打听沈翁情况，仍未归来。兰宗备好饭，另外还做了饼食。我取来纸作了狮子林四奇诗送给他（水帘、翠壁、侧树、灵泉四奇）。见顾仆不到，我心下存疑询问。兰宗说：“他知道先生就要下去，为何要再上来？”可我仍然怏怏不乐放不下心，久等沈翁不至，便辞别兰宗下山。刚下山，就见一个和尚仓皇来到。兰宗仍随行，询问他来是为什么事，说：“悉檀寺的长老命令前来迎候相公的。”我心知仆人逃走了，再次询问和尚，他说：“长老见贵使背着包袱前去大理，询问和光，怀疑他未奉相公的命令，因而派我来报告。”我已经知道他逃跑了，而且不是去大理。于是辞别兰宗，同和尚赶忙下山。走了五里，经过兰那寺前幻住庵东边，又往下走了三里，经过东西两条山涧汇合处，抵达悉檀寺已经是中午了。打开箱子来看，所有东西全都不见了。体极、弘辨打算为我速遣两个寺中的僧人前去追赶，我止住了他们，说道：“追或许追不上。追上他也不能强迫他一定回来。只能听任他离开了。”只是离开家乡三年，一主一仆，二人形影相依，却突然在万里之外抛弃了我，为何这样狠心呀！

溯江纪源

《溯江纪源》又称《江源考》，是徐霞客科学论文的代表作，同时也是最早付梓和最早被介绍到西方的著作。其刊载于崇祯《江阴县志》和《靖江县志》，康熙皇帝的《康熙几暇格物编·江源》介绍并赞赏该文。

徐霞客生长在长江口附近的江阴，面对浩渺的大江，从小立下大志，“欲穷江河之源”。他运用追踪和观察法考察江河。晚年到云南，面对盘绕不定、岸陡水急的金沙江，在既不通航，又不能沿江步行的情况下，他便认真考察分水岭，追踪江流的走向。他舍弃传统官道不走，选择昆明—武定—元谋—大姚—宾川—鹤庆—丽江一线，迂曲北出，目的就是考察金沙江的流向，在元谋得以勘验真正的长江源头。《溯江纪源》不但是徐霞客一生延续时间最长、耗费精力最多的研究课题，也是其地理考察的封笔之作。对长江及各主要支流，我国汉代以来已有记载。《溯江纪源》敢于大胆否定被视为圣经的《尚书·禹贡》“岷山导江”的传统说法，从整个水系的宏观上进行研究，在历史上第一次论证了金沙江才是长江正源，并通过实地考察进行地理考证，而且结构严谨，层层递进，逻辑性强，成为科学名篇。

江、河为南北二经流，以其特达于海也。而余邑正当大江入海之冲，邑以江名，亦以江之势至此而大且尽也。生长其地者，望洋击楫，知其大不知其远；溯流穷源，知其远者，亦以为发源岷山而已。余初考纪籍，见大河自积石入中国[①]。溯其源者，前有博望之乘槎[②]，后有都实之佩金虎符[③]。其言不一，皆云在昆仑之北，计其地，去岷山西北万余里，何江源短而河源长也？岂河之大更倍于江乎？迨逾淮涉汴，而后睹河流如带，其阔不及江三之一，岂江之大，其所入之水，不及于河乎？迨北历三秦[④]，南极五岭[⑤]，西出石门、金沙，而后知中国入河之水为省五[⑥]，陕西、山西、河南、山东、南直隶。入江之水为省十一[⑦]。西北自陕西、四川、河南、湖广、南直，西南自云南、贵州、广西、广东、福建、浙江。计其吐纳，江既倍于河，其大固宜也。

【注释】

①大河，即黄河。积石，山名。明代分大积石山和小积石山。大积石山即阿尼马卿山，在今青海省南部，距黄河源甚近。小积石山在青海省东部，两山如削，黄河从中冲出，明有积石关，今称“积石峡”，在甘肃青海界上。附近的循化撒拉族自治县今亦称“积石”。

②“前有”句，据《史记·大宛列传》中记载，西汉人张骞曾被封为博望侯，他出使西域，回来后对汉武帝说：“于阗之西，则水皆西流西海；其东，水东流注盐泽。盐泽潜行地下，其南则河源出焉。”这是关于黄河源的最早记载。于阗，即今新疆维吾尔自治区和田县。盐泽指今罗布泊。槎（chá），用竹木编成的筏。神话中称乘木排上天河为“乘槎”。

③“后有”句，都实，元代人。《元史·地理志·河源附录》综录了元代探河源的成果，也概述了都实探河源的经过。

④三秦，秦亡后，项羽把关中分为三份，封给秦降将章邯、司马欣、董翳三人为王，后来即称陕西（不包括汉中）、陇东为

"三秦"。

⑤五岭，即越城、都庞、萌渚、骑田、大庾五岭的总称。"五岭"亦合称"南岭"，蜿蜒在今湖南、江西、广西、广东四省区之间。明代，越城岭又称"始安峤"，都庞岭又称"永明岭"，萌渚岭又称"白芒岭"，骑田岭又称"黄岑山"，大庾岭又称"梅岭"。

⑥入河之水为省五，这是按明代的行政区划讲的。明代无甘肃省，今甘肃省大部分地区属于陕西。明代黄河往南夺淮入海，故说黄河经过南直隶，即今安徽、江苏两省。

⑦入江之水为省十一，按，现今广东、福建不属长江水系。另有江西属长江水系，《游记》中未列。

【译文】

长江、黄河为南北的两条主干河流，是因为它们单独通到大海。我们县正当大江入海的要冲之地，县因长江而得名，也因为到了这里，长江的浩大水势将要到尽头了。生长在这个地方的人，望着浩渺的水流击桨，知道它阔大却不知道它远；溯流穷源，知道它源流很远的人，也只以为发源于岷山而已。我最初考证典籍中的记载，见到记录中注明黄河自积石山流入中原。追溯其源头之人，前有如乘木筏上天河的博望侯张骞，后有佩戴金虎符的都实。他们的说法虽不一致，但都说是在昆仑山的北面，估计那地方距离岷山西北处有一万多里，为何长江的源头短而黄河的源头长呢？莫非黄河的阔大处更比长江大一倍吗？等到越过淮河涉过汴河，然后才看到黄河的水流如同衣带，水面宽阔处不及长江的三分之一，难道长江这样大，它所流入的水流还赶不上黄河吗？等到往北经过了三秦地区，南边穷尽了五岭，向西到了石门关、金沙江，然后了解到中国流入黄河的水流是五个省（陕西、山西、河南、山东、南直隶）。流入长江的水流是十一个省（西北自陕西、四川、河南、湖广、南直隶，西南自云南、贵州、广西、广东、福建、浙江）。计算它们水流的吞吐量，长江既然比黄河多一倍，水流本就应该大。

按其发源，河自昆仑之北，江亦自昆仑之南，其远亦同也。发于北者曰星宿海，佛经谓之徙多河[1]。北流经积石，始东折入宁夏[2]，为河套，又南曲为龙门大河，而与渭合。发于南者曰犁牛石，佛经谓之殑伽河。南流经石门关[3]，始东折而入丽江，为金沙江，又北曲为叙州大江，与岷山之江合。余按岷江经成都至叙[4]，不及千里，金沙江经丽江、云南、乌蒙至叙，共二千余里，舍远而宗近，岂其源独与河异乎？非也！河源屡经寻讨，故始得其远；江源从无问津，故仅宗其近。其实岷之入江，与渭之入河，皆中国之支流，而岷江为舟楫所通，金沙江盘折蛮僚谿峒间，水陆俱莫能溯。在叙州者，只知其水出于马湖、乌蒙，而不知上流之由云南丽江；在云南丽江者，知其为金沙江，而不知下流之出叙为江源。云南亦有二金沙江：一南流北转，即此江，乃佛经所谓殑伽河也；一南流下海，即王靖远征麓川，缅人恃以为险者，乃佛经所谓信度河也。云南诸志，俱不载其出入之异，互相疑溷[5]，尚不悉其是一是二，分北分南，又何由辨其为源与否也。既不悉其孰远孰近，第见《禹贡》“岷山导江”之文，遂以江源归之，而不知禹之导，乃其为害于中国之始，非其滥觞发脉之始也。导河自积石，而河源不始于积石；导江自岷山，而江源亦不出于岷山。岷流入江，而未始为江源，正如渭流入河，而未始为河源也。不第此也，岷流之南，又有大渡河，西自吐蕃，经黎[6]、雅与岷江合，在金沙江西北，其源亦长于岷而不及金沙，故推江源者，必当以金沙为首。

【注释】

①“佛经谓之”句，古代印度传说，以为地面各大河都是从雪山（指今喜马拉雅山西部一带）四向分流，因称“四河”。北

面流出的一条称“徙多（sī tā）河”，后有人以今叶尔羌河和塔里木河为徙多河，并误认为它是黄河上源。东面流出的一条称“殑（jìng）伽河”，指今印度恒河。南面流出的一条称“信度河”，即今巴基斯坦的印度河。西面流出的一条称“缚刍河”，应为今阿姆河。在此篇，徐霞客对以上各河均有解释。

②宁夏，明朝置宁夏卫和宁夏镇，隶属陕西省，治今宁夏回族自治区银川市。

③石门关，明朝设石门关巡检司，在今玉龙纳西族自治县石鼓稍北的金沙江西岸，地当吐蕃、麽些界上。

④叙，明朝置叙州府，在今四川宜宾市。

⑤溷（hùn），“混”的异体字。本意是指混浊，也指混乱。

⑥黎，明朝置黎州安抚司，治今四川汉源县九襄镇。

【译文】

考察它们的发源地，黄河在昆仑山的北面，长江也是在昆仑山的南面，它们遥远的距离也相似。发源于北面的叫星宿海（佛经称之为徙多河），往北流经积石山，这才向东折进宁夏卫，形成河套；又向南弯曲成为龙门峡的大河，而后与渭水合流。发源于南面的叫犁牛石（佛经称之为殑伽河），往南流经石门关，这才向东折入丽江，成为金沙江；又向北弯曲成为叙州府的大江，与源于岷山的江水合流。我考察过，岷江经成都到叙州府不到一千里，金沙江流经丽江、云南、乌蒙府到叙州府共有二千多里，舍弃远的却把近的看作是本源，难道单单是因为它的源头与黄河不同吗？不是！黄河的源头屡次经过寻找探求，所以才找到它远处的源头；长江的源头向来无人问津，所以仅把那近处的支流作为源头。其实岷江流入长江，与渭水流入黄河一样，都是中国的支流，而岷江是舟船所通之处，金沙江盘绕曲折在蛮僚各族聚居的溪谷之间，水陆两路都无人能追溯。（在叙州府的人，只知这条江水出自马湖府、乌蒙府，却不知上游流经云南丽江；在云南丽江的人，知道它是金沙江，却不知下游流到叙州府成为长江的源头。云南也有两条金沙江：一条往南流后向北转的，就是此江，即佛经所称的殑伽河；一条往南流入大海，就是王靖远征讨麓川时，缅甸人倚仗作为天险的江，是佛经所称的信度河。云南诸种志书，都不记载它们出入的不同处，互相疑惑混淆，还不知晓它们是一条江还是两条江，分属北方还是南方，又如何能辨明它是不是长江的源头呢。）既然不知它们谁远谁近，只见到《禹贡》中“岷山导江”的字句，便把长江的源头归属于岷江，却不知大禹疏导岷江，是因为它是危害于中国的起点，而不是长江滥觞发源的起点。疏导黄河起自积石山，可黄河源头并非起始于积石山；疏导长江始自岷山，而长江的源头也不是岷山。岷江流入长江，而不是长江的源头，正如渭水流入黄河，也不是黄河的源头一样。不但如此，岷江流域的南边又有条大渡河，其西面源自吐蕃，流经黎州、雅州，方与岷江合流，在金沙江西北方，它的源头也比岷江远，赶不上金沙江，所以推寻长江源头的，必定应当把金沙江作为第一。

不第此也，宋儒谓中国三大龙，而南龙之脉，亦自岷山，濒大江南岸而下，东渡城陵、湖口而抵金陵[①]，此亦不审大渡、金沙之界断其中也。不第此也，并不审城陵矶、湖口县为洞庭、鄱阳二巨浸入江之口。洞庭之西源自沅，发于贵州之谷芒关[②]；南源自湘，发于粤西之釜山、龙庙。鄱阳之南源自赣，发于粤东之浰头、平远；东源自信、丰，发于闽之渔梁山、浙之仙霞南岭[③]。是南龙盘曲去江之南且三千里，而谓南龙濒江乎？不第此也，不审龙脉，所以不辨江源。今详三龙大势，北龙夹河之北，南龙抱江之南，而中龙中界之，特短。北龙亦只南向半支入中国。俱另有说。**惟南龙磅礴半宇内，而其脉亦发于昆仑，与金沙江相持南下，经石门、丽江，**东金沙，西澜沧，二水夹之。**环滇池之南，**

由普定度贵竺、都黎南界[4]，以趋五岭。龙远江亦远，脉长源亦长，此江之所以大于河也。不第此也，南龙自五岭东趋闽之渔梁，南散为闽省之鼓山[5]，东分为浙之台、宕。正脉北转为小箄岭，闽、浙界。度草坪驿，江、浙界。峙为浙岭、徽、浙界。黄山，徽、宁界。而东抵丛山关[6]，绩溪、建平界。东分为天目、武林[7]。正脉北度东坝[8]，而峙为句曲[9]，于是回龙西结金陵，余脉东趋余邑。是余邑不特为大江尽处，亦南龙尽处也。龙与江同发于昆仑，同尽于余邑，屹为江海锁钥，以奠金陵，拥护留都千载不拔之基以此。岂若大河下流，昔曲而北趋碣石[10]，今徙而南夺淮、泗，漫无锁钥耶？然则江之大于河者，不第其源之共远，亦以其龙之交会矣。故不探江源，不知其大于河；不与河相提而论，不知其源之远。谈经流者，先南而次北可也。

【注释】

①城陵，即城陵矶，今名同，为洞庭湖口，在湖南岳阳市北。湖口，明朝设湖口县，今名同，为鄱阳湖口，在江西九江市东。

②谷芒关，今名同，在贵定县稍东。

③“鄱阳之南”四句，渔梁山在福建北隅，仙霞南岭在浙江西南隅，二者皆位于闽、浙、赣三省交界处。而信、丰在赣南，今名同。鄱阳东源应指上饶江，即今信江。

④贵竺，即贵竹，明朝置贵竹长官司，治今贵州贵阳市。都黎，即都泥江。

⑤鼓山，今名同，在福州市东郊，闽江北岸，山顶有大石如鼓，故名。为著名风景胜地。

⑥丛山关，在今安徽绩溪县北三十里处。

⑦东分为天目、武林，意指分为东天目山与西天目山两支，多奇峰竹林，为风景胜地。武林山为灵隐、天竺诸山的总名，在今浙江杭州市西。天目山在浙江省西北部。

⑧东坝，明时又称“广通镇”，今仍称“东坝”，在江苏南京市高淳区东境。

⑨句曲，即句曲山，又称“茅山”，在今江苏句容市东南，金坛、溧阳以西。

⑩碣石，古籍中称碣石的地方很多。一说是今河北昌黎县西北的碣石山。一说在今秦皇岛市北戴河附近。据《肇域志》载，“山东海丰县马谷山，即大碣石”，则在今山东无棣县北。依照文意，此碣石应在古黄河口附近。

【译文】

不仅如此，宋代儒生认为中国有三大龙脉，而南方的龙脉也是起自岷山，临着大江南岸下延，往东延过城陵矶、湖口县后抵达金陵，这也是不清楚大渡河、金沙江在其中的隔断了。不仅如此，而且也不清楚城陵矶、湖口县是洞庭湖、鄱阳湖这两个巨大的湖泽入江的湖口。洞庭湖西边的水源来自沅江，发源于贵州的谷芒关；南边的水源来自湘江，发源于粤西的釜山、龙庙。鄱阳湖南边的水源来自赣江，发源于粤东的涮头、平远；东边的水源来自信江、永丰溪，发源于福建的渔梁山、浙江的仙霞南岭。南方的龙脉盘绕屈曲离长江的南岸将近三千里，却认为南方的龙脉是濒临长江吗？不仅如此，因为不清楚龙脉，所以不能分辨长江的源头。如今已详知三条龙脉的大体趋势，北方的龙脉夹在黄河的北面，南方的龙脉环抱在长江的南面，而中部的龙脉隔在它们中间，且特别短。北方的龙脉也只有向南延伸的半条支脉进入中原（全都另有其他说法）。唯有南方的龙脉在半个国家内气势盛大，而且它也是发源于昆仑山，与金沙江并排往南延伸，经过石门关、丽江（东边是金沙江，西面是澜沧江，两条江水夹住它），环绕过滇池的南边，由普定延伸到贵竺、都黎的南境，然后再奔向五岭。龙脉远长江也远，山脉长水源也长，这就是长江之所以大过黄河的原因了。不仅如此，南方的龙脉从五岭往东延向福建的渔梁山，向南散开成为福建省的鼓山，向东分开成为浙江的天台山、雁宕山。正脉向北转成为小箪岭（闽、浙交界处），延伸到草坪驿（江、浙交界处），耸峙为浙岭（徽州、浙江交界处）、黄山（徽州府、宁国府交界处），往东抵达丛山关（绩溪、建平境内），向东分散成为天目山、武林山。正脉往北延伸过东坝，而后耸峙为句曲山，接着龙脉向西回绕盘结为金陵，余脉往东奔向我所在的县城。这样我们县不仅是大江的尽头处，也是南方龙脉的尽头处。龙脉与长江一同发源于昆仑山，一同在我们县到了尽头，因此我们县屹然而立，成为长江入海处的军事要地，得以奠定金陵，拥护留都千载不败的基础。又怎会像是黄河的下游，昔日曲向北流向碣石，如今迁移到南边夺取了淮河、泗水的河道，这难道不是漫无边际吗？然而长江之所以大于黄河，不仅是它们的源头一样远，也因为它与龙脉交会了。所以不探索长江的源头，不知道长江比黄河大；不与黄河相提并论，不知道长江的源头远。谈论主干河流的人，可说南方优于北方了。